职业教育·城市轨道交通类专业精品教材

Chengshi Guidao Jiaotong Yuangong Zhiye Suyang

城市轨道交通员工职业素养

（第2版）

徐新玉　主　编
周孟祥　主　审

人民交通出版社股份有限公司
China Communications Press Co.,Ltd.

内 容 提 要

本书以城市轨道交通运营管理各岗位所需的岗位技能与应具备的职业化素养为主线，结合现场运营管理实际与教学规律，对城市轨道交通员工职业道德、职业意识、职业心态进行详细叙述，主要阐述城市轨道交通员工职业行为标准与职业习惯、城市轨道交通员工职业化技能以及城市轨道交通员工应具备的职业能力等内容。全书共分为6个模块：职业与职业化、城市轨道交通员工职业化素养、城市轨道交通员工职业化行为规范、城市轨道交通员工职业化技能、城市轨道交通员工职业化能力、城市轨道交通职业化员工培养。

本书可作为中高职职业教育城市轨道交通类专业教材和教学参考书，也可作为城市轨道交通运营管理岗位的职业培训教材，同时也可供从事城市轨道交通规划、建设和运营管理的专业技术人员学习参考。

*本书配有丰富助学助教资源，任课教师可加入职教轨道教学研讨群（教师专用QQ群：129327355）获取。

图书在版编目(CIP)数据

城市轨道交通员工职业素养 / 徐新玉主编. —2版. —北京：人民交通出版社股份有限公司，2018.8

ISBN 978-7-114-14735-7

Ⅰ. ①城… Ⅱ. ①徐… Ⅲ. ①城市铁路—职工—职业道德—高等职业教育—教材 Ⅳ. ①U239.5

中国版本图书馆CIP数据核字(2018)第161827号

职业教育·城市轨道交通类专业精品教材

书　　名： 城市轨道交通员工职业素养(第2版)
著 作 者： 徐新玉
责任编辑： 司昌静　张江成
责任校对： 孙国靖
责任印制： 刘高彤
出版发行： 人民交通出版社股份有限公司
地　　址： (100011)北京市朝阳区安定门外外馆斜街3号
网　　址： http://www.ccpcl.com.cn
销售电话： (010)59757973
总 经 销： 人民交通出版社股份有限公司发行部
经　　销： 各地新华书店
印　　刷： 北京市密东印刷有限公司
开　　本： 787×1092　1/16
印　　张： 12.75
字　　数： 281千
版　　次： 2013年10月　第1版
2018年8月　第2版
印　　次： 2022年12月　第2版　第7次印刷　总第13次印刷
书　　号： ISBN 978-7-114-14735-7
定　　价： 38.00元
(有印刷、装订质量问题的图书由本公司负责调换)

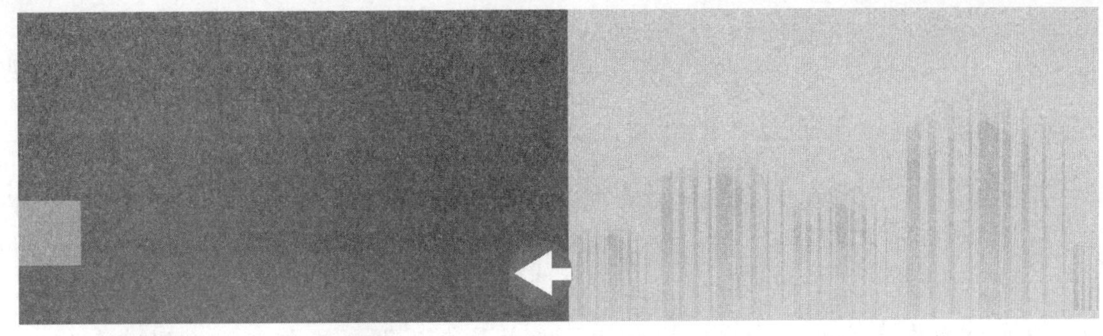

前　言

编写背景

快速发展的城市轨道交通，急剧增加了专业人才需求量。为推进城市轨道交通专业人才培养与职业岗位需求的无缝对接，提高城市轨道交通专业学生的职业认同感，满足我国城市轨道交通专业教育对教材建设的需求，我们联合城市轨道交通企业资深专家组成编审团队，编辑出版此本教材。

编写过程

本教材编审团队在进行大量企业调研、总结城市轨道交通运营管理企业主要岗位典型工作任务的基础上，以城市轨道交通运营管理各岗位所需的岗位技能与应具备的职业化素养为切入点，结合城市轨道交通企业现场运营管理实际与职业教育规律，经过多年教学实践凝炼，于 2013 年 10 月开创性地组织编写出版了第 1 版教材，该教材出版问世以来，一直受到广大城市轨道交通运营企业的关注与广大职业院校城市轨道交通专业师生的好评。为跟随快速发展的城市轨道交通步伐，根据人力资源和社会保障部、交通运输部制定的《城市轨道交通列车司机国家职业技能标准(2019 年版)》与《城市轨道交通服务员国家职业技能标准(2020 年版)》以及《城市轨道交通运营管理规定》(交通运输部令 2018 年第 8 号)等现行规范与标准的要求，笔者充分吸纳了广大读者的建议，对教材内容进行了调整更新与优化，编辑出版了第 2 版教材。

特色创新

(1)职教特色明显。

本教材基于多年的课改实践，遵循职业教育理念与职业教育规律，以城市轨道交通运营管理各岗位所需的岗位技能与应具备的职业化素养为切入点，结合现场运营管理实际与学生的认知规律，坚持以学习者为中心，构建知识模块编写体例，符合职业教育“以能力培养为主导，以技能训练为主线”的要求。

（2）校企双元开发。

本教材由校企合作共同开发，在编写过程中，强调工学结合，以能力培养为本位，以职业素养养成为主导。教学设计是在大量企业调研工作与校企深度合作项目的基础上完成的，编审团队由具有丰富城市轨道交通企业运营管理经验的工程师与具有多年城市轨道交通岗前培训教学经验的教师组成，教材中有大量体现岗位要求、企业规范等校企合作的案例、知识链接、小贴士等。

（3）对接职业标准。

本教材根据《城市轨道交通列车司机国家职业技能标准（2019 年版）》《城市轨道交通服务员国家职业技能标准（2020 年版）》以及《城市轨道交通运营管理规定》（交通运输部令 2018 年第 8 号）等现行的行业标准与规范要求，以城市轨道交通运营管理企业主要岗位典型工作任务为依托，紧扣城市轨道交通专业群人才培养方案，以城市轨道交通员工所必备的职业素养为主导，围绕职业能力的形成、职业素养的培养等来组织课程教学内容。

（4）配套资源丰富。

本教材对城市轨道交通员工职业道德、职业意识、职业心态、职业理念进行了详细叙述，主要阐述了城市轨道交通员工职业化行为规范、城市轨道交通员工职业化技能、城市轨道交通职业化员工应具备的职业能力以及城市轨道交通职业化员工培养等内容。教材以模块-单元形式编写，内容由浅入深、循序渐进、层次清晰，同时结合教学实践与岗位技能要求，在书中融入了大量的案例、小测验、小故事、知识链接、小贴士、名人名言等内容，其中重点知识以二维码的形式呈现，此处，每章内容后面附有复习与思考题，可帮助学生巩固复习所学知识，培养学生解决实际问题和拓展思考的能力。另外本教材还配套有课程标准、PPT 课件、教案、案例分析、视频动画、实训工单等丰富的数字化教学资源。

（5）可活页式装订。

为更好地贯彻执行《国家职业教育改革实施方案》（国发〔2019〕4 号）中“倡导使用新型活页式、工作手册式教材并配套开发信息化资源”的理念，教材在“任务化”教学内容的基础上，在全书印刷了活页孔位置，教师和学生可根据自身需求，将教材拆分打孔后放入 B5 纸张 9 孔型标准活页夹，装订成活页式教材使用。

装订成活页式教材后，本教材可根据实际教学需求进行灵活调整，实现“教材”“学材”的融合和提升，并新增以下特点：

(1)方便“教材”的内容组合与动态更新

①可凸显教材内容的项目化、模块组化、任务化设计，方便教学团队组织教学，可根据教学需求调整教学顺序；

②可根据不同使用对象、不同专业的教学要求，替换、添加、删减教学内容和教辅资料；

③可结合行业热点、最新时事、典型案例等，随时补充教学素材；

④可促进“岗课赛证”融通，将岗位职业技能、专业教学标准、技能大赛、“1 + X”职业技能等级证书的内容灵活补充到教材中；

⑤可方便任务实训工单的收缴，评分后返给学生。

(2)方便“学材”的内容整理和灵活使用

①可随时添加学习笔记、学习心得到教材对应位置，方便复习；

②可灵活添加学习辅助资料，如参考资料、习题等；

③可根据上课内容携带对应页码，不用带整本书，简单方便；

④可根据自我学习进度随时调整学习顺序。

(3)方便教师和学生自由选择教材形式

①教材在“任务化”教学内容的基础上，在全书印刷了活页孔位置，教师和学生可根据自身需求，将教材拆分打孔后放入B5纸张9孔型标准活页夹，装订成活页式教材使用；

②教材是在胶订的基础上印刷了活页孔位置，可供不想拆分成活页式教材的使用者按照非活页式教材使用。

教学建议

建议参考本教材附录城市轨道交通员工职业素养课程标准组织教学。在课程教学方法和教学手段设计方面，根据职业院校学生的认知规律和知识基础，采用启发式、互动式、讨论式等教学方法，并在若干教学单元使用角色扮演、模拟案例、模拟流程、模拟情景等方式实施情景化教学，并以此锻炼学生自主探索、合作学习的能力。在教学效果考核方面，采取过程评价与结果评价相结合的方式，重点考核学生的职业素养。

编审团队

本教材由具有丰富城市轨道交通企业运营管理经验的高级工程师、工程师与具有多年轨道交通岗前培训教学经验的院校教师编审。具体编审分工如下：苏州建设交通高等职业技术学校徐新玉（编写模块1、4、5、6）、苏州建设交通高等职业技术学校陈玲（编写模块2）、苏州轨道交通有限公司运营分公司潘婷（编写模块3）。本书由徐新玉主编并负责全书统稿，苏州轨道交通有限公司运营分公司周孟祥高级工程师担任主审。

致谢

本书在编写过程中得到了南京地铁公司、苏州市轨道交通集团有限公司、上海轨道交通培训中心等有关人员的大力支持。在此谨向有关专家及部门致以衷心的感谢！

由于作者水平有限，书中如有不足之处，敬请读者批评指正，反馈邮箱：26485854@qq.com。

作　者

2021年2月

二维码数字资源

“课程思政”在教材中的融入					
序号	名　称	二　维　码	序号	名　称	二　维　码
1	零的突破——北京地铁1号线		4	全自动运行的市域快轨线——北京大兴国际机场线	
2	国内首条无人驾驶列车运行线——上海轨道交通10号线		5	首条拥有完全自主知识产权的磁浮线路——长沙磁浮快线	
3	国内首条自主研发全自动运行线——燕房线		6	国内首条跨市域轨道交通线路——广佛线	

重难点视频动画资源在教材中的融入					
序号	名　称	页码	序号	名　称	页码
1	见面礼仪	35	9	引导礼仪	59
2	交谈礼仪	35	10	服务用语要求	61
3	电话礼仪	36	11	OCC 的布局	95
4	男士仪容修饰要求	38	12	行车指挥系统	96
5	男士正装穿着规范	38	13	牵引供电系统组成	96
6	女士仪容修饰要求	39	14	接触网	97
7	女士正装穿着规范	39	15	站台巡视作业	107
8	微笑服务的要求	44			

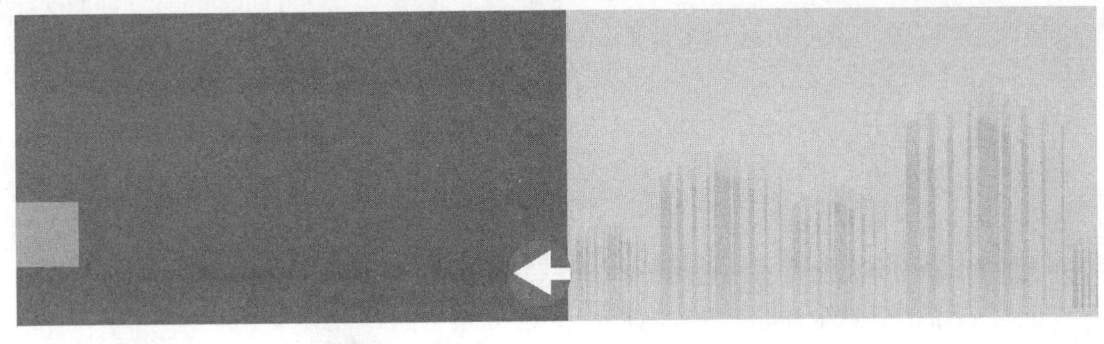

目　　录

模 块 1

职业与职业化

教学目标

1. 掌握职业的概念与职业的意义；
2. 了解工作、职业、事业之间的关系；
3. 掌握职业化概念与内涵；
4. 了解职业化的作用与职业化观点。

建议学时

4 学时

单元 1.1 职 业

一、职业的概念

职业作为一种社会现象，不是在人类诞生之初就有的，它是生产发展和社会分工的产物，随着生产力的提高和生产需要的增加而不断发展。在漫长的原始社会里，人类的劳动最早只按性别进行分工，男的去打猎、捕鱼，女的采摘果实、挖掘茎块，所以不存在职业。到原始社会末期，出现了畜牧业和种植业、手工业和农业之间的两次社会大分工，真正意义上的职业随之产生，出现了农民、牧农、渔民以及各类工匠等。

随着科学技术的进步，生产社会化和专业化程度越来越高，社会分工越来越细，涉及人类社会生产生活方方面面的各行各业也随之出现。1991 年 5 月人力资源和社会保障部组织制订、颁布我国第一部《中华人民共和国职业分类大典》，将职业分为 8 个大类、66 个中类、413 个小类、1838 个细类。2015 年 7 月 29 日，国家职业分类大典修订工作委员会表决通过新修订的 2015 版《中华人民共和国职业分类大典》，将职业分为 8 个大类、75 个中类、434 个小类、1481 个职业。

从汉语词义的角度来讲，"职业"一词由"职"和"业"构成，"职"是指职位、职责，"业"是指行业、事业。对于职业一词的具体含义,不同学者有不同的解释。

(1)美国社会学者塞尔兹认为:职业是一个人为了不断地取得收入而连续地从事的某种具有市场价值的特殊活动,它决定着该项活动的人的社会地位。

(2)日本就业问题专家保谷六郎认为:职业是具有劳动能力的人为了生活和贡献社会而发挥其能力连续从事的劳动。

(3)美国教育学家、哲学家杜威对职业的解释是:职业不是别的,是从中可以得到收益的一种活动。

(4)《现代汉语词典》对职业的解释是:职业是个人在社会中所从事的作为主要生活来源的工作。

(5)我国经济学家潘金棠对职业的定义为:职业的劳动者比较稳定地从事某项有酬工作而获得的劳动角色。

目前大家普遍认为:所谓"职业"就是参与社会分工,利用专门的知识和技能,为社会创造物质财富和精神财富,获得合理报酬,作为物质生活来源并满足精神需求的工作。这个概念可以从四个层面来理解:一是,与人类的需求和职业结构相关,强调社会分工;二是,与职业的内在属性相关,强调利用专门的知识和技能;三是,与社会伦理相关,强调创造物质财富和精神财富,获得合理报酬;四是,与个人生活相关,强调职业是物质生活来源,并满足精神生活的需求。

从经济的观点来看,职业生涯就是个人在人生中所经历的一系列职位和角色,它们和个人的职业发展过程相联系,是个人接受培训教育以及职业发展所形成的结果。

二、工作、职业、事业之间的关系

1.工作

工作(Work)就是劳动者通过劳动(包括体力劳动和脑力劳动)将生产资料转换为生活资料,以满足人们生存和继续社会发展事业的过程。在社会主义国家,工作是社会工作中每个劳动者体现社会价值和自我价值的角色定位。工作没有高低贵贱之分,只有社会分工的不同,一个人的工作是他在社会中所扮演的角色。工作可以在任何一个出卖自己的劳动力即能获得报酬的地方中找到。

工作是上班的过程。一般人都认为只要做到能养家糊口就算完成任务,没有其他需求,没有长短期的规划,没有定期的自我反省等。一般人都具有如下"三点"期望,即期望上班离家近一点,上班时所做的事情少一点,上班后所拿的工资多一点。

2.职业

根据中国职业规划师协会的定义:职业(Occupation)是性质相近的工作的总称,通常指个人服务社会并作为主要生活来源的工作。在特定的组织内它表现为职位(即岗位 Position)。我们在谈某一具体的工作(职业)时,其实也就是在谈某一类职位。每个职位都会对应着一组任务(Task),作为任职者的岗位职责。而要完成这些任务就需要这个岗位上的人,即从事这个工作的人具备相应的知识、技能、态度等。职业定位是职业规划过程中必不可少的重要确定因素。职业是指参与社会分工,用专业的技能和知识创造物质财富或精神财富,获取合理报酬,丰富社会物质生活或精神生活的一项工作。职业是人们在社会中所从事的作为谋生手段的工作。从社会角度来看,职业是劳动者获得的社会角色,劳动者为社会承担一定的义务和责任,并获得相应的报酬。从国民经济活动所需要的人力资源角度来看,职业是指不同性质、不同内容、不同形式、不同操作的专门劳动岗位。

职业可分为一般性职业和专门性职业。一般性职业不需要从业者经过专门的培训与教育,相当于中文里通常所说的“工作”,英文即 Occupation 一词;而专门性职业则要求从业者经过专门的培训与教育,具有较高深的和独特的专门知识和技能,中文里通常称为“专业”,英文用 Profession 一词表示。随着专业水平的不断提高,一般性职业会逐渐发展为专门性职业,这是一个发展过程。所以,在外延上,职业包含了专业,专门性职业即是专业。

职业也是一种上班过程。在此过程中,职业人需要考虑的是职业是否符合自己的性格、气质、能力、意识、价值观、爱好和专业等个人资源需求。在寻找工作时,他们会不管路途有多遥远,不管上班事情有多繁杂,也不管工资收入高与低,只要适合他们的个人资源需求就会乐意去从事。他们考虑的是长期职业发展,也许目前工资收入不高,但是一旦职业得到了发展,应该讲薪资不成问题。

3. 事业

所谓事业(Career),是指人们所从事的,具有一定目标、规模和系统的对社会发展有影响的经常性活动,有时事业也可以指个人的成就。事业并不是所有的人都乐意去努力或者所有的人都能实现的,很多人都常说我们要拥有自己的事业,其实是个很高层次的概念。事业是一个人可以一辈子为之奋斗的,终其一生为实现自己的目标而坚持不懈地努力的。它是解决人类最高层次的需求,是社会认可和自我价值的真正实现。在这个过程中,他会不管路途有多遥远,不管上班事情有多繁杂,也不管工资收入多低,只要喜欢,就会去从事。事业是由职业人自己确定的人生目标和理想,并不惜一切个人资源和努力为之奋斗,包括自己的人生。

事业不仅仅是上班过程,还可能包括人生过程。

简单地讲,“工作”只需要出力就行;“职业”除了出力还要出汗;而“事业”除了出力出汗外,还有可能需要出血(简称“三出”)。也就是从工作过渡到职业,从职业过渡到事业,人与钱的关系越来越弱。比如:白求恩大夫不远万里来到中国,帮助中国人民抗战,路途远吗?很远,不远万里;事情多吗?很多,每天工作 14 小时以上;工资收入高吗?很低,几乎没有,而且在给聂荣臻将军的遗书中请求将军转一点钱给他的妻子。显然,白求恩干的是事业,不是职业,更不是工作,他是以自己的事业去完成他的反法西斯战争的理想。

三、职业的意义

在当今社会,职业具有十分重要的意义:一是谋生手段;二是社会角色;三是自我实现之路。

职业首先是一种谋生手段,是人们为获取主要生活来源而从事的社会活动。职业活动最基本的意义就是谋利,人们从事职业活动,获得现金或实物等经济上合理的报酬,以作为生活的来源。

职业作为一种社会现象,也是与社会分工和生产内部的劳动分工相联系的。有了社会分工就有了职业。职业总是与一定的业务工作范畴相联系的,从事一定的职业就是扮演一定的社会角色,就必须承担与这一社会角色相应的职责。

职业如果仅仅作为一种角色、义务和责任,它就失去了人的主体活动的目的性。成功的职业生活不只是获得多少报酬或是否尽到岗位责任,它还意味着在参与社会职业生活中,在多大程度上将自己的能力、才华和创造力发挥出来,促进社会的进步。

单元1.2 职　业　化

一、职业化概念与内涵

当今的企业,不仅仅是强调管理的标准化、管理的制度化、管理的程序化、管理的人性化,而是还强调员工的职业化。员工职业化程度的高低已经成为众多企业日益关注的焦点。但是,到底什么才是职业化呢?

职业化(Professionalism)可以定义为:普通的非专业性的职业从业人员,通过培训和开发,具备符合专业标准的道德、知识、技能和文化等素养,并获得相应的社会专业地位的动态过程。简单地讲,"职业化"就是一种工作状态的标准化、规范化、制度化,包含在工作中应该遵循的职业行为规范、职业素养和职业技能。即在合适的时间、合适的地点,用合适的方式,说合适的话,做合适的事,不为个人感情所左右,冷静且专业。职业化使员工在知识、技能、观念、思维、态度、心理上符合职业规范和标准。具体讲,职业化包含职业化素养、职业化行为规范和职业化技能三个部分内容。

"职业化"是一种潜在的文化氛围,是一种在职场中专用的语言和行事规则。职场中的人都用这种语言说话,都用这种行为和道德准则办事,而一个非职业的人往往不能拥有这种语言和行事规则。

"职业化"是国际化的职场准则,是职业人必须遵循的第一游戏规则,是作为职场人士的基本素质,是国家与国家之间、企业与企业之间、企业与员工之间、员工与员工之间必须遵守的道德与行为准则。想参与职场竞争,想成为职场中的成功者,想取得职业生涯的辉煌,就必须懂得和坚守这个规则。

"职业化"就是为了达到职业的要求所要具备的素质和追求成为优秀职业人的历程。

职业化有很多外在的素质表现,如着装、形象、礼仪、礼节等,也有很多内在的意识要求,如思考问题的模式、心智模式、内在的道德标准等。

"职业化"就是以最小的成本,追求最大的效益;就是细微之处做得专业;就是用理性的态度对待客户、企业、同事、领导和自身;就是专业和优秀,别人不能够轻易替代;就是不断地富有成效地学习。

"职业化"是一种精神、一种力量、一套规则;是对事业孜孜不倦追求的精神,是追求自身价值体现的力量,是实现事业成功的一套规则。

"职业化员工"是能够按照既定的行为规范和标准开展工作,并且能够掌握、运用一定的工作方法与技巧的员工。

如果说企业是一架飞机的话,那么企业的职业化程度如同这架飞机的发动机,决定了它可以飞多远、飞多高、飞多快。关于职业化的常见错误认识有如下诸方面:衣着规范,就是职业化;职业化是新员工的事情;我的职业化没问题;老员工、经理人、高学历不缺少职业化;职业化就是对员工的约束;职业化对企业有用,于员工无益;职业化就是专职化,就是专业化;职业化就是只专注自己的事情,等等。

以国际通行的概念分析职业化的内涵至少包括以下四个方面:一是以"人事相宜"为追求,优化人们的职业资质;二是以"胜任愉快"为目标,保持人们的职业体能;三是以"创造绩效"为主导,开发人们的职业意识;四是以"适应市场"为基点,修养人们的职业道德。

二、职业化的内容

1. 职业化素养

职业道德、职业意识、职业心态是职业化素养的重要内容,也是职业化的最根本内容。如果我们把整个职业化比喻为一棵树,那么职业化素养则是这棵树的树根。美国最著名的《哈佛商业评论》评出九条职业人应该遵循的职业道德,即诚实、正直、守信、忠诚、公平、关心他人、尊重他人、追求卓越、承担责任。这些都是最基本的职业化素养。

企业无法对员工职业化素养有强制性的约束力,职业化素养更多地体现在员工的自律上。企业应对所有员工的职业化素养进行培养和引导,帮助员工在良好的氛围下逐渐形成良好的职业化素养。

2. 职业化行为规范

职业化行为规范更多地体现在遵守行业和公司的行为规范,包含着职业化思想、职业化语言、职业化动作三个方面的内容。各个行业有各个行业的行为规范,每个企业有每个企业的行为规范,一个职业化程度高的员工,他能在进入某个行业的某个企业的较短时间内,严格按照行为规范要求自己,使思想、语言、动作符合自己的身份。

职业化行为规范更多地体现在做事情的章法上,而这些章法的来源是长期工作经验的积累形成的,在企业规章制度要求下,通过培训、学习来形成。当进入一家公司,对公司的评判首先就是对公司员工所表现的行为规范的评判。通常企业通过监督、激励、培训、示范形成公司统一的员工行为规范。

3. 职业化技能

职业化技能是企业员工对工作的一种胜任能力,通俗地讲就是有没有这个能力来担当这个工作任务。职业化技能大致可以包括以下两个方面的内容。

(1)职业资质。一是学历认证,学历认证是最基础的职业资质,大学专科、本科、硕士、博士等通常就是进入某个行业某个级别的通行证;二是资格认证,资格认证是对某种专业化的技能的一种专业认证,比如会计就必须拥有会计上岗证。学历认证和资格认证都是有证书的认证,但是在现实中还有一种没有证书的认证,就是社会认证。社会认证通常就是个人在社会中的地位,比如某个行业著名的专家、学者,即便没有证书,但是能够被社会承认,这就代表着在这个行业(这个领域)的资质。我们也把这种认证称为头衔认证。

(2)职业通用管理能力。每个人在企业中都不是一个独立的个体,而必须与上司、下属、同事等交往,形成一系列的关系链,在这些关系链中必然产生向上级的工作汇报、向下级的任务分配以及同事之间的沟通、协作与配合,同时一个员工还必须对自己进行有效管理,如时间管理、心态管理、突发事件处理等。这些通用的管理能力是生活和工作中必须具备的能力。通用能力的高低在某种程度上也决定着实际工作能力高低,它与职业资质互为补充形成员工的实际工作能力。可以这么说,一个职业资质和通用管理能力都比较高的员工,他的整体工作能力一定是良好的。一个职业化程度高的员工,必将成为一个优秀的员工;一个团体职业化程度高的企业,必将会成为一个受社会尊敬的企业。

综上所述,职业化内容如图1-1所示。

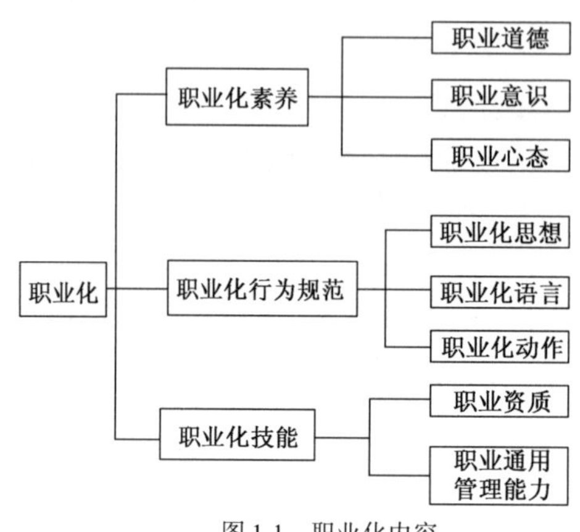

图1-1　职业化内容

三、职业化的特征

员工只有在外表、知识、技能、态度、职业价值观等方面实现全面的转变,才可能成为职业化的正式员工。从职业化的内涵来看,衣着装束、外表以及工作行为的改变是相对容易的,而知识、技能的习得以及态度的转变则需要较长的时间,核心的部分——职业价值观的形成则需要更长的时间,这就决定了职业化过程的长期性特征。此外,职业化过程中的专业化要求,决定了职业化过程中知识学习的重要性;职业化过程的社会化要求决定了这一过程的广泛认可性和文化性特征;职业化主体角色的重要性决定了其自我约束的特征。

概括而言,职业化的特征包括以下几个方面:

1. 长期性

职业化要求通过长期的训练才能取得该职业所需要的系统技能。

2. 知识性

职业者都有以广博的知识为基础的权威性,这种权威性是以职业者高度专门化的能力为基础的。

3. 广泛认可性

实施这种权威要得到广泛的社会准许和认可,通过社会给予职业者某些权力和特权而批准职业者在某一领域内实施这种权威。

4. 自我约束性

职业化要通过某种道德标准来调整职业人员与客户、同事之间的关系,职业人员的自我约束被当作社会控制的基础。

5. 文化性

由职业人员相互影响、相互作用构成独特的职业文化。

四、职业化的作用

1. 职业化——21世纪的第一竞争力

21世纪,对于快速发展的中国来说,充满了各种各样的机遇和挑战。有专家预言:中国将进入一个崭新的职业化时代。

据调查资料显示:中国90%以上的企事业单位已认识到,制约其发展的最大因素是缺乏高度职业化人才。事实也确实如此,在一个职业化程度很低的企事业单位里,再高明的战略也不能得到执行,再怎么强调细节也无法得到贯彻,其他方面也是一样。

企业管理的关键在人,而人在职场发展的关键在于职业化。经理人和员工职业化的问题,已成为企业管理的核心问题。

要想在竞争中保持不败,必须打造一支高度职业化的人才队伍。正如世界著名管理学家彼得·德鲁克所说:职业化已成为21世纪的第一竞争力。

2. 职业化程度与工作价值呈正比

职业化的作用还体现在,工作价值等于个人能力和职业化程度的乘积(图1-2),即工作价值=个人能力×职业化的程度,其中直线斜率为职业化程度。

如果一个人有100分的能力,而职业化的程度只有50%,那么其工作价值显然只发挥了一半。如果一个人的职业化程度很高,那么能力、价值就能够得到充分、稳定的发挥,而且是逐步上升的。如果一个人的能力比较强,却自觉发挥得很不理想,总有“怀才不遇”的感慨,那就很可能是自身的职业化程度不够造成的。这样就使得个人的工作价值大为降低。

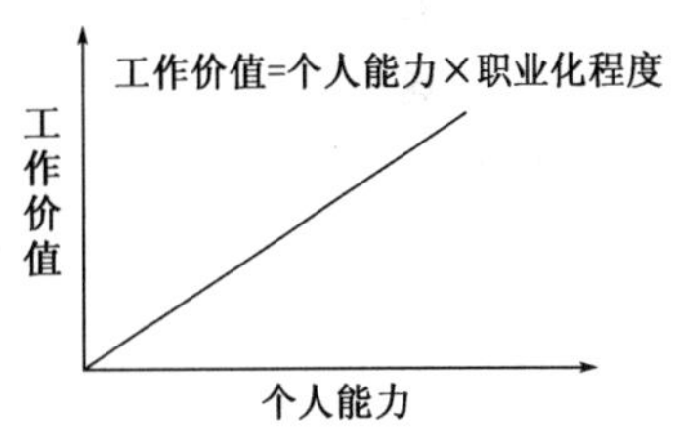

图1-2 工作价值与个人能力、职业化程度关系

五、职业化的基本观点

职业化的基本观点可概括为一个中心、三个基本点。

1. 一个中心

职业人的核心目标是客户满意。职业人总是准备提供超过客户期望值的服务,这里的客户包括上司、同事、家人、下属和生意场上的客户。职业化的一个中心是提供客户满意的服务。以客户为中心的第一个含义是能够对客户产生影响。能够使客户满意意味着必须具有一定的能力,使客户接受所提供的服务,也就是有能力才能产生影响。以客户为中心的第二个含义是互赖,也就是在职业圈子里创造互赖的关系,这样才能协调好各个环节,使其功能发挥达到最佳状态。

职业化的中心是为客户提供满意的服务,从另一种意义来说就是提升客户的竞争力,使客户的价值得到提升。以客户为中心还意味着必须关注对整体的把握,而关注整体意味着要关注那些限制整体发展的因素。木桶理论说明,限制最大产出的是数量最少的资源。职业人的要务之一就是帮助客户以尽量小的投入获得尽量大的产出。

2. 三个基本点

(1)职业人要为高标准的产出负责。主要做到两点:一是行为思考的出发点是客户最感兴趣的;二是有义务保守与客户合作的所有秘密。对公司领导而言,职业人应具有竞争力、专业优势和特殊才能。职业人很重要的一点是用数据说话,首先,所有方案是有数据支持的;其次,所有行动方案是可以实现的,并有量化指标;最后,结果是可以考量的。

(2)职业人必须注重团队协作。作为职业人,必须记住一点,只有团队协作,才能够提供高标准的服务。这里讲述的不是专业人士,而是职业人士,专业人士是学有专精的人,而职业人士则是注重团队合作的专业人士。尤其是在分工越来越细的现代社会,团队协作更应该被强调。

(3)职业人必须为自己的职业生涯负责。要提升客户的竞争力,首先要提升自己的竞争力。处在急剧发展的时代,职业人必须不断地学习,否则只能被社会淘汰。所以说应变的唯一之道是学习。

复习与思考题

1. 什么是职业?职业有什么意义?
2. 简述工作、职业、事业之间的关系。
3. 什么是职业化?职业化有哪些特征?职业化有什么作用?
4. 职业化观点主要有哪些?

模块 2

城市轨道交通员工职业化素养

教学目标

1. 掌握职业化素养的概念；
2. 了解职业化素养的重要作用及核心要素；
3. 了解职业道德概念及特点；
4. 掌握城市轨道交通职业化员工职业道德的基本规范；
5. 掌握城市轨道交通企业员工应培育的职业意识；
6. 掌握城市轨道交通职业化员工应修炼的职业心态。

建议学时

6 学时

单元 2.1 概 述

一、职业化素养的概念

从汉语词义的角度讲，所谓“素养”，一是指素质，二是指修养。素质主要指偏于先天的禀赋、资质，而修养主要指偏于后天的学习、锻炼，就是人通过长期的学习和实践（修习培养）在某一方面所达到的高度。素养在不同的学科领域中，既有一般的意义，又有因对象差异而带来的特殊意义。但总体来看，素养一般指的是在先天遗传基础上通过后天的教育和环境的影响所获得的以社会文化为主要内容的系统社会特性，是集身心、知识、能力和非认知因素于一体的稳定的、内在的并长期起作用的主体性品质结构。

职业化素养就是企业员工在从事职业的时候，不断形成的知识技能、个人素质、个人道德修养、行为规范等职业内在的规范和要求，是在职业过程中表现出来的综合品质，包含职业道德、职业意识、职业心态、职业技能、职业行为和职业作风等方面。其中，职业道德、职业意识、职业心态又是职业化素养的重要内容，也是职业化中最根本的内容。

很多企业界人士认为,职业化素养至少包含两个重要因素:敬业精神及合作态度。敬业精神就是在工作中将自己作为公司的一部分,不管做什么工作一定要做到最好,发挥出实力,对于一些细小的错误一定要及时纠正;敬业不仅仅是吃苦耐劳,更重要的是"用心"做好分配的每份工作。合作态度是职业素养的核心,比如负责的、积极的、自信的、建设性的、欣赏的、乐于助人等态度是影响成败的关键因素。

二、职业化素养的特征

1. 整体性

职业化素养反映组织和社会对个体的整体要求,职业化素养与职业人格是统一的。虽然职业活动的具体情境各不相同,某些职业活动只强调职业化的部分组成要素,但职业化素养的特征是整体性的。既要重视对可以进行量化转移的职业知识的学习,又要强调对职业技能等的培养,对职业意识的认识不能采取分割的方式。职业人所具备的各职业化素养要素应作为一个整体统一在职业活动中,与职业情境紧密相连,统一于职业人的认知和实践中。因此,我们要对职业活动各要素进行如实认知,不能把职业化素养各要素进行割裂,要把职业化素养看作一个整体,以职业活动为载体,在与其他职业活动要素的融合中进行培养。职业化素养作为个体心理品质与行为方式的统一,体现在职业活动中并与职业活动的其他要素紧密相连。

2. 稳定性

职业人的职业化素养是在长期实践过程中形成的,会被作为经验和传统继承下来,并且一旦形成,就具有稳定性。即使在不同的社会经济发展阶段,虽然服务对象、服务手段、职业利益可能发生变化,但职业责任和义务、职业行为习惯等职业化素养是相对稳定的。如职业行为的道德要求的核心内容将被继承和发扬,从而形成被不同社会发展阶段普遍认同的职业道德规范,会在较长时期内起作用。总之,职业化素养的稳定性是由职业化素养形成的文化继承性决定的,是由职业人职业化素养培育的长期性所决定的。

3. 实践性

职业化素养作为与职业世界相联系的个性品质的集合,主要是后天养成的结果,是职业世界对人的要求在个体上的内化,是在个体发展过程中由先天和后天因素相互作用而形成的。虽然个人的天赋秉性在职业化素养的形成中占有重要地位,但任何素养的获得都离不开后天的开发实践。

职业化素养不能通过简单传授完成,如我们不能用印刷体书写的信息"认真工作"就能养成相应的职业化素养,职业化素养的获得是有条件的,更具复杂性,是在与职业环境的相互作用中通过模仿、反馈以及慎思等多种途径逐渐获得的。职业化素养中的职业技能更是练习的结果,强调肢体的灵活性和熟练度,它只要经过多次的反复练习就可以获得。职业化素养需要在完成工作任务的过程中进行学习,其着重点是在不同的职业情境中通过完成不同性质的工作任务而逐渐积累、内化,它强调对不同情境的判断和反应,而不是对程序化固定动作组织体系的掌握,因此具有实践性的特征。

4. 情境性

职业化素养虽然是以职业行动的方式表现,但它是由情境始动的,这与技能任务始动不同。对于技能,需要的时候就那么做,不需要的时候则不那么做。而职业化素养则与情境相联系,如在拆卸一些特别复杂的机器时,需要特别注意拆装的顺序和小零部件的摆放位置,这就需要认真、严谨,对注意力、记忆能力及动作技能提出更高的要求,而对于简单的拆装则不需要特别注意,也就是说,不同的情境所要求的个体行为是不同的。一个具备良好职业素养的人能够知道何种情境需要何种素养,并能熟练地指导自己的行动。这一特性也决定了职业化素养培养要具体到职业活动的每个环节,不仅是在完成具体工作任务的过程中,而且是从进入工作场所到离开工作场所的整个过程中,对每个环节都要做细致的要求。

三、职业化素养的重要作用

《一生成就看职商》的作者吴甘霖回首自己从职场惨败到走上成功之道的过程,再总结比尔·盖茨、李嘉诚、牛根生等著名人物的成功历史,并进一步分析所看到的众多职场人士的成功与失败,得到了一个宝贵的理念:一个人,能力和专业知识固然重要,但是,在职场要成功,最关键的并不在于他的能力与专业知识,而在于他所具有的职业化素养。

工作中需要知识,但更需要智慧,而最终起关键作用的就是素养。缺少这些关键的素养,一个人将一生庸庸碌碌,与成功无缘;拥有这些素养,将会少走很多弯路,以最快的速度迈向成功。

很多企业之所以招不到满意人选是由于找不到具备良好职业素养的人才,可见,企业已经把职业化素养作为对人进行评价的重要指标。

成都一家公司在招聘新人时,要综合考察毕业生的五个方面,即专业素质、职业素养、协作能力、心理素质和身体素质。其中,身体素质是最基本的,好身体是工作的基础;职业素养、协作能力和心理素质是最重要和必需的,而专业素质则是锦上添花的。职业素养可以通过个体在工作中的行为来表现,而这些行为以个体的知识、技能、价值观、态度、意志等为基础。个体良好的职业素养是企业必需的,是个人事业成功的基础,是进入企业的"金钥匙"。

1. 道德是基础(职业道德)

要想在某些方面有所成就,就一定要有一个积极向上的"红心"。德行不好,本事再大也不行。

案例

一名大学生以优异的成绩毕业后,决定找工作。他四处求职,拜访过很多大公司,全都遭到了拒绝。没有办法,他决定先到小公司就职,找个踏板再说。他觉得自己如此屈就,肯定能找到工作。意外的是,他仍然吃了闭门羹,他的求职无一例外地遭到了拒绝。终于,他在应聘一家小公司职员被拒绝后怒气爆发了,他大声地痛斥老板有眼无珠,像他这样优秀的人才得不到重用。老板是个鹤发童颜的老人,在看到这个年轻人如此无助之后,决定告诉他真相。老板给他出示了一份关于他在大学学习期间,被例行检查逃票时三次被处罚的记录。这名学生不屑地说:"就这么点鸡毛蒜皮的事就拒绝我,岂不是借口吗?"老板告诉他,抽查逃票概率是万分之三,也就是说逃一万次票才可能被抓住三次。这位高才生居然被抓住三次,这是非常严重的问题。老板说:"我们宽容错误,但不能容忍有错而不加悔改。"

2. 意识决定行为(职业意识)

观念决定意识,意识决定思路,思路决定行为。观念和意识是行为的本源,做任何事情,如果前者不改变,那么行为就很难改变。

俗话说,江山易改,本性难移。人对事物固有的看法是很难改变的,相反,如果观念和意识得以改变,那么产生的作用和价值也是巨大的。

"放下屠刀,立地成佛",改变了则发展无限;"撞破南墙,不回头",不改变则前途渺茫。

意识来源于家庭、社会、工作和生活环境,受制于个性、思想、身体等方面的影响。具备最为优秀职业素养的学生,应具备比较健全、科学的专业观念和意识,再加以配合专业技巧、方法的运用,才能够发挥积极作用,量变必质变。

所有进步快的人,不仅是足够努力的人,还是开化、通达的人,抱残守缺、敝帚自珍就很难得以进步。

3. 心态决定成果(职业心态)

成功的人,至少是足够努力的不屈不挠的人。成功的人一定是心态积极的人,失败的人往往是心态消极的人。

心态决定成果,要想有好的成绩,就要改变自己的心态。成功者说:没有失败,只有暂时停止成功;没有先天注定的成功,只有后天的努力而获得的成功。

四、职业化基本素养的核心要素

职业化基本素养是职业化素养的一部分,排除了职业技能后,提炼了十个方面核心要素,见表2-1。

职业化基本素养的核心要素 表2-1

序号	职业化基本素养	核心要素
1	学会敬业——从平凡到卓越	敬业
2	学会诚信——结果就会不一样	诚信
3	学会务实——小行胜于大言	务实
4	学会表达——说的要比唱得好	表达
5	学会协作——1+1>2	协作
6	学会主动——不拨也要转	主动
7	学会坚持——水滴石穿	坚持
8	学会学习——步步才会高	学习
9	学会自控——从学生到职业人的转化	自控
10	学会创新——拥有核心竞争力	创新

五、学生职业素养的构成

"素质冰山"理论认为,个体的素质就像水中漂浮的一座冰山,其水上部分的知识、技能仅代表表层的特征,不能区分绩效优劣;其水下部分的动机、特质、态度、责任心才是决定人的行为的关键因素,才能鉴别绩效优秀者和一般者。学生的职业素养也可以看成是一座冰山:冰山浮在水面以上的只有 1/8,它代表学生的形象、资质、知识、职业行为和职业技能等方面,是人们看得见的、显性的职业素养,这些可以通过各种学历证书、职业证书来证明,或者通过专业考试来验证。而冰山隐藏在水面以下的部分占整体的 7/8,它代表学生的职业道德、职业意识、职业作风和职业心态等方面,是人们看不见的、隐性的职业素养。显性职业素养和隐性职业素养共同构成了所应具备的全部职业素养。由此可见,大部分的职业素养是人们看不见的,但正是这 7/8 的隐性职业素养决定并支撑着显性职业素养,显性职业素养是隐性职业素养的外在表现。

因此,学生职业素养的培养应该着眼于整座"冰山",并以培养显性职业素养为基础,重点培养隐性职业素养。当然,这个培养过程不是学校、学生、企业哪一方能够单独完成的,而应该由三方共同协作,实现"三方共赢"。

单元 2.2　职业道德

一、职业道德概念

职业道德的概念有广义和狭义之分。广义的职业道德是指从业人员在职业活动中应遵循的行为准则,涵盖了从业人员与服务对象、职业与职工、职业与职业之间的关系。狭义的职业道德是指在一定职业活动中应遵循的、体现一定职业特征的、调整一定职业关系的职业行为准则和规范。不同的职业人员在特定的职业活动中形成了特殊的职业关系,包括职业主体与职业服务对象之间的关系、职业团体之间的关系、同一职业团体内部人与人之间的关系,以及职业劳动者、职业团体与国家之间的关系。

职业道德同人们的职业活动紧密联系,是具有自身职业特征的道德准则和规范。它既是对从事一定职业的人员在职业活动中行为的规定,又是该职业对社会所应负的道德义务。

小故事

致加西亚的信

19 世纪末,美西战争爆发。当时美国急于跟西班牙反抗军首领加西亚将军取得联系,加西亚将军隐藏在古巴辽阔的崇山峻岭中(没有人知道确切的地点),因此无法送信给他。但是,时任美国总统威廉·麦金莱(美国第 29 届总统)必须尽快与他建立合作关系,怎么办呢?有人对总统说:"有一个名叫罗文的人,如果有人能找到加西亚将军,那个人一定就是他。"于是,他们将罗文找来,交给他一封写给加西亚的信。罗文接过信后,并没有问:"他在哪里?"而是将信装进一个油纸袋里打封,吊在胸口藏好。三个星期后,罗文不负重托,历经险境,徒步穿越一个危机四伏的国家,最终将信交到加西亚手上,罗文因此成了民族英雄。这就是阿尔伯特·哈伯德所创作的《致加西亚的信》中讲述的故事,这本小册子曾一度被翻译成多国文字版本,畅销全球。许多政府、军队和企业都将此书赠送给职员,作为培养敬业守则的必读材料。

美国总统把这封写给加西亚的信交给罗文,而罗文接过信后,并没有问:"他在什么地方?""如何才能完成任务?"罗文为什么没有提问,显然罗文也不知道加西亚在什么地方,但是在他接过这封信的时候,就以一个军人的敬业精神和高度的责任感接受了一个神圣的任务,也许他会因为这个任务而付出生命。

这个送信人的传奇故事之所以在全世界广为流传,主要在于它倡导了一种伟大的精神:忠诚、敬业、勤奋,正是人性中光辉的一面。"送信"变成了一种具有象征意义的东西,变成了一种忠于职守,一种承诺,一种敬业、服从和荣誉的象征。像罗文这样的人,我们应该为他塑造一座不朽的雕像,放在每所大学里。年轻人所需要的不仅仅是从书本上学习的知识,也不仅仅是聆听他人的教诲,而是更需要一种敬业精神,对上级的托付立即采取行动,全心全意去完成任务。然而,当人们对工作的难易程度、待遇高低、工作环境好坏斤斤计较、怨声载道的时候,有没有经常自我反省,与社会提供的回报相比,是否付出了足够的努力、是否对工作足够敬业。我们这个时代,我们这个社会,最需要的就是敬业精神,也就是常谈到的职业道德。具有这种精神的人无论走到哪里,都会受到欢迎,都会得到社会的认可。大学生在步入职场之前,就要努力具备这种精神,像罗文一样对待工作。

二、职业道德的特点

1. 职业道德具有适用范围的有限性

每种职业都带有一定特点的职业责任和职业义务。由于各种职业的职业责任和义务不同,从而形成特定的职业道德的具体规范。服务人员要文明服务,诚实无欺;教育从业者要教书育人,为人师表;医务人员要救死扶伤,治病救人。

2. 职业道德具有发展的历史继承性

由于职业具有不断发展和世代延续的特征,不仅其技术世代延续,其管理员工的方法、与服务对象相处的方法,也有一定历史继承性。如"有教无类""学而不厌、诲人不倦",从古至今始终是教师的职业道德。明代兵部尚书于清端提出的封建官吏道德修养六条标准,被称为"亲民官自省六戒",其内容有"勤抚恤、慎刑法、绝贿赂、杜私派、严征收、崇节俭"。

3. 职业道德兼有强烈的纪律性

纪律也是一种行为规范,但它是介于法律与道德之间的一种特殊规范。它既要求人们能自觉遵守,又带有一定的强制性。就前者而言,它具有道德色彩;就后者而言,又带有一定的法律色彩。就是说,一方面,遵守纪律是一种美德;另一方面,遵守纪律又带有强制性,具有法令的要求。如:工人必须执行操作规程和安全规定,军人要有严明的纪律性。因此,职业道德有时又以制度、章程、条例的形式表达,让从业人员认识到职业道德具有纪律的规范性。

三、职业道德的成长阶段

良好的职业修养是每位优秀员工必备的素质，良好的职业道德是每位员工必须具备的基本品质，这两点是企业对员工最基本的规范和要求，同时也是每位员工担负起工作责任必备的素质。从业人员职业道德的形成和发展一般经历他律、自律和价值目标三个阶段。

1. 他律阶段

他律阶段是指从业人员的职业道德还没有发展完善的起步阶段，是靠他人或限制性的规定来进行自我约束的道德发展阶段，该阶段的核心是职业责任和义务的明确。他人、组织和社会为了防范从业人员的职业道德失范，从而要求从业人员对职业责任和义务明确态度。这是从业人员个人的欲望受到约束的一种阶段，这要依靠一种职业上的道德对个人工作的一些行为来进行约束，以提高工作质量。

2. 自律阶段

自律阶段是从业人员对自己进行约束的阶段，是工作上的职责朝着心理上的道德和行为进行转化的阶段。在这个阶段，个体本身对道德的追求是道德规范的重点内容。每个从业人员都具有职业良心，每个符合职业良心的职业道德行为都会被肯定，而当职业行为背叛职业良心时会受到阻止，尤其完成顺应职业良心的职业行为时，从业人员会拥有一种道德优越感，也会对不符合道德的行为进行一定的自责。这种自律性能够体现一种职业道德感，使从业人员能够对自己进行评价，满足他人和社会对从业人员的道德要求。

3. 价值目标阶段

职业道德的价值目标阶段是指从业人员把职业上的道德目标作为个体活动的自觉要求，在职业上把职业道德规范与个体的心理行为融为一体，把道德规范的应然和实然相结合，使外在要求和内在需求能够一致，这是职业道德发展的成熟阶段。如果个体的职业道德品质达到了这个阶段，从业人员就会积极接受道德规范和约束机制，主动地约束自己的行为。由于不同职业和个体的自身情况和环境不同，有些处在他律阶段，有些处于自律阶段，还有些处于价值目标阶段。可以肯定的是，由于价值目标阶段对从业人员的素质和环境都有较高要求，所以只有少数职业中的少数从业人员能够达到价值目标阶段。

四、城市轨道交通职业化员工职业道德的基本规范

根据《公民道德建设实施纲要》，社会主义职业道德的基本内容包括五方面，即爱岗敬业、诚实守信、办事公道、服务群众、奉献社会。作为城市轨道交通职业化员工，还要通过品牌维护体现职业道德。

1. 爱岗敬业

爱岗敬业是职业道德的基础和核心，是社会主义职业道德所倡导的首要规范，是对从业人员工作态度的一种普遍要求。爱岗和敬业，两者相互联系、相互促进。荀子说："百事之成也，必在敬之；其败也，必在慢之"。用今天的话说，敬业，是各项事业成功的基础；不敬业，则是事

业失败的主因。

爱岗就是热爱自己的工作岗位,热爱本职工作;敬业就是用一种恭敬、严肃、负责的态度对待自己的工作,勤勤恳恳、兢兢业业、忠于职守,尽心尽职。古代思想家亦提倡敬业精神,孔子称之为"执事敬",朱熹解释敬业为"专心致志,以事其业"。爱岗敬业是人类社会最为普遍的奉献精神,它看似平凡,实则伟大。

只有爱岗敬业的人,才会在自己的工作岗位上勤勤恳恳,不断地钻研学习,一丝不苟,精益求精,才有可能为社会、为国家做出崇高而伟大的奉献。一个人要成功,首先必须树立奋斗的目标,而有了目标之后,最重要的是喜爱所从事的事业,并且一心一意、持之以恒地勤奋工作。多少伟人、名人为了自己的远大志向和崇高事业,几十年如一日兢兢业业地工作着,可谓"鞠躬尽瘁,死而后已",终于青史留名。还有许许多多的人在平凡的岗位上执着奉献,做出了不平凡的成绩。

案例

北京晨报的一则报道说:一公共汽车司机在行车途中突发心脏病猝死,临死前他用最后一丝力气踩住了刹车,保证了车上二十多人的安全。然后他趴在方向盘上离开了人世。他生命最后的举动,说明在他的心里,时刻想到的是要对乘客的安全负责,他虽然是一个普通人,却体现出高尚的人格和职业道德。

"爱岗敬业"是对从业者工作态度的普遍要求,如何做一个爱岗敬业的职业工作者呢。第一要重业,要认识自己的职业价值,这是爱岗敬业的思想前提;第二要乐业,要从内心热爱并热心于自己所从事的职业和岗位,把做好工作当作最快乐的事,这是爱岗敬业的情感基础;第三要勤业,要忠实地履行自己的岗位职责,勤恳地、积极主动地做好自己的本职工作,这是爱岗敬业的具体表现;第四要精业,要不断钻研自己的工作业务,精益求精,开拓创新,不断提高工作质量和业务水平,这是爱岗敬业的必然要求。

2. 诚实守信

诚实守信是处理人与人之间关系和经济活动关系的一项最基本的行为规范。诚实就是要言行一致,表里如一,不弄虚作假;守信就是要言而有信,一诺千金,不背信违约。在职业活动中,特别是在市场经济条件下的职业活动中,诚实守信具有十分重要的意义。

古人云:"言而无信,行之不远。"诚信是职业人成功的基础。一个缺乏职业道德的人,他的信用等级不会很高。在不断完善的信用体制中,任何信用缺失的行为都将付出沉重的代价。职场中职业人的信用,也代表着其所在组织的信用。如果组织的信用因为员工个人的信用蒙受损失,将会带来个人无法挽回的结果。

在未来社会中,信用就是金钱。本杰明·富兰克林说:"假如你是个公认的节约、诚实的人,你一年虽只有六磅的收入,却可以使用一百磅。"富兰克林把具有信誉的诚实人,评价为具有巨大潜力的人,这种思想后来逐渐成为美国社会普遍的生存哲学,深深根植在职业人心中。

信用就是遵守诺言,实践约定,从而取得别人的信任。信用等级降低意味着在职场上的路越走越窄，终将为不诚实付出巨大代价。诚信体现在日常的工作中，对于约会不守时、无正当理由爽约、不兑现承诺等都是非职业化的行为。既然承诺了，就要对其过程和结果负责任，这是作为职业人必备的基本常识。

怎样做一个诚实守信的从业人员呢？树立诚信为荣、虚假为耻的道德观念；坚持遵守诚实守信的道德规范；要信守承诺，言行一致；旗帜鲜明地反对欺诈行为。

案例

刚刚走上工作岗位的学生经常出现令用人单位头疼的诚信问题。例如，总是抱着骑驴找马的心态，对工作心不在焉，随时准备跳槽，一旦找到其他工作，立刻走人，连招呼也不打。一位人事经理说：我现在对一些毕业生的做法非常反感，以前都是提前 1 个月通知不合格的毕业生离职，但结果是第二天就不见人影了。工作不交接不说，连单位的工服、资料也不还，打电话也不接。没办法，现在我只能当天通知，让他们当天办完离职手续。

2002 年，上海复旦大学、同济大学等 50 所高校与上海资信有限公司签约，共建学生信用档案。大学毕业生的个人信用报告成为跟随其一生的诚信记录，有不良信用的大学毕业生在今后各类贷款(如住房贷款等)过程中都会受到影响。但由于当今社会崇尚实用主义，人们的心态浮躁，再加上缺乏对不诚信行为的约束机制，致使一些是非判断能力不强的学生盲目跟从这种趋势。其实美国的社会信用体系的经验很值得我国借鉴。美国公民，包括学生，都有一个信用号码，找工作时，必须出示这个信用号码，以便用人单位查询他的信用记录。没有信用号码的人找不到工作。未来中国要走向世界，与世界接轨，首先应加强诚信体系建设，与世界同步。可以想象，没有诚信的人在未来找工作的过程中将到受到影响。

3. 办事公道

各行各业的劳动者在处理各类职业关系、从事各种活动的过程中，要做到公平、公正、公开，不损公营私，这是职业道德的基本准则。

从业人员怎样做到办事公道呢？遵纪守法，坚持原则；廉洁奉公，不徇私情；照常办事，平等待人。

4. 服务群众

服务群众是为人民服务的道德要求在职业道德中的具体体现。服务是城市轨道交通员工的职责所在。什么是城市轨道交通服务？服务是一种承诺，是城市轨道交通企业对自身社会责任的承诺，是企业对众多乘客的服务承诺，也是城市轨道交通员工对履行自身服务职责的承诺。服务还是一种文化，不仅是企业文化，是尊重和关爱乘客的文化，更是城市轨道交通文化。服务带给乘客一种体验，是城市高度文明的体验，是乘客对出行需求的体验，更是乘客价值链的体验。服务也是一种价值，体现的是城市轨道交通的服务核心价值，体现的是城市轨道交通员工的自身价值，体现的更是城市轨道交通优于平行竞争者的增值。在服务的过程中时刻注重责任、快乐和文化，从服务的承诺、践诺、尽责、尊重和关爱等多个方面进行人文价值的传递，并让乘客能够清晰洞察和感悟，就是尽城市轨道交通服务的天职。

从业人员如何做到服务群众呢？树立全心全意为人民服务的思想，文明服务，勇于对人民负责。

5. 奉献社会

奉献社会是社会主义职业道德的最高要求。它要求从事各种职业的个人,努力为社会做贡献,从社会整体和长远的利益出发。无论城市轨道交通公司还是个人,每个社会个体的成长与发展都离不开社会大环境的影响和促进,同时个体的发展必将促进和带动社会发展和进步,个体的利益与社会利益在本质上是一致而相互促进的。

6. 品牌维护

作为一名城市轨道交通行业中的职业人,品牌维护也是一项重要的职业道德。品牌是一种错综复杂的象征,它是品牌的属性、名称、包装、价格、历史、声誉、广告风格的无形组合。品牌是一种外在的标记,把产品中无形的,仅靠视觉、听觉、嗅觉和经验无法体验到的品质公之于众。品牌同时也因消费者对其使用的印象及自身的经验而有所界定。

品牌维护是指企业针对外部环境的变化给品牌带来的影响所进行的维护品牌形象、保持品牌的市场地位和品牌价值的一系列活动的统称。品牌建设是一个漫长的过程,广告投入、企业文化塑造、品牌竞争力分析等都将对品牌的成长起到关键作用。广告投入引导消费者对品牌进行认知,企业文化塑造使得品牌深度得以扩张并趋于人性化。品牌竞争力分析则使品牌的内涵转化为营销力,帮助企业达到市场或利润最大化目标。品牌一旦为消费者所广泛称道,就表示该品牌已经具有了一定的忠诚顾客群,使品牌有了无形价值。

城市轨道交通行业作为公众服务型行业,高质量的服务就是它们的品牌,它与所在城市的文化和软实力密切相关。城市轨道交通的成功运行也是居民幸福感的重要影响因素,所以每个城市轨道交通行业中的企业都蕴含着自身特有的品牌和企业文化,高质量的服务必将是每个城市轨道交通企业始终注重和倡导的职业道德,其中关键就是员工的职业化。因此,每名城市轨道交通员工都应积极热情地提升自身的职业化修养。

单元2.3 职 业 意 识

一、职业意识的含义

职业意识(Professional Awareness)是作为职业人所具有的意识,以前称作主人翁精神。具体表现为:工作积极认真,有责任感,具有基本的职业道德。

职业意识既影响个人的就业和择业方向,又影响整个社会的就业状况。职业意识由就业意识和择业意识构成。就业意识指人们对自己从事的工作和任职角色的看法;择业意识指人们对自己希望从事的职业的看法。

职业意识是人们对职业劳动的认识、评价、情感和态度等心理成分的综合反映,是支配和调控全部职业行为和职业活动的调节器,它包括创新意识、竞争意识、协作意识和主动意识等方面。

二、职业意识的功能

1. 职业意识对职业人的职业发展具有主导性作用

首先,职业意识有利于个体形成爱岗敬业的高尚情操。其次,职业意识是主体发挥创造性的主观条件。再次,职业意识对个体人生观的形成具有重要意义。

2. 职业意识是组织可持续发展的保障

与具体职业相关的职业意识,是对具体职业在长期建设、发展过程中所形成的管理思想、管理方式,以及与之相适应的思维方式和行为规范总和的反映。企业管理的核心是对人的管理。“对人的管理”经历了注重劳动结果到强调规范员工行为,再到注重培养员工职业意识的转变。培养职工职业意识是推进企业竞争力提高、促进企业经济效益增长的战略性举措。

3. 职业意识是建立和谐社会的重要途径

在市场经济条件下建立和谐社会除了发展社会主义民主、健全社会主义法制、践行社会主义核心价值体系外,还包括从职业发展的内在需要入手,大力提倡正确的职业意识是一项重要的途径。

三、当代学生职业意识存在的主要问题

1. 社会责任感的淡化

在经济发展快速化、社会竞争激烈化、人际关系复杂化以及利益主体多元化的今天,随着知识层次的提高和社会阅历的增加,大学生受现代性因子的影响日渐明显和强烈,尤其是受市场经济意识的蔓延和功利主义思想的感染,在一定程度上导致了一些大学生片面强调经济效益,一味追求物质实惠,进而出现大学生社会责任感淡化的不良趋势。

2. 职业定位的主观性

多数大学生对择业问题的考虑较晚,加之社会经验不足以及多变的就业市场影响,造成大学生在进行职业设计时往往带有浓厚、鲜明的个人色彩,而忽视自我的客观评价与科学定位,难以保证自身素质、特长优势和所选职业要求的一致性。

3. 择业观的趋同性

择业观的趋同性主要表现:一是,在择业地的“亲大排小”和择业方位的“亲东排西”。大学生将目光主要放在大城市和东南部经济发达地区,对于小城市和西部欠发达地区则不太感兴趣。二是择业单位的“亲高排低,亲私排公”。“亲高”就是追求高收入,“亲私”就是多数大学生热衷于选择在私企和外企就业。三是择业岗位和环境的“喜新爱动”。大学生较喜欢流动性较大的岗位,喜欢接触新事物、新环境,喜欢具有挑战性的工作,如营销工作、公共服务、物流采购、信息收集及市场调查等。

四、城市轨道交通企业员工应培育的职业意识

1. 责任意识

从法律角度看,对任何一个社会人来说,权利可以放弃,但是责任和义务必须履行,对于即将步入职场的职业人更是如此。一方面,承担自己的责任,不能让自己的责任成为别人的负担,影响整个团队的效率;另一方面,也不能以此推卸责任,应筑起责任划分的堤坝,不应对责任交叉和责任空当置若罔闻、毫不关心。

人生在世,每个人都要扮演一定的角色。在社会当中,作为国家的一个公民、社会的一名成员,也都有着自己的岗位和职业。在家庭当中,有可能既是父亲(或母亲),又是丈夫(或妻子),同时还是儿子(或女儿)。无论哪种角色,都相应地有一份职责要求,需要其成员尽职尽责,做一个负责任的人——对孩子负责、对家庭负责、对自己的职业负责、对社会负责、对国家负责。

人生的境界、人活的意义,往往由于其责任感的不同、履行职责的不同而划分出不同的层次。责任感既是一种高尚的情操,也是一种平凡的精神;既表现在关键时刻挺身而出、慷慨赴义,也融合渗透在人们日常的工作和生活中。

小测验

请同学们检测自己的责任感强不强。

责任感不强的典型行为如下:

(1)自我认为已经做得差不多了。

(2)虽然知道还有一些不完善的地方,让下一个环节的人来处理吧。

(3)能感觉到这样会产生一些不良后果,但也许侥幸不会出什么事。

(4)在工作时间内已经很努力了。

(5)自己和别人的结果可能差不多。

(6)精益求精也没有止境,勉强过得去就行了。

(7)对责任的界定没有严格的标准,何必自讨苦吃。

(8)放大别人的缺点,为自己开脱制造借口,忽略自己的缺点。

(9)不出纰漏,万事大吉。

2. 安全意识

城市轨道交通是现代化大城市广泛采用的一种安全、快速、舒适、无污染而运量大的有轨运输工具,由车辆、车务、机电、通号、工务等部分组成,犹如一架庞大复杂的联动机。在城市轨道交通运营过程中,要求联动机的各个环节各个部门相互配合,紧密联系,互为整体。行车安全不但关系到整个城市轨道交通系统的正常运作,而且关系到广大乘客的生命安全、国家财产的安全,所以安全是城市轨道交通的生命线和效益线。作为城市轨道交通职业化员工,应该树立“安全第一、预防为主”的安全意识。

知识拓展

近年来世界城市轨道交通主要事故一览

1998 年元旦,俄罗斯莫斯科发生地铁爆炸意外,3 人受伤。

1999 年 5 月,白俄罗斯发生地铁车站人数过多发生踩踏事故,54 人死亡。

1999 年 6 月,俄罗斯圣彼得堡发生地铁车站人群踩踏意外,6 人死亡。

1999 年 8 月 23 日,德国科隆发生地铁列车撞击事故,67 人受伤,其中 7 人重伤。

2000 年 6 月,美国纽约发生地铁列车出轨意外,89 人受伤。

2000 年 3 月,日本日比谷线地铁列车发生出轨意外,3 人死亡,44 人受伤。

2001 年 8 月,英国伦敦发生地铁爆炸意外,6 人受伤。

2003 年 1 月 25 日,英国首都伦敦市中心发生地铁列车出轨撞月台引发大火事故,至少 32 名乘客受伤。

2003 年 2 月 18 日,韩国大邱市地铁发生乘客纵火事件,导致 198 人死亡,其中大多数人死于燃烧后产生的毒气中毒,另有 147 人受伤。

2003 年 8 月 28 日,英国首都伦敦和英格兰东南部部分地区突然发生重大停电事故,大约 25 万人被困在伦敦地铁中,伦敦近 2/3 地铁停运。

2004 年 1 月 5 日,我国香港地铁发生乘客纵火案,14 人受轻伤,疏散乘客 1200 人,线路中断半小时。

2004 年 2 月 6 日,俄罗斯首都莫斯科一地铁列车发生爆炸,造成至少 46 人丧生,百余人受伤。

3. 服务意识

很多企业都会谈到员工的“服务意识”这一概念。那什么是“服务意识”呢？服务意识是指企业全体员工在与一切企业利益相关的人或企业的交往中所体现的为其提供热情、周到、主动的服务的欲望和意识,即自觉主动做好服务工作的一种观念和愿望,它发自服务人员的内心。

服务意识有强烈与淡漠之分,有主动与被动之分。这是认识程度问题,认识深刻就会有强烈的服务意识。有了强烈展现个人才华、体现人生价值的观念,就会有强烈的服务意识;有了以公司为家、热爱集体、无私奉献的风格和精神,就会有强烈的服务意识。

4. 主动工作意识

能主动工作,就是工作的主人,否则就是工作的奴隶。工作就是主动、行动与热情,只有贯彻到底,才能解决问题。

如果能在一个职业化意识很强的群体里受到周围人的感染,自身也会努力勤奋起来,做最好的自己,逐渐实现自己的职业化,或成为成功的人,或成为这个群体的领导者,或开创自己的新事业,或在某方面成为专家。

在一个非职业化而散漫懒惰的群体里,即使是一个优秀的人也可能会变成懒汉。因为如果不能改变这个群体,就要被这个群体同化。人总是有惰性的,当周围的人都不思进取沉迷于安乐,对工作得过且过,没有计划性,没有长远性,没有良好的执行力,组织框架松散无序,在这种环境的感染下,再勤快的人也会变成一个碌碌无为的人。

环境与个人的因素是相互影响相互转变的,环境可以改变人,但反过来,人也可以改变环境。其中关键的是人的主动性,如果自己把握了主动性,则可以改变自己的环境,如果自己放弃了主动性,则必然会被环境改变。争取改变环境,努力改变自己,千万不要做"三等人",即等下班、等薪水、等退休。否则,只能提前下岗,提前退休,关于那份薪水就不要去等了。

案例

真正的主动工作意识就是贯彻到底、解决问题。最近有一种管理叫作"剥五层皮",也就是任何问题问五次。例如:

问:"机器为什么坏掉?"(第一问)答:"电源开关坏了。"

问:"电源开关为什么坏掉?"(第二问)答:"电源开头中的熔断丝断掉。"

问:"熔断丝为什么断掉?"(第三问)答:"材质不好。"

问:"材质为什么不好?"(第四问)答:"因为掺了杂质。"

通常问了四五次之后,基本可以摸清问题症结所在。这种主动的意识是工作执行中最重要的意识。

小故事

"爱若和布若"

爱若和布若差不多同时受雇于一家超级市场,开始时大家都一样,从最底层干起。可不久爱若受到总经理的青睐,一再被提升,从领班升到部门经理。布若却成长不快。终于有一天,布若向总经理提出辞呈,并抱怨总经理用人不公平。总经理耐心地听着,他了解这个小伙子,工作肯吃苦,但似乎缺少了点什么,缺什么呢?他忽然有了个主意。

"布若先生,"总经理说:"请您马上到集市上去,看看今天有什么卖的。"布若很快从集市回来说,刚才集市上有一个农民拉了车土豆卖。

"价格多少?"布若再次跑到集市上。

总经理望着跑得气喘吁吁的他说:"请休息一会吧。您可以看看爱若是怎么做的。"说完叫来爱若对他说:"爱若先生,请您马上到集市去看看今天有什么卖的。"

爱若很快从集市回来了,汇报说到现在为止只有一个农民在卖土豆,有10袋,价格适中,质量很好,他带回几个让经理看。这个农民过一会儿还有几筐西红柿上市,据他看价格还公道,可以进一些货。考虑到这种价格的西红柿总经理可能会要,所以他不仅带回了几个西红柿样品,而且还把那个农民也带来了,他现在正在外面等回话呢。

总经理看了一眼红了脸的布若,说:"请他进来。"

由于爱若比布若多想了几步,于是在工作上取得了成功。

这则故事诠释了主动意识不同,工作的效果也有很大的差异。由于爱若比布若多了几分主动意识，于是在工作中得到了重用，相信他肯定会获得更大的成功。主动意识强的人对工作的态度是积极负责任的，能将工作目标与结果统一起来考虑，并主动地为达成工作目标付出更多的努力。缺乏主动意识的人往往对待工作消极被动，机械地服从命令，对结果不负责任，缺乏创造性，所以很难得到提升与重用的机会。

初入职场的大学生，大多要从底层职位做起，即使这样也应把简单的工作做好，创造性地完成任务，才能有更多的发展机会。

5. 细节意识

"千丈之堤，以蝼蚁之穴溃；百尺之室，以突隙之烟焚。""不积跬步，无以至千里。不积细流，无以成江海。"成功从来都不是一蹴而就的，成功是一个不断积累的过程。对待小事、对待细节的处理方式往往反映了一个人的工作态度。是积极面对，脚踏实地，无论什么工作都尽心尽力完成，还是整日空想成功，却不愿从身边的事情做起，这两种截然不同的态度，就是成功者与失败者的区别。

再高的山都是由细土堆积而成，再大的河海也是由细流汇聚而成，再大的事都必须从小事做起，先做好每件小事，大事才能顺利完成。忽略一个细节往往可以铸成人生大错，可以造成事业巅峰之危，而一个细节的讲究，可能让企业兴旺发达，可能成就辉煌的事业。

案例

希尔顿饭店的创始人、世界旅馆业之王康尼·希尔顿就是一个注重"小事"的人。康尼·希尔顿要求他的员工："大家牢记，万万不可把我们心里的愁云摆在脸上！无论饭店本身遭到何等的困难，希尔顿服务员脸上的微笑永远是顾客的阳光。"正是这小小的永远的微笑，让希尔顿饭店的身影遍布世界各地。其实，每个人所做的工作都是由一件件小事构成的。饭店的服务员每天的工作就是对顾客微笑、回答顾客的提问、打扫房间等小事；你每天所做的可能就是接听电话、整理报表的小事。请记住：这就是你的工作，而工作中无小事。只有注重细节管理，把工作中的每件小事做细，才能为乘客提供一流的服务。

细节决定成败，态度决定一切。如果我们端正了心态，树立了细节意识，以认真的态度做好工作岗位上的每件小事，以强烈的责任心对待每个细节，那么城市轨道交通行业这个大家庭就一定会迸发出巨大的能量。

6. 客户意识

什么是"优质服务"？这是我们服务业一直都探寻的话题，可能 100 名员工会有 100 个不同的答案，100 位顾客也会有 100 个不同的答案。但无论时代怎么发展，服务业如何变化，真诚与耐心地为顾客考虑一切，以客户为导向，是服务恒久不变的精髓，所以这就是为什么"勤"能补拙，"耐心"同样也能补拙的道理。

服务永无止境，树立城市轨道交通企业品牌需要所有员工优质的服务。一个企业的发展，靠的是先进的技术、高标准的质量、贴心的服务，让我们微笑面对竞争，微笑面对服务，微笑面对每个客户。

7. 沟通意识

沟通是一门艺术,是一名城市轨道交通企业从业人员不可或缺的能力。对于大多数服务工作者来说,沟通能力往往是其服务工作成功的一个阶梯,这标志着成功了解顾客的需求,并给予良好的反馈,如此往复不已,才能推动服务工作不断跃上新台阶。在现代服务业竞争日益激烈的今天,我们要用自身良好的服务素质与行动使乘客有真正被尊重和重视的感受。

沟通其实是一种现实哲学。需要是沟通人生的源泉,倾听是提高沟通效果的保证,人格魅力是沟通人生的基础,双方共赢是沟通人生的原则,情绪的正确表达与调节是沟通人生的条件。把这些理念运用到实践中是需要不断尝试的,更需要不断地总结,这样才能达到先知先觉的境界。

8. 协作意识

步入职场,首先进入一个团队,每位职业人都在追求实现个人价值的最大化,然而成功必须依赖团队的协作。在团队的协作过程中,注重经营人脉资源,是构筑职业发展平台的基础,学会与人协作,是职业人的必修课。俗话说,"一个和尚挑水喝,两个和尚抬水喝,三个和尚没水喝。一只蚂蚁来搬米,搬来搬去搬不起,两只蚂蚁来搬米,身体晃来又晃去,三只蚂蚁来搬米,轻轻抬着进洞里。"上面这两种现象有截然不同的结果。"三个和尚"是一个团体,可是他们没水喝是因为互相推诿、不讲协作;"三只蚂蚁来搬米"之所以能"轻轻抬着进洞里",正是团结协作的结果。有首歌唱得好"团结就是力量",而且团队合作的力量是无穷尽的,一旦被开发,这个团队将创造出不可思议的奇迹。

小溪只能泛起破碎的浪花,百川纳海才能激发惊涛骇浪,个人与团队关系就如小溪与大海。每个人都要将自己融入集体,才能充分发挥个人的作用。总之,团队精神对任何一个组织来讲都是不可缺少的精髓,否则就如同一盘散沙。一根筷子容易弯,十根筷子折不断,这就是团队精神重要性的直观表现,也是团队精神重要之所在。

案例

有个人做了一个梦,梦中他来到一间二层楼的屋子里。进到第一层楼时,发现一张长长的大桌子,桌子旁坐满了人,桌子上摆满了丰盛的佳肴,可是没有一个人能吃得到,因为大家的手臂受到魔法师诅咒,全都变成直的,手肘不能弯曲,桌上的美食无法夹到口中,所以个个都愁苦满面。

而楼上却充满了欢愉的笑声,他好奇地上楼一看,同样的也是一群人,手肘也不能弯曲,但是大家却吃得很开心。原来每个人的手臂虽然不能伸直,但是他们彼此协助,互相帮助夹菜喂对方,结果大家都享受到了丰盛的佳肴。

没有一个人可以不依靠别人而独立生活,这本是一个需要互相协助的社会,先主动地伸出友谊的手,你会发现原来四周有这么多的朋友。在生命的道路上我们更需要和其他的个体互相协助,共同成长、创造美好生活。

9. 竞争意识

作为企业员工,必须懂得入职竞争、岗位竞争、服务竞争、生存竞争是无处不在的。"市场不相信眼泪,竞争不同情弱者”,要想使自己变得强大,作为新时代的员工必须具有强烈的竞争意识、敬业意识,努力掌握本岗位的工作程序、设备的操作方法,做好规范化、标准化、细节化服务,牢固树立顾客至上、一丝不苟的工作作风。只有竞争意识强、学习欲望高的员工,才能在竞争激烈的社会中不断提升自己、充实自己,才不至于遭到社会的淘汰。

案例

猫在主人吩咐猫到屋子里抓老鼠。它终于看到了一只老鼠,几个来回,到底也没有抓到。后来老鼠一拐弯不见了。主人看到这种情景,讥笑道:“大的反而抓不住小的。”猫回答说:“你不知道我们两个的‘跑’是完全不同的吗?我仅仅是为了一顿饭而跑,而它却是为生命而跑啊!”这就是典型的绩效问题。

在市场经济条件下,企业要生存、要发展,必须具有强烈的竞争意识。同时,技术创新是推动企业发展的基本力量,也是企业提高竞争力的重要源泉。

一个企业就是一个团队,这个团队能否在竞争中屹立不倒,很大程度上取决于团队成员之间的分工协作、相互配合是否发挥出了巨大的能动作用。不管是企业还是个人,在竞争中取胜的最好办法就是提高自己的竞争意识。作为一名员工,要增强对竞争的认识,要有一种比竞争对手做得更好的意识,在脑海里扎下竞争求胜的根,敢于竞争、善于竞争,这样才能在企业的竞争和发展中有所作为。

10. 短板意识

众所周知,木桶是由许多块木板箍成的,盛水量也是由这些木板共同决定的,若其中一块木板很短,则此木桶的盛水量就被短板所限制,这块短板就成了这个木桶盛水量的“限制因素”,若要增加此木桶的盛水量,只有换掉短板或将短板加长。人们把这一规律总结为“木桶原理”或“木桶定律”,又称“短板理论”。

构成一个组织的各部分往往是优劣不齐的,但劣势部分却往往决定着整个组织的水平。但是“最短的部分”是组织中一个组成部分,不能把它当成烂苹果扔掉,否则会一点水也装不了。劣势决定优势,劣势决定生死,这是市场竞争的残酷法则。“木桶定律”告诉我们,人要有短板意识。如果个人在哪个方面是“最短的一块”,应该考虑尽快把它补起来。如果所领导的集体存在着“一块最短的木板”,一定要迅速将它做长补齐,否则它带来的损失可能是毁灭性的。

理解木桶定律并不足以使我们真正弥补企业和个人的弱点和缺陷。我们不仅要理解木桶定律,更要了解木桶定律产生的根源,不仅要认识到短板的危害,更要知道如何寻找短板、补短和除短,不仅需要加长木桶中的短木板,更需要注意木板间的结合是否紧密。

11. 学习意识

在企业中有一个重要的增加知识的方法——不会就要问。不耻下问,远自孔夫子以来就是我们的美德。

书到用时方恨少,平常若不充实学问,临时抱佛脚是来不及的,也有人抱怨没有机会,然而当升迁机会来临时,再感叹自己平时没有积蓄足够的学识与能力,以致不能胜任,只好后悔莫及。

21世纪的企业需要成为学习型企业。那么个人最重要的能力是什么?同样也是学习能力。学习要有高度的自觉性,必须要有强大的自律能力并深信自己有足够的能力去管理学习过程。学习成长的路是崎岖不平的,这是一条充满痛苦及喜悦的路,挫折、迷惑、抵制各种偏离目标的诱惑、自我反思等,都会使人感到内心的痛苦,而当战胜它们,看到自己一步一步成长,看到自己脱胎换骨成为新人时,那将是人生最大的喜悦。但如果没有强大的自觉、自律能力,则在路途中随时可能倒下。

谨记:活到老,学到老——要永远学习,企业是一个大学堂;海纳百川,有容乃大——三人行,必有我师焉,要善于向他人学习;少时不努力,老大徒伤悲——不要等到被同龄人远远甩在后面才恍然悔悟;具备"比他人学得快的能力"是唯一能保持的竞争优势——我们处在一个充满竞争的时代;不管在公司的职衔是什么,总会有不明白的地方,不明白就要问。

案例

定期让自己清零

有这样一则故事:曾经哈佛大学一位校长到北京大学时,讲述了一段亲身经历。有一年他向学校请了3个月的假,然后告诉家人,"不要问我去什么地方,我每星期都会给家里打个电话报平安"。然后这位校长就去了美国南部的农村,去农场干活,去饭店刷盘子。在田地做工时,背着老板吸支烟,或和工友偷偷地说几句话,都感到很高兴。他在一家餐厅找到一份刷盘子的工作,只工作了4小时,老板就与他结了账,对他讲:老头儿,您刷盘子太慢了,您被解雇了。这位校长回到哈佛,回到自己熟悉的工作环境,但感到换了另外一个天地,原来在这个位置上是一种象征、是一种荣誉。这三个月的生活,重新改变了他对人生的看法,让自己复了一次位、清了一次零。

一个人可能有辉煌的过去,但进了公司就必须从零开始,大家都是处在同一条起跑线上。因为过去的成绩只代表过去,如果不能忘记过去,过去就会成为前进的包袱,成为前进的绊脚石。我们每个人都不能躺在过去的成就上吃老本,只有建立强烈的危机感,不断学习、不断进步,才能跟上快速多变的时代。

12. 创新意识

创新意识缔造核心竞争力。一则新闻指出,许多跨国公司认为,中国大学毕业生仅有10%符合他们公司的用人标准。谈及原因,这些跨国公司的用人部门不约而同地提到中国大学生过于浅薄的创新能力。在他们眼中,最好的员工,值得公司用最好的待遇去挽留的员工是那些勇于创新、勇于开拓的人,而不是那些空有满腹理论而不知如何去运用、去发挥的人。科技创新能力的重要性已经获得了普遍的社会认同,甚至已经成为人才取舍的标准之一。当代大学生要想在求职过程中觅得一个理想的职位,培养自身创新能力是关键因素之一。人无我有,人有我新,人新我奇,具备独特的创新精神,可以赢得成功。

影响创新力的几大障碍:一是功能固着心理,一个人看到一种惯常的事物功用或联系后,就很难看出其他新的功用和联系;二是思维定势效应,固定的思维模式使人们习惯于从固定的角度来观察、思考事物,以固定的方式来接受事物;三是自我选择效应,一旦个人选择了某一人生道路,就存在向这条路走下去的惯性并且不断自我强化;四是从众效应,每个人都有不同程度的从众倾向,总是倾向跟随大多数人的想法或态度,以证明自己并不孤立。

单元2.4 职业心态

苹果公司创始人乔布斯说过,最使人疲惫的往往不是道路的遥远,而是心中的郁闷;最使人颓废的往往不是前途的坎坷,而是自信的丧失;最使人痛苦的往往不是生活的不幸,而是希望的破灭;最使人绝望的往往不是挫折的打击,而是心灵的死亡。造成这些不幸的原因,是因为态度的变化。态度决定一切。一个人可以有很多种态度,但并不需要很多张脸。

拿破仑·希尔说:"人与人之间只有很小的差异,但这种很小的差异却往往造成了巨大的差异!很小的差异就是所具备的心态是积极的还是消极的,巨大的差异就是成功与失败。"

小故事

心态的力量

有一位教授找了九个人做试验。教授说,你们九个人听我的指挥,走过这个曲曲弯弯的小桥,千万别掉下去,不过掉下去也没关系,底下就是一点水。九个人听明白了,哗啦哗啦都走过去了。走过去后,教授打开了一盏黄灯,透过黄灯九个人看到,桥底下不仅仅是一点水,而且还有几条在蠕动的鳄鱼。九个人吓了一跳,庆幸刚才没掉下去。教授问,现在你们谁敢走回来?没人敢走了。教授说,你们要用心理暗示,想象自己走在坚固的铁桥上,诱导了半天,终于有三个人站起来,愿意尝试一下。第一个人颤颤巍巍,走的时间多花了一倍;第二个人哆哆嗦嗦,走了一半再也坚持不住了,吓得趴在桥上;第三个人才走了三步就吓趴下了。教授这时打开了所有的灯,大家这才发现,在桥和鳄鱼之间还有一层网,网是黄色的,刚才在黄灯下看不清楚。大家现在不怕了,说要知道有网早就过去了,几个人陆续走过来了。只有一个人不敢走,教授问他,你怎么回事?这个人说,我担心网不结实。这个试验揭示的原理是心态影响能力。

文摘

简单与复杂

《报刊文摘》上一篇《简单与复杂》的文章中写道:"这个世界其实很简单,只是人心复杂。其实人心也很简单,只是利益分配很复杂。人与人之间的关系其实很简单,由于利益分配很复杂,才有尔虞我诈、钩心斗角。人,一简单就快乐,但快乐的人寥寥无几;一复杂就痛苦,可痛苦的人却熙熙攘攘。人,小时候简单,长大了复杂;穷的时候简单,变阔了复杂;落魄的时候简单,得势了复杂;君子简单,小人复杂;看自己简单,看别人复杂"。

作为城市轨道交通企业的职员,不管是老员工还是新员工,不管是领导者还是被领导者,做一个"简单"的人,复杂问题简单处理,把"简单"的事情办好,达到动机与效果的统一。发挥城市轨道交通这部"永动机"每个"部件""螺丝钉"的作用,相互支持、密切配合,应对纷繁复杂的人际关系,以"简单"的不变应"复杂"的万变,构建和谐城市轨道交通。

看似简单的一段话其实却蕴藏了不简单的深刻道理,任何工作都离不开心态,心态的"简单"才能把"简单"的事情做好。在职业化员工打造工作中,作为城市轨道交通职业化员工应修炼七大黄金心态。即积极心态、阳光心态、执着心态、共赢心态、空杯心态、老板心态、感恩心态。

一、积极心态

现实生活中往往如此,消极的人允许或期望环境控制自己,喜欢一切听别人安排,但在这样的情况下,不可能拥有控制自己命运的能力,也无法避免失败的厄运;相反,积极的人总是以不屈不挠、坚忍不拔的精神面对困难,成功是指日可待的。积极的人总是使用最乐观的精神和最辉煌的经验支配、控制自己的人生;消极者则刚好相反,他们的人生总是处在过去的种种失败与困惑的阴影里。

世间万事万物,可用两种观念去看它,一个是正的、积极的,另一个是负的、消极的、这就像钱币,一正一反。该怎么看这一正一反,就是心态,它完全决定于自己的想法。好的心态可使人欢快进取,有朝气,有精神;消极的心态则使人沮丧,难过,没有主动性。

有成功心态者处处都能发觉成功的气力。强者对待事物,不看消极的一面,只取积极的一面。假如摔了一跤,把手摔出血了,他会想多亏没把胳膊摔断;假如遭了车祸,撞折了一条腿,他会想大难不死必有后福。强者把每一天都当作新生命的诞生而充满希望,尽管这一天有很多麻烦事等着他;强者又把每一天都当作生命的最后一天,倍加珍惜。

用积极的态度开始和结束每一天。也许积极的心态坚持下来会很辛苦,但当因为这种积极的心态得到了他人的肯定,给工作学习带来了巨大的提升之后,就会感受到这种心态在人生中的重要性。态度越积极,决心越大,对工作投入的心血越多,从工作中获得的回报也就相应地越多。

案例

雨后,一只蜘蛛艰难地向墙上已经支离破碎的网爬去,由于墙壁湿润,它爬到一定的高度,就会掉下来,但它一次次地向上爬,又一次次地掉下来……一个人看到了,他叹了一口气,自言自语:"我的一生不正如这只蜘蛛吗?生活忙忙碌碌而无所得。"于是,他日渐消沉。第二个人看到了,他说:"这只蜘蛛真愚蠢,为什么不从旁边干燥的地方绕一下爬上网?我以后可不能像它那样愚蠢"。于是,他变得聪明起来。第三个人看到了,他立即被蜘蛛屡败屡战的精神感动了。于是,他变得坚强起来。

二、阳光心态

阳光心态不是得意的心态,而是一种不骄不躁、处乱不惊的平常心态。有一个"西邻五子食不愁”的民间故事，说的是西邻有五个儿子，老大老实，老二机灵，老三瞎眼，老四驼背，老五跛足。看起来这一家真够凄惨的。但这位西邻却很懂得改变对现实的态度和看法，他让老实者务农，机灵者经商，眼瞎者按摩，背驼者搓绳，足跛者纺线。结果全家衣食无忧，其乐融融。

事情本身不重要，重要的是人对事情的态度。态度变了，事情就变了。

你改变不了环境，但可以改变自己；你改变不了事实，但可以改变态度；你改变不了过去，但可以改变现在；你不能控制他人，但可以掌握自己；你不能样样顺利，但可以事事尽心；你不能左右天气，但可以改变心情；你不能选择容貌，但可以展现笑容；你不能预知明天，但你可以用好今天。你不能改变别人，你只能改变自己。

职业员工在职业生涯和生活中，不可能一帆风顺，种种失败、无奈都需要勇敢地面对、豁达地处理。成功者将挫折、困难归因于个人能力、经验的不完善，强调内在，他们乐意不断地向好的方向改进和发展。失败者怪罪于机遇、环境的不公，强调外在的因素造成了他们的人生位置，他们总是抱怨、等待与放弃。

三、执着心态

案例

不平凡的经历

1818 年，母亲去世。

1831 年，经商失败。

1832 年，竞选州议员落选。同年，工作丢了。想就读法学院，但未获入学资格。

1833 年，向朋友借钱经商。同年年底，再次破产。接下来，他花了 16 年时间才把债还清。

1834 年，再次竞选州议员，这次赢了。

1835 年，订婚后即将结婚时，未婚妻死了。

1836 年，精神完全崩溃，卧病在床六个月。

1838 年，争取成为州议员的发言人——没有成功。

1840 年，争取成为选举人——落选了。

1843 年，参加国会大选——又落选了。

1846 年，再次参加国会大选——这回当选了。前往华盛顿特区，表现可圈可点。

1848 年，寻求国会议员连任，失败。

1849 年，想在自己州内担任土地局长的工作，遭到拒绝。

1854 年，竞选美国参议员，落选。

1856 年，在共和党内争取副总统的提名——得票不足 100 张。

1860 年，当选美国总统。成为美国历史上最伟大的总统之一。

案例中的人物就是美国历史上最伟大的三位总统之一——亚伯拉罕·林肯。生下来就一无所有的林肯，终其一生都在面对挫败。他曾经绝望至极，但从没有放弃人生这场跳高比赛。这个经历磨难仍旧满怀希望和坚定执着信念的人最终获得了成功，并以其辉煌的业绩和高尚、伟大的人格魅力名垂青史。

一只蚂蚁想往玻璃墙上爬,可一次次都掉了下来,但它依然执着地往上爬。一个人看到后感慨地说:“多伟大的蚂蚁,失败了毫不妥协,继续向目标前进。”另一个人看到了却发出感叹:“多么可怜的蚂蚁,太盲目了,假如它改变一下方式,也许很快就能够到达目的地。”

其实,这个寓言原本是一个哲学故事,曾有人去问智者谁是谁非,智者说两个人都没有错,这只是反映了两种不同的人生态度而已。在人生的奋斗中,不慎跌倒并不表示永远的失败,唯有跌倒后,失去了奋斗的勇气才是永远的失败。通向成功的路绝不只是一条,不同的人可以选择不同的路,成功与否,往往不在于对道路的选择,而在于一旦选定了路,便不再彷徨。

“锲而舍之,朽木不折;锲而不舍,金石可镂。”这句话就是对执着精神的经典概括,成为人们信奉千古的治学格言。女娲补天,夸父追日,精卫填海,愚公移山,大禹治水,还有卧薪尝胆的勾践,闻鸡起舞的祖逖,面壁静修的达摩,程门立雪的杨时,悬梁刺股的苏秦,三年不窥园的董仲舒……这些都是执着的典范。咬定青山不放松,百折千磨志不改,衣带渐宽终不悔,不到长城非好汉……这些执着的佳句同样不朽。

执着的人往往在骨子里有一种素质,激情如火、认准了目标死不回头、固执己见永不迎合他人。具备这种素质的人常常能创造出人间奇迹。弗洛伊德、拿破仑、贝多芬、梵·高,还有吉尼斯世界纪录大全中所记载的诸多世界之最,随便举一个例子,我们不能不承认这些大大小小的人物之所以使世界变得有声有色,是因为他们的性格中明显有着共同的一点,那就是执着。执着将他们所热爱的某项事业推向了极致,让许多的不可能成为可能。

执着是一种精神,是一种对人生和事业的态度。执着是坚持生命不息、奋斗不止的本色。执着的人不甘于在平庸中虚度岁月,而是积极探寻人间的奇迹。如果希望成功,每天都要非常努力,活好今天,才能度过明天,过了明天才能见到后天的太阳。我们在执着和坚持的路上,迈向成功,最困难的时候,也就是我们离成功不远的时候。

四、共赢心态

什么是共赢心态?共赢的本质就是共同创造、共同进步,共赢是团队的内在气质。螃蟹在陆地上也可以生存,不过离开水的时间不能太久,所以它们就不停地吐泡沫来弄湿自己和伙伴。一只螃蟹吐的沫是不大可能把自己完全包裹起来的,但几只螃蟹一起吐泡沫连接起来就形成了一个大的泡沫团,它们就营造了一个富有水分的生存空间,彼此都争取到了生存的机会。

在生产中,经常讲到“大班组”这样一个概念,虽然城市轨道交通系统控制中心、站务中心、乘务中心行政上不属于同一个部门,但在实际生产中是人员相对固定的搭班,从更高的角度看,搭班人员就是一个“大班组”。班组成员之间只有相互理解、协同合作才能使班组或者说团队成功,如果班组内部不团结,经常抬杠,制造摩擦,难免工作上出现问题。再往大了说,客运系统、设施系统和车辆系统也是一个整体,一个团队,只有消除隔阂,互相帮助,精诚合作,才能发挥团队优势,实现团队成功。共赢心态提倡的是团队成功,共赢心态运用的是博弈智慧。

21世纪的世界,全球化、信息化、网络化不仅加剧了竞争,而且促进了合作。在一个共荣共赢的时代,没有共赢思维和合作能力的人,最终将失去生存发展的机会。共赢使职业价值最大化,团队协作的收获往往要超过团队各成员单独努力所获收获的简单累加,超出的部分就是协作的超值回报。一个人要想在事业上成功,除了自己的努力之外,还需要与人合作。如果一个人只知有己,不知有人,那么,他的努力会在别人的反对或掣肘之下劳而无功。因此,我们必须转变观念,彻底打破非输即赢的陈旧思维模式,从“我”走向“我们”,“好风凭借力,送我上青云”,从孤军作战走向团队共赢。共赢强调发挥优势,尊重差异,合作互补。

【名人名言】

If you have an apple and I have an apple, and we exchange apples, we both still only have one apple. But if you have an idea and I have an idea, and we exchange ideas, we each now have two ideas.

你和我各有一个苹果,如果我们交换,我们还是各有一个苹果。但当你和我各有一个想法,我们交换,我们就都有两个想法了。

——诺贝尔文学奖获得者、爱尔兰剧作家萧伯纳

五、空杯心态

空杯心态就是一种挑战自我的永不满足;空杯心态就是对自我的不断扬弃和否定;空杯心态就是不断清洗自己的大脑和心灵;空杯心态就是不断学习、与时俱进。

案例

古时候一个佛学造诣很深的人,听说某个寺庙里有位德高望重的老禅师,便去拜访。老禅师的徒弟接待他时,他态度傲慢,心想:我是佛学造诣很深的人,你算老几!后来老禅师十分恭敬地接待了他,并为他沏茶。可在倒水时,明明杯子已经满了,老禅师还不停地倒。他不解地问:“大师,为什么杯子已经满了,还要往里倒?”大师说:“是啊,既然已满了,干嘛还倒呢?”禅师的意思是,既然你已经很有学问了,干嘛还要到我这里求教?这就是“空杯心态”的起源。象征意义是,做事的前提是先要有好心态。如果想学到更多学问,先要把自己想象成“一个空着的杯子”,而不是骄傲自满。

人要有空杯心态和海绵心态,让自己从学徒的心态开始前行。我们都知道这样一个现象:如果一个杯子有些浑水,不管加多少纯净水,仍然浑浊;但若是一个空杯,不论倒入多少清水,它始终清澈如一。

在实际工作中,我们很多人,一旦在某个岗位上工作了一段时间,就会觉得工作起来非常熟练,无须接受新的学习,总觉得一些领导、管理、营销理论也学得差不多了,业务知识在平时的工作中也在不断地应用,虽然也想着继续学点东西不断充实自己,但是因为有了老的知识,即“杯子中的浑水”,学进去的东西并不能在实际工作中好好地运用,然后慢慢地变成了“吃老本”。

社会每时每刻都在前进,周围的环境在不断变化。如若有了“空杯心态”,大家都把自己完全当成新生,虚心地向周围的同事、同行、客户等学习,改变过去对事物的许多看法,调整好

积极学习的心态与思维惯性,全面接受新的知识,我们会进步得更快,也就能更好地适应当前的社会竞争。

六、老板心态

老板心态就是把老板的钱当成自己的钱,把老板的事当成自己的事。很多人很多时候,总是把老板的钱和老板的事当成别人的钱和别人的事来对待,最终结果是:老板把我们当成了外人。如果我们转换一下思维和行动方式,把老板的钱当成自己的钱——凡事讲节约,把老板的事当成自己的事——凡事讲效率和效果,最终结果将是:老板会把我们当成自己人。

案例

在美国标准石油公司里,有一位小职员叫阿基勃特。他在远行住旅馆时,总是在自己签名的下方写上"标准石油每桶四美元"字样,在书信及收据上也不例外,签了名,就一定写上那几个字。他因此被同事叫作"每桶四美元",而他的真名倒没有人叫了。公司董事长洛克菲勒知道这件事后说:"竟有职员如此努力宣扬公司的声誉,我要见见他。"于是邀请阿基勃特共进晚餐。

后来洛克菲勒卸任,阿基勃特成了第二任董事长。这是一件谁都可以做到的事,可是只有阿基勃特一人去做了,而且坚定不移,乐此不疲。嘲笑他的人中,肯定有不少人才华、能力在他之上,可是最后,只有他成了董事长。

从这件事上我们可以看到,有老板心态的人最终不一定都会成为老板,但是,没有老板心态的人肯定最终成不了老板。

对于一个企业的老板来讲,利润最大化和成本最小化是生产经营永恒的主题。一直以来,企业以成本控制为目标,大力推行节能减排,提倡节能公约。作为城市轨道交通企业的从业人员,我们应该以主人翁的心态投入到工作和生活中,以公司为家,养成随手关灯、关水龙头,打印纸充分利用,勤搞卫生爱整洁的好习惯,要对客流进行分析,掌握客流规律,灵活组织加开或抽线,原则性与灵活性相结合,除了科学调度,合理调度外,还要经济调度。

七、感恩心态

感恩是对生命恩赐的领略,感恩是对生存状态的释然;感恩是对现在拥有的在意,感恩是对有限生命的珍惜;感恩是对赐予我们生命的人的牵挂,感恩是对陌路关爱的震颤……感恩是一种不求回报的自觉和奉献。其实感恩也是一种追求幸福的过程和生活方式。感恩让我们坦然面对工作中的起伏、挫折和困难。

有句话说"你希望别人怎么对待你,你就要怎么对待别人",从某种程度上说,今天你是否对老板、同事感恩,决定了他们是否会对你感恩。

1. 对老板感恩

一个能真心感谢老板帮助的人,就是一个知道感恩的人。感恩的人就会在投入工作中发现工作可以如此快乐。因为工作让我们吃饱肚子,养活孩子,赡养父母,工作让我们成长,让我们学到经验，提高技能，所以，老板绝对是值得我们感恩的人。

2. 对同事感恩

好莱坞大片中的蜘蛛侠捉奸除恶，无所不能，但是当他遇到困难的时候，也是他的朋友协助他一起打败了最后的怪物。美丽漂亮的女主角最后说了一句话“谁都有需要帮助的时候，即使是勇敢的蜘蛛侠”。我们看到，就连崇拜个人英雄主义的美国蜘蛛侠也不例外，作为一名社会人，一名职业人，我们更离不开周围同事的帮助和协作，没有人可以脱离其他人独自完成工作。重要的是，我们应该问自己：我是否关心我的同事，在他们需要的时候，我是否能够提供真心的帮助？

3. 对困难感恩

人生总是不像我们想象的那样一帆风顺，但就像话里所说——我的大脑还能思维，其实我们已经拥有了很多，为什么不去认真地珍惜身边的爱，难道真的学会了骑车就忘了手的存在，学会了走路就忘了腿的存在。

让我们一起用感恩的心去享受和热爱生活吧。值得我们感恩的还有很多，我们感恩父母，感恩朋友，感恩身边的每个人、每件事。

感恩是一种利人利己的责任。我们要拥有感恩心态，任何人都无法脱离周围的群体或团队，只有通过团队的合力，才能给工作带来快乐，脱离了群体的人只是一个简单的高等动物，无法享受创造价值和被别人认可的喜悦。因此，我们需要有一颗感恩的心，对自己所遇到的一切都抱着感恩的态度。感恩是一种美好的感情，是一种健康的心态，是良知，也是动力。

复习与思考题

1. 什么是职业化素养？其核心要素有哪些？有什么重要作用？
2. 什么是职业道德？职业道德有哪些特点？
3. 城市轨道交通职业化员工职业道德主要有哪些？
4. 什么是职业意识？城市轨道交通企业员工应具备哪些职业意识？
5. 城市轨道交通职业化员工应具备哪些良好职业心态？

模块 3

城市轨道交通员工职业化行为规范

教学目标

1. 了解职业化员工的商务礼仪要求；
2. 了解城市轨道交通员工着装规定；
3. 了解城市轨道交通员工职业习惯；
4. 掌握城市轨道交通员工职业行为标准；
5. 掌握城市轨道交通客运服务原则与规范。

建议学时

8 学时

单元 3.1 职业化员工的商务礼仪

说到商务礼仪，有人认为它是整个员工职业化课程中最容易理解的一门课程，但也有人认为它最难以掌握。之所以说它容易理解，是因为商务礼仪并没有高深的、难以理解的定理或者结论，它是我们在日常商务活动中，经过长期积累及总结而达成共识的一种行为准则。说它难以掌握则是因为商务礼仪贯穿于我们日常工作生活的方方面面，要想养成良好的商务礼仪习惯，需要坚持不懈地努力。

一、商务礼仪的概念

日常生活和工作中经常会提到商务礼仪。什么是商务礼仪？它的核心问题是什么？商务礼仪是在商务活动中体现相互尊重的行为准则。商务礼仪是一种行为准则，用来约束商务活动中的方方面面。商务礼仪的核心作用是体现人与人之间的相互尊重。简而言之，是商务活动中对人的仪容仪表（指个人形象）和言谈举止（指个人在商务活动中的职业表现）的普遍要求。

二、商务礼仪的职业表现

见面礼仪

1. 社交礼仪

在日常的工作活动中，商务礼仪应用得非常广泛，除了客运服务人员的仪表仪容之外，言谈举止非常重要。

员工职业表现，即合理运用肢体语言向对方展现职业表现（图3-1）。

在与人初次见面的时候，社交礼仪方面需要注意以下问题：

交谈礼仪

（1）要和对方有目光交流，而不应左顾右盼。

（2）称谓的选择和使用。在商务活动中，有两套称谓的方法：第一种是称对方为某某先生或某某女士，这是最为稳妥和最为普遍的一种称谓方式；第二种可以称呼对方为某某经理、某某主管、某某总监以及某某领导，就是直接称谓对方的职位。

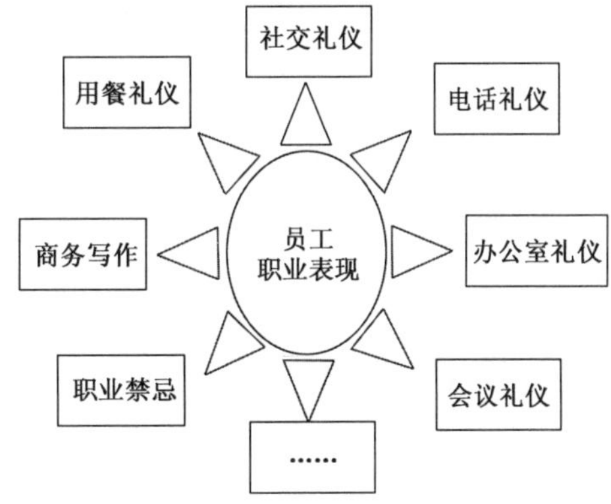

图3-1　社交礼仪示意图

（3）握手时应该注意的方面。握手的次序一般是：女士先伸手，男士再握手；领导、上级以及长辈先伸手，下级和晚辈再握手。握手的时候，等对方先伸手后，再迅速迎上去握手，应该避免在多人介绍的情况下互相交叉握手，握手时尽量避免过分摇动。

（4）在相互介绍的时候，应该注意顺序的选择。一般先从职位高的人开始介绍，如果分主客方的话，应该是先把主方介绍给客方，再把客方介绍给主方。

（5）互换名片时应该注意的细节。双手拿出自己的名片，稍作停顿，将名片的方向调整到最适合对方观看的位置，再双手递过去；双手接过对方名片时，要简单看一下上面的内容，然后不要直接放在兜里或放在其他位置上，也不要长时间拿在手上摆弄，要把名片放在专用的名片夹中。

（6）社交场所禁止吸烟，禁止大声喧哗，要注意音量的控制。

2. 电话礼仪

在现代商务活动中，电话应用范围非常广泛。那么，用电话沟通时需要注意哪些细节？

（1）接听电话

在接听电话时，电话铃响时间不要过长，一般响三声后就要接听电话，同时要报出自己的称谓,最标准的方法是说声你好。有的企业可能会要求报出姓名、部门的名称或者公司的名称。拿起电话之后,一定要避免说:"喂,说话"。杜绝使用不标准的用语。要注意声音的控制。社交活动面对面进行交流,可以充分利用肢体语言来进行表达,而电话只能通过声音来表达,所以要特别注意声调、语速,以及表达的准确度。

(2)拨打电话

拨打电话之前,要有一个腹稿,要有所准备,做到心里有数,这样可以节省时间,提高电话沟通的效率。电话接通后,首先做一个简单的寒暄,然后就直入主题,不要闲聊天,不要东拉西扯,以免偏离通话的主题。

(3)电话沟通过程中应该注意的几个细节问题

要使用电话敬语,如:再见,咱们下次再谈等。听到对方挂断电话之后,再挂断电话,这是商务礼仪的一个表现。在用电话进行沟通时,通话时间一般控制在3分钟以内,最长也不要超过5分钟。如果一次沟通没有完全表达出意思,最好约定下次通话的时间,或者约定面谈的时间,以避免占用电话的时间过长。

电话礼仪

3. 办公室礼仪

在办公室礼仪中,最为突出一点,就是要对他人,包括同事、上级、下级表现出尊重,要尊重他人的隐私和习惯。

分清哪里是公共区域,哪里是个人空间。在办公室中要保持工位整洁、美观大方,避免陈列过多的私人物品。在和他人进行电话沟通,或者是面对面沟通时,说话的音量应控制在彼此都能够听到为好,避免打扰他人的工作。应该尽量避免在工位上进餐,实在不可避免时,要抓紧时间,就餐完毕之后应迅速通风,保持工作区域空气新鲜。

4. 会议礼仪

(1)会议分类

按参会人员可分成公司外部会议和公司内部会议。公司外部会议有产品发布会、研讨会、座谈会等;公司内部会议包括定期的周例会、月例会、年终总结会以及表彰会、计划会,等等,如图3-2所示。

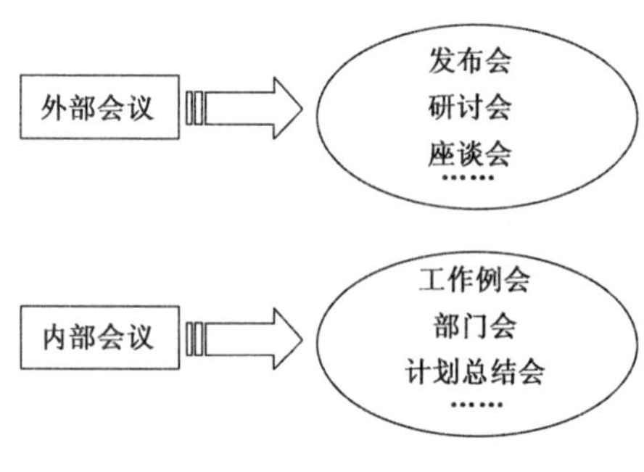

图3-2　会议分类

(2)会议礼仪

以外部会议为例,介绍会前、会中、会后需要关注的一些商务细节。

①会议前的准备工作。

会议前的准备确认工作需要注意以下几个方面：

When(时间)，是指会议的开始时间，要告诉所有参会人员会议召开的起止时间，以便让参加会议的人员提前安排好工作。

Where(地点)，是指会议地点的选择，包括会议室的布局是否适合会议的进行。

Who(人物)，会议有哪些人物参加，公司由谁来出席，是否请嘉宾出席。

What(会议的议题)，就是要讨论哪些问题。

Others(会议物品的准备)，根据会议的类型和目的，准备会议设备及资料、准备公司纪念品以及确定还需准备哪些物品。

②会议进行中的注意事项。

在会议进行中，需要注意以下几个方面：

会议主持人：介绍参会人员，控制会议进程，避免跑题或议而不决，控制会议时间等。

会议座次的安排(图3-3)：一般情况下，会议座次的安排分为方桌会议与圆桌会议两类。

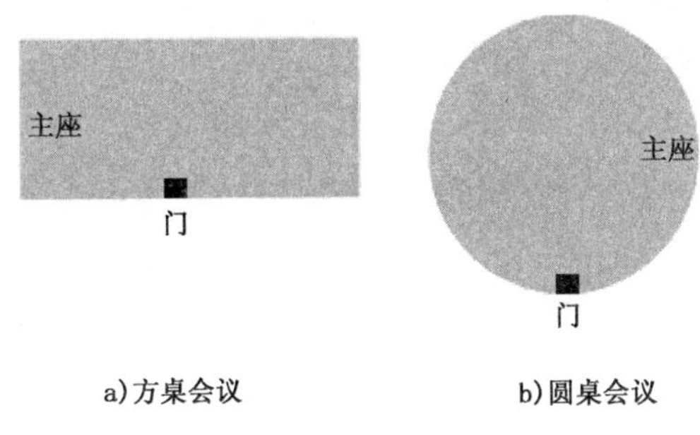

a)方桌会议　　b)圆桌会议

图3-3　会议座位的安排

方桌(包括长方形、椭圆形)会议，特别要注意座次的安排，如果只有一位领导，他一般坐在长方形桌的短边方位，或者是靠里面的长方形桌短边的位置。如果主客双方参加会议，一般分两侧就座，主人坐在会议桌的右边，客人坐在会议桌的左边。

为了避免主次安排，通常举行圆桌会议。圆桌会议中虽然可以不用拘泥礼节，但要记住的是：以门为基准点，比较靠里面的位置为主座位。

③会议后的收尾工作。

会议完毕之后，应该注意以下商务礼仪，主要包括会议总结或决议，要落实到文字上，而且应有专人负责；要赠送公司纪念品，参观公司或厂房，必要的话，还要合影留念。

5. 商务用餐礼仪

在正式的商务会谈中，往往会安排商务用餐，商务用餐时应注意哪些细节呢？

(1)商务用餐的分类

商务用餐的形式分成两大类：一类是比较自由的自助餐或者自助餐酒会；另一类是正式的宴会，就是商务宴会。商务宴会通常分中式宴会和西式宴会两种形式。

(2)商务用餐应注意的细节

商务用餐,是以商务活动为主,还是以用餐为主呢?通常,商务用餐的时候,进餐只是作为一种形式,而真正进行的内容是商务话题,其比重超过了50%。

①参加自助餐和酒会时应注意的细节

自助餐酒会不像中餐或者西餐的宴会那样,宾主直接入席、用餐,而是先由嘉宾或者主办方即席发言,这时候应该尽量停止手中的一切活动。自助餐没有座次的安排,大家可以来回走动。在和他人进行交谈的时候,应该尽量停止咀嚼食物。用餐时,要特别注意避免浪费,这是商务用餐中自助餐和自助酒会时尤其需要注意的。

②中餐宴会和西餐宴会中要注意的商务礼仪

中餐宴会注意点:使用公筷——给其他人夹菜的时候,要特别注意用公筷夹菜。敬酒——在商务用餐中,主办方非常热情,但应该尽量避免不停夹菜、不停劝酒这种情况的出现。作为参与者要客随主便。作为主办方,要特别注意其他人的习惯,对方有可能不胜酒力,或者某道菜他并不喜欢吃,劝酒让菜的时候,应该尽量为他人着想,尊重他人的习惯。喝汤——在喝汤的时候,声音尽量要小,不要影响他人。座次——商务用餐时,一般也有座次之分,以门为基准点,比较靠里面的位置为主座位。

西餐宴会注意点:主菜需要用刀切割,一次切一块食用;面条用叉子卷食;面包需要用手撕下小块放入口中,不可用嘴啃食;喝汤时不可发出声音;水果用叉子取用。

正确使用餐具,左叉固定食物,右刀切割。餐具由外向内取用,每个餐具使用一次;特别要注意一点,进餐没有完毕时,不要向右把刀和叉叠放在一起,而是刀叉握把皆向右,不然,服务员会以为用餐完毕,把饭菜撤下去。

三、商务礼仪之仪容仪表

1.男士的仪容仪表标准

(1)男士在发型发式方面的仪容仪表标准

男士的发型发式标准就是干净整洁,要注意经常修饰、修理。头发不应该过长,前部的头发不要遮住眉毛,侧部的头发不要盖住耳朵,后部的头发不要长过西装衬衫领子的上部,头发不要过厚,鬓角不要过长。

男士仪容修饰要求

(2)男士在面部修饰方面的仪容仪表标准

男士在面部修饰的时候要注意两方面的问题:男士在进行商务活动的时候,每天要进行剃须修面以保持面部清洁;男士在商务活动当中经常会接触到香烟、酒等有刺激性气味的物品,要随时保持口气清新。

(3)男士在着装修饰方面的仪容仪表标准

男士正装穿着规范

在正式的商务场合,男士的着装以穿西装打领带最为稳妥,衬衫的搭配要适宜。一般情况下,杜绝在正式的商务场合穿夹克衫,或者西装与高领衫、T恤衫、毛衣搭配,这些都不是十分稳妥的做法。男士的西装一般以深色的为主,避免穿着有格子或者颜色艳丽的西服。男士的西服一般分为单排扣和双排扣两种。在穿单排扣西装的时候,特别要注意系扣子,一般两粒扣子,只系上面的一粒,如果有三粒扣子,只系上面的两粒,最下面的一粒不系;穿双排扣西服的时候,则应该系好所有扣子。

衬衫的颜色要和西装整体颜色协调,同时衬衫不宜过薄或过透,特别是穿浅色衬衫的时候,衬衫里面不要套深色的内衣或保暖防寒服,尤其不要将里面的防寒服或内衣露出领口。打领带的时候,衬衫的所有纽扣,包括衬衫领口、袖口的纽扣都应该扣好。领带的颜色要和衬衫、西服颜色相互配合,整体颜色要协调,同时要注意长短配合,领带的长度正好抵达腰带的上方或有一两厘米的距离,这样最为适宜。

在穿西服打领带这种商务着装的情况下,一般要配以皮鞋,杜绝出现运动鞋、凉鞋或布鞋,皮鞋要保持光亮、整洁。要注意袜子的质地、透气性,同时袜子的颜色必须保持和西服整体颜色协调。如果穿深色皮鞋,袜子的颜色应该以深色为主,同时要避免出现比较花的图案。

(4)男士在携带必需物品方面的仪容仪表标准

①公司的徽标。公司的徽标需要随身携带,它的准确佩戴位置是男士西装的左胸上方,这是男士在选择西装时需要搭配的物品。

②钢笔。从事商务活动要经常使用钢笔,钢笔的正确携带位置应该是男士西装内侧的口袋,而不应该是男士西装的外侧口袋,一般情况下也尽量避免把钢笔携带在衬衫的口袋里,这样容易把衬衫弄污。

③名片夹。应该选择一个比较好的名片夹放名片,这样可以确保名片的清洁整齐。同时接受他人名片的时候,也应该找一个妥善的位置保存,避免直接把对方的名片放在口袋里,或者放在手中不停地摆弄,这都是不好的商务行为。

④携带纸巾。男士在着装的时候,应该随身携带纸巾,或者携带一块手绢,可以随时清洁面部的污垢,避免一些尴尬场面的出现。

⑤公文包。一般男士在选择公文包的时候,它的式样、大小应该和整体的着装配合。男士一般的物品,如手机、笔记本、笔可以放在公文包中,男士在着西装的时候,应该尽量避免在口袋中携带很多的物品,这样会使衣服显得臃肿,不适合商务场合。

2. 女士的仪容仪表标准

女士的仪容仪表标准同样也包括女士的发型发式、女士的面部修饰、女士的商务着装、女士的丝袜及皮鞋的配合,以及女士携带的必备物品等。有些内容与男士着装标准相同,就不再一一介绍了。那么女士在商务活动中,仪容仪表方面需要注意哪些细节呢?

女士仪容修饰要求

女士的发型发式应该保持美观、大方,需要特别注意的一点是,在女士选择发卡、发带的时候,式样应该庄重大方。女士在正式的商务场合面部修饰应该以淡妆为主,不应该浓妆艳抹,也不应该素面。

女士商务着装时,需要注意的细节是:干净整洁。女士在着装的时候需要严格区分女士的职业套装、晚礼服及休闲服,它们之间有本质的差别。着正式商务套装时,无领、无袖、太紧身或者领口开得太低的衣服应该尽量避免。衣服的款式要尽量合身。女士在选择丝袜以及皮鞋的时候,需要注意的细节是:丝袜的长度一定要高于裙子的下摆。皮鞋应该尽量避免鞋跟过高或过细。

女士正装穿着规范

女士在选择佩戴物品的时候,需要注意:商务礼仪的目的是为了体现对他人的尊重。修饰物如戒指,尽量避免过于奢华。必备物品和男士携带标准基本相同。

四、城市轨道交通员工着装标准

城市轨道交通企业员工统一着装,是企业准军事化管理的要求。目的是树立企业形象,养成员工良好的职业行为,展现员工优良的精神风貌。为此,一般城市轨道交通企业订制规范、统一的服装,制定严格的着装标准和要求。

原则上在工作地点、工作时间穿着工作制服;在企业或车站范围内当班时间应按规定穿齐工作制服,佩戴标志;参加上级组织的重大活动时须穿着统一的工作制服(需戴帽)。非工作时间,但仍穿着工作制服的员工,着装和行为举止一律按上岗时的规定执行,以免影响企业形象。员工穿着制服乘车、候车过程中,原则上不坐在座椅上,并主动维持乘客候车、乘车秩序。

1. 工帽

工帽应戴正,帽徽对着正前方,女帽保持帽檐水平状,男帽帽檐前缘与眉同高(图3-4)。

图3-4　工帽正确戴法

2. 工号牌(图3-5)

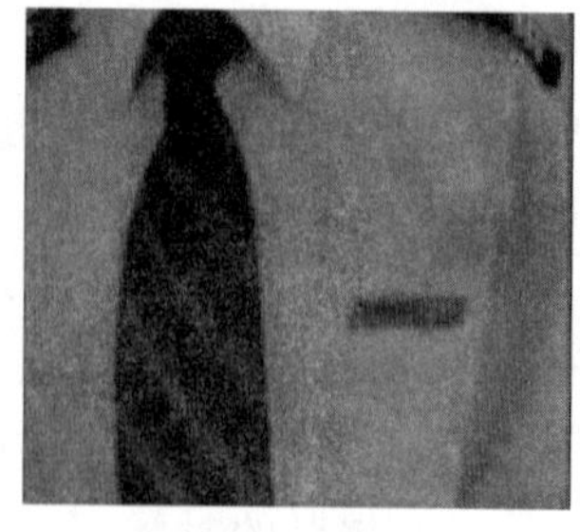

图3-5　工号牌

(1)工号牌应佩戴于领带与制服领口的中间处,呈水平状态。

(2)穿着衬衫时,工号牌应佩戴于左胸前,与袋口呈水平状态。

(3)工号牌损坏或丢失时,应佩戴胸卡,以便识别。

3. 发型与头饰(图3-6)

(1)员工头发要保持干净整齐,保持天然颜色,若染发要尽量贴近天然色。

(2)女员工短发长度不超过制服衣领。头发过衣领的女员工身着制服时,必须把长发挽于统一发放的头花发网内,头花应呈水平状。

(3)男员工不准留长发、大包头、大鬓角和胡须。

(4)前额蓄发不得露于帽外,帽墙下面的头发不得超过衣领。

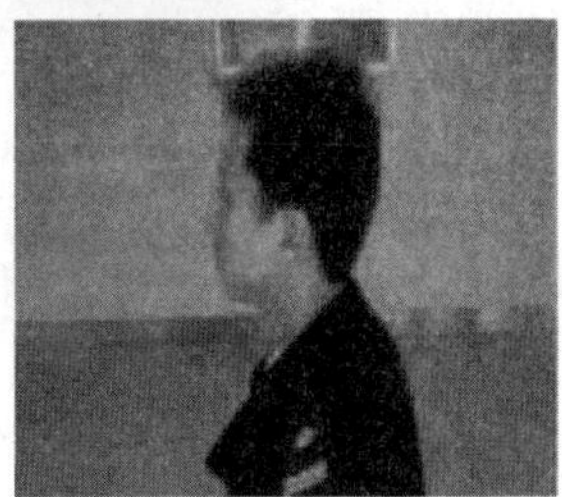

图3-6　发型与头饰

4. 饰物(图3-7)

(1)女员工穿着制服时,只能佩戴式样简洁大方的项链(不可露出制服)、只可佩戴一枚简单的戒指,只可在耳垂上带一副耳钉(无坠),其他饰品和款式夸张的项链、戒指,一律不允许佩戴。

(2)男员工只可佩带一枚简单的戒指。

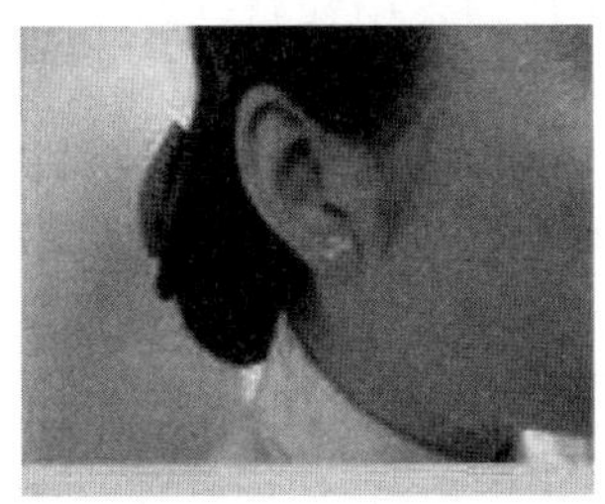

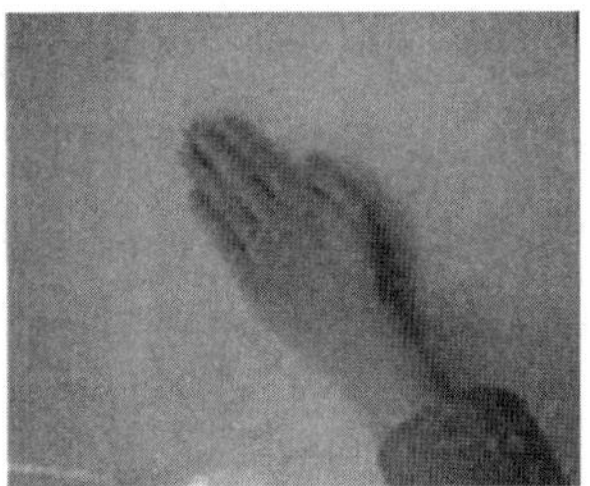

图3-7　饰物

5. 领带与丝巾(图3-8)

领带:领带打好之后,外侧应略长于内侧。打好的领带应以领带下端正好触及腰带扣的上端为宜,不得过短或过长。

丝巾:将丝巾对角相折,再对折2~3次,呈3~5cm宽条状,围在脖子上,在胸前V领处交叉。将下端用别针固定后,塞入衣服内,外观与领口呈平行的V字形。

图3-8　领带与丝巾

6. 皮鞋与袜子

(1)应穿着公司统一发放的皮鞋,鞋底、鞋面、鞋侧保持清洁,鞋面要擦亮。

(2)男员工穿黑色或深色袜,不可穿白色或浅色袜子;女员工穿肉色无花纹丝袜,冬季可穿深色袜子。

五、职业礼仪的培养途径

1. 增强职业礼仪意识

由于从小养成的习惯,一些职业人平时不太注意礼仪规范,举手投足都比较随便、散漫。如走姿、站姿、坐姿不规范,说话不用文明用语,甚至不知道轻拿轻放、随手关门,穿着打扮不注意场合身份等。这些虽然都是小事,但是到了特定情况下就会成为影响职业人一生的大事。因此,企业需要通过各种途径让职业人意识到礼仪的重要性。比如,在平时的上下级接触中,上司有义务向初入职场的职业人说明遵守礼仪的重要性。当然,最重要的还是职业人自身需要多了解并理解礼仪知识,加强学习,在工作实践中增强意识。

2. 培养日常礼仪习惯

养成个人职业礼仪的良好习惯,不仅是提升自身竞争力、提高职业能力的需要,也是组织发展的要求。俗语说“习惯成自然”。英国哲学家约翰·洛克曾经指出,礼仪是儿童与青年应特别小心地养成习惯的第一件大事。有些职业人之所以不懂职业礼仪,习惯差,都是因为在平时的生活中不注意礼仪习惯的培养。实际上,职业礼仪深受日常礼仪的影响。对于某些已经散漫惯了的职业人,要培养职业礼仪习惯,就要从最基本、最日常的要求做起。比如,要求做到站如松、行如风、坐如钟,不随便丢垃圾,见到上司要问好,和同事客户谈话要面带微笑,随时使用“请、谢谢、对不起”等文明用语,穿着打扮要自然大方等。同时,同事之间要互相监督,随时纠正不良的行为习惯。如果职业人注意遵守日常礼仪规范,职业礼仪习惯的养成就指日可待。

3. 向优秀同行学习职业礼仪规范

不同行业对职业礼仪的要求是有区别的。已入职场的职业人可以向本组织的优秀同事学习,也可向其他组织的优秀同行学习。实际上,职业礼仪作为一种行为规范,需要在潜移默化中得到培育，为此，职业人需要在工作中多接触优秀员工，学习他们的优秀礼仪规范。

对于即将步入职场的学生来说，在实习中不仅要注意能力的提高，也要注意职业礼仪的培养。认识到本专业相关的职业礼仪，并进行实习观察和专业训练。如城市轨道交通专业的学生可以去城市轨道运营公司运营管理现场，亲自感受专业工作人员的礼仪规范，亲身去体会专职工作人员的专业用语和文明用语以及处理乘客问题和车站事务的方式方法。

4. 参加形式多样的职业礼仪培训和竞赛活动

虽然很多职业人在学校时就已了解了职业礼仪规范，并且可能接受了基本的专业礼仪训练，但为了职业人进一步熟练掌握礼仪规范，单位有必要组织员工开展各种形式的职业礼仪培训和竞赛活动。对于服务型岗位来说，更是如此，如轨道交通服务人员、银行柜台、宾馆前台、景点解说、商场柜台等。职业人要积极参加培训与竞赛活动，要从表情、服饰、姿态、礼貌用语、热情接待服务等方面进行训练，使自己进一步感受行业气氛，熟悉并学会各种礼仪规范。

单元3.2 城市轨道交通员工职业行为标准与职业习惯

服务工作是各城市轨道交通运营公司的核心工作之一，是企业创建服务品牌，树立企业社会形象的基础性工作。为此，各城市轨道交通运营企业应立足自身特点，借鉴先进企业成功的管理经验，开创性地提出一些通俗易懂、易于在实际工作中执行的先进管理理念和管理方法，如服务工作“12S”管理规范、“四个一”要求与“十个一点”等职业行为标准。

一、职业行为标准

1. “12S”管理规范

(1)素质(Stuff)

“职业化素质”包含哪些内容呢？我们可以用著名的“冰山理论”来解释。把一个员工的全部看作一座冰山，浮在水面上的是他所拥有的资质、知识、行为和技能，这些就是员工的显性素质，而潜在水面之下的东西，包括职业道德、职业意识和职业态度，我们称之为隐性素质。显性素质和隐性素质的总和构成了一个员工应具备的全部职业化素质。

企业员工职业化素质程度的高低决定企业的未来发展，也决定员工自身的发展。是否具备职业化的意识、道德、态度和职业化的技能、知识与行为，直接决定企业和员工自身发展的潜力和成功的可能。具备职业化素质，那么就拥有了相当的职业竞争力，也就迈出了获得成功的第一步。

(2)笑容(Smile)

平凡的服务岗位上，微笑能使人不同凡响。微笑着对待乘客，用心地服务，就会使人感到服务的不平凡。不同凡响并不是指步步高升、表现出众，而是当用心为他人服务后那真真切切地快乐与自豪。实践证明，只有热爱生活、热爱顾客、热爱自己工作的人，才能保持并永久拥有那种落落大方而又恬静优雅的微笑服务。同时，实践也告诉我们，微笑服务是人际交往的通行证,它不仅是缩小心理距离、达成情感交流的阶梯,而且也是实现主动、热情、耐心、周到、细致、文明服务的途径,同时又是诚意与善良的表征和使对方愉悦的良药,还是引起兴趣、引起好感的温泉和达到服务语言增值增效的强力添加剂。

我们所提倡的微笑服务是健康的性格、乐观的情绪、良好的修养、坚定的信念等多种心理基础素质的自然流露;是真诚的微笑、不是讨好的媚笑,是发自内心的微笑、不是暗含讥讽的嘲笑,是轻松自如的微笑、不是皮笑肉不笑的干笑。若我们客运服务行业员工能真诚地微笑,付出爱心、平常心及耐心,则天下没有不满意的客户。别人站得远,我们就笑着走进,距离便会缩小;别人若冷漠,我们待以热情地微笑,就会逐渐热络。一个人可以没有资产,但只要有信心、有微笑,就有成功的希望。

案例

今天,你微笑了吗?

世界鼎鼎有名的希尔顿公司曾经一度走到破产边缘。公司上下所有员工整天愁眉苦脸、唉声叹气,整个企业没有一点生气。公司老板希尔顿的脸上却面带微笑,这让员工很不解。不久希尔顿就召开了员工大会,他告诉员工,公司不会裁员,员工待遇也不会因此而受影响,但是从现在开始,每个人都要保持乐观的心态,每位员工相互间的问候要加上一句"今天,你微笑了吗?"。从此每个人脸上都挂着灿烂的微笑,整个公司充满了活力。在希尔顿及全体员工的共同努力下,希尔顿公司不仅挺过了难关,而且逐渐成了如今国际上赫赫有名的大公司。

(3)诚恳(Sincere)

泰戈尔说:"当我们是大为谦卑的时候,便是我们最近于伟大的时候。"对人态度诚恳、谦卑、恭敬,是成就伟大事业的基础。服务工作需要耐心、细致、技巧,更需要诚恳,车站与乘客之间的信任是靠有效的沟通与交流,才能增进彼此的理解与信任。口是心非只能是一阵子,诚恳待人才能一辈子。诚恳就是要诚心待人,想乘客所想,急乘客所急,虚心听取意见,不断改进工作。

微笑服务的要求

【名人名言】

诚者,天之道也;思诚者,人之道也。

——孟子

(4)节约(Save)

勤俭节约的美德如甘霖,能让贫穷的土地开出富裕的花;勤俭节约的美德似雨露,能让富有的土地结下智慧的果。在建设节约型社会中,要牢固树立"浪费也是腐败"的节约意识,克服"花公家钱不心疼"的不良心态,形成"铺张浪费可耻,勤俭节约光荣"的良好氛围,使勤俭节约成为一种时尚、一种习惯、一种精神。谚语说得好"生产好比摇钱树,节约好比聚宝盆。"对于城市轨道交通企业来说,杜绝浪费,不仅要体现在工作中,如夏天空调温度调高一点、冬天空调温度调低一点、纸张双面使用、随手关灯等,还要体现在生产中，如编制合理的列车运行图、降低电客车空驶里程、减少电力消耗、进行车站照明系统改造，等等。

(5)规范(Standard)

规范是指群体所确立的行为标准，在企业中制定员工日常行为规范，也是为了规范员工行为，维护企业形象。古人云："无规矩不成方圆。"个人的发展离不开规矩，人作为社会和国家的主体，直接决定着国家与社会的前进方向，个人只有尊重客观规律，遵守规矩，充分发挥主观能动性，才能达到预定的目标，并在奋斗中磨炼自己的意志，吸取失败的经验，不断充实自己，使个人的潜力达到最大的发挥。如果违背了规律，违反了规则，那么必将受到客观世界无情的惩罚，这样人与社会也不能得到协调发展。

(6)迅速(Speedy)

丘吉尔在第二次世界大战期间每天都要紧张工作18个小时，他时常会说："没有时间去忧虑(No time to worry)。"纵观当今社会各行业中的成功人士都有一个共同的特点，就是他们办事言出即行。这种立即把思想付诸行动的行动习惯会取代智力、才能和社交能力，决定着工资范围和晋升速度，这对完成事情来说是必不可少的。其实这正是我们城市轨道交通人需要的一种境界，做到分秒高效，及时反映，即刻处理。

如何培养立即行动的习惯呢？不妨试试下面几种方法。

不要等到条件都完美了才开始行动——如果你想等条件都完美了才开始行动，那很可能永远都不会开始。

做一个实干家——要实践，而不要只是空想。

记住，想法本身不能带来成功——想法很重要，但是它只有在被执行后才有价值。

用行动来克服恐惧、担心——行动是治疗恐惧的最佳方法。万事开头难，一旦行动起来，就会建立起自信，事情也会变得简单。

机械地发动个人的创造力——人们对创造性工作最大的误解之一就是认为只有灵感来了才能工作。

先顾眼前——把注意力集中在目前可以做的事情上。

立即谈正事(立即切入正题)——如果不避开这些让人分心的事情来开始谈正事，那它们会花掉很多时间。一旦开始谈正事，就会变得更有创造力。

(7)坚持(Persistence)

乘古今之风，览中外画卷，无数成功人士的丰碑下都有着"永不言弃"的厚重基石。如果爱迪生在试验寻找灯丝失败后放弃了，就不会有灯泡的发明，就不会有后来的成功，就不会有霓虹灯下的繁华与火树银花。如果巴尔扎克在年轻时的贫穷病痛折磨中放弃写作，就不会有旷世巨作《人间喜剧》的出版，就不会有他的名字流芳百世。如果诗人拜伦在出版第一本诗集遭到众人嘲弄时放弃写作，就不会有诗的变革，就不会有他的诗集被后人传颂。

影片《士兵突击》中有一句最经典、最富哲理的台词"光荣，始于平淡；艰巨，在于漫长。"一个人的成功往往来自于坚持与执着，失败和挫折只是暂时的。因此，当我们面对挫折、面对失败时，有了对成功的执着与坚持，永不言败，才能度过困难，迎接成功。

案例

丘吉尔首相的演讲

第二次世界大战时期英国首相丘吉尔的最后一次演讲是在剑桥大学的毕业典礼上。开始的时候,校长想请首相率先致辞。丘吉尔说:不,我到典礼结束前20分钟再讲。在典礼进行到最后20分钟的时候,校长把一直坐在一旁的首相介绍给大家,请首相致辞。丘吉尔站在主席台上,从容地脱下大衣,摘下帽子,默默地注视着台下的几千名青年学生。一分钟后,他挥舞着拳头,开始了他习惯式的演讲。演讲持续了20分钟。但是,这20分钟,他只不断重复着讲了两句相同的话:坚持到底,永不放弃!坚持到底,永不放弃!

演讲结束了,丘吉尔穿上大衣,戴上帽子,从容地离开了会场。整个会场鸦雀无声,几分钟的寂静之后,掌声雷动。大家纷纷站立起来,热泪盈眶地目送着远去的首相。

(8)服务(Service)

服务是指为他人做事,并使他人从中受益的一种有偿或无偿的活动,不以实物形式而以提供劳动的形式满足他人某种特殊需要。服务具有不可复制性、不可分离性、品质差异性、不可储存性、所有权的不可转让性等特性。当今世界各个地方,每个角落都充满了形形色色的服务,如运输服务、餐饮服务、旅店服务、网络服务等,对于我们从事城市轨道交通运输服务,则是更好地为乘客做好各种服务工作。如何做好乘客服务,需要城市轨道交通企业员工首先建立起服务理念。服务理念对做好乘客服务工作具有极其重要的意义。

案例

砸冰箱的故事

1984年创建的海尔冰箱厂因经营不善亏损数百万,新厂长张瑞敏临危受命,拉开了革故鼎新的序幕。正当一切艰难开始时,发生了一件颇有争议的事情。由于生产过程的问题,几十台有瑕疵的冰箱从生产线上下来,这样的产品当然不能投往商场,于是就有职工建议作为公关品送人,有人建议当作职工福利分发下去。张瑞敏此时却做出了一个技惊四座的举动,挥起锤子把有质量瑕疵的冰箱统统砸毁。

砸冰箱的故事表明了海尔的服务理念是:宁愿砸了自己的产品,也坚决不让一件次品流到客户手里,也喻示着对用户"真诚到永远"。

(9)满意(Satisfaction)

满意是指意愿得到满足,符合心愿。按照传统的管理学说法,所谓顾客满意就是达到了顾客的预期。对于城市轨道交通服务企业来说,要达到满意就必须做到乘客满意(一切满足乘客的要求)、职工满意(企业员工具有向心力,有发达的企业文化)、经营者满意(同行业、关联企业满意)、社会满意(地区、国家满意)、世界满意(相关的国家满意)、地球满意(不对地球造成环境污染)。这六个满意始终贯穿着全方位人本管理的宗旨,在企业内部利益相关者之间以及企业外部环境主体之间寻求一种和谐。

(10)环境(Surrounding)

良好的人文环境对人们的生活和成长是十分重要的,现代的人们不仅要求高品质的物质生活,更需要高品位的精神生活。在公司中,每位员工与其他员工之间的关系都是相互依赖、荣辱与共的。一个人成功的主要原因在于他具有创新的能力、必要的知识和技能,并能努力工作,但是成功与否同时也依赖于周围的人,他们既可能让你的工作充满乐趣,也可能让你糟糕透顶。众所周知"孟母三迁"的典故,说的是孟子母亲为了教育孟子和为了孟子的成长而三次选择居住环境的故事。"孟母择邻"说明社会环境与一个人、特别是青少年的成长有直接的关系。孟子后来成为大学问家,与社会环境对他的熏陶感染有很大关系。

(11)卫生(Sanitation)

城市轨道交通已成为当前城市公共交通系统的重要组成部分。良好的公共卫生环境可以愉悦乘客身心。环境卫生的改善也使城市轨道交通员工在工作时可以带着一份愉悦的心情,能更快、更好地完成工作,大大提高工作效率。

(12)安全(Safety)

安全生产事关大局,是运输行业一切工作的重中之重,必须坚持"安全第一,预防为主"的方针。安全是采取系统的措施保证人员、场地、物品等的安全,系统地建立防伤病、防污、防火、防水、防盗、防损等安保措施,确保工作中的人身、设备、设施安全。安全管理最根本的目的是保护人的生命和健康,是对企业效益的最根本要求之一。保护社会生产力,使之能正常生产,保护生产关系,使企业的合法利益不受侵犯和损失,是安全管理的重要内容。

【警句】

生产是花,安全是根。要想花美,必须强根。违反规程,祸不单行。措施到位,安而无危。

2. 服务工作"四个一"要求

(1)抓服务工作一丝不苟

工作一丝不苟才能提高服务质量,做好服务工作要做到八个字:端正态度,认真负责。

案例

海尔工作人员在用户家中服务

1. 服务工程师进门前的准备工作

服务工程师首先检查工作服以保证正规整洁;仪容仪表清洁,精神饱满;眼神正直热情;面带微笑。

2. 敲门

虽然敲门只是一个普通动作,但海尔照样严格要求服务工程师,一丝不苟。海尔规定的标准动作为连续轻敲2次,每次连续轻敲3下,有门铃的要先按门铃。海尔要求服务工程师平时多加练习,养成习惯;敲门前稍微稳定一下自己的情绪,防止连续敲不停;防止敲的力量过大。

3. 进门

服务工程师按约定时间或提前5分钟到达用户家,首先要自我介绍,确认用户,并出示上岗证。

4. 穿鞋套,放置工具箱

单是简单的准备工作,就已经让顾客感受到了海尔工作的诚意,使工作人员和顾客能够融洽地交流和合作。

(2)抓中间环节一着不让

城市轨道交通企业标准化体系的实施,关键在于处于中间环节的管理人员的执行力水平,尤其是面向乘客的服务工作,很具体也很抽象,执行的效果如何主要看中间各个环节有没有真正地贯彻落实到位。

城市轨道交通企业的日常运行要规范、发展速度要加快、规模要扩大、管理要提高,除了有好的领导班子、好的发展战略、好的管理制度外,更重要的是公司各环节管理人员有较强的执行力。公司各环节管理人员的执行力水平如果很弱,与企业的管理制度无法完全匹配,则企业的管理制度在执行过程中,执行标准就会渐渐降低,甚至完全偏离企业管理制度的要求。管理之所以得不到有效的推行和推进,其根本原因在于执行不到位。

(3)抓问题处理一查到底

案例

2001年某日,在某购物广场,客户服务中心接到一起顾客投诉:顾客说在从商场购买的某品牌酸牛奶中喝出了苍蝇。投诉的内容大致是:顾客李小姐从某商场购买了某品牌酸牛奶后,马上去一家餐馆吃饭,吃完饭李小姐随手拿出酸牛奶给孩子喝,自己则在一边跟朋友聊天,突然听见孩子大叫:“妈妈,这里有苍蝇。”李小姐寻声望去,看见小孩喝的酸牛奶盒里(当时酸奶盒已被孩子用手撕开)有只苍蝇。李小姐当时火冒三丈,带着小孩来商场投诉。正在这时,有位值班经理看见便走过来说:“你既然说有问题,那就带小孩去医院,有问题我们负责!”顾客听到后,更是火冒三丈,大声喊:“你负责?好,现在我让你去吃10只苍蝇,我带你去医院检查,我来负责好不好?”边说边在商场里大喊大叫,并声称要去“消协”投诉,引起了许多顾客围观。

该购物广场客户服务中心负责人听到后马上前来处理。首先让那位值班经理离开,又把顾客请到办公室交谈,一边道歉一边耐心地询问了事情的经过。询问重点:①发现苍蝇的地点(确定餐厅卫生情况);②确认当时酸牛奶的盒子是撕开状态而不是只插了吸管的封闭状态;③确认当时发现苍蝇是小孩先发现的,大人不在场;④询问在以前购买此品牌牛奶有无相似情况。在了解了情况后,商场方提出了处理建议。但由于顾客对值班经理“有问题去医院检查,我们负责”的话一直耿耿于怀,不愿接受道歉与建议,使交谈僵持了两个多小时之久,依然没有结果,最后商场负责人只好让顾客留下联系电话,提出换个时间再与其进行协商。

第二天,商场负责人给顾客打电话,告诉顾客:我商场已与该品牌牛奶公司取得联系,希望能邀请顾客去该品牌牛奶厂家参观了解牛奶的流水生产线并提出意见,本着商场对顾客负责的态度,如果顾客要求,可以联系相关检验部门对苍蝇的死亡时间进行鉴定与确认。由于顾客接到电话时已经过了气头,冷静下来了,而且也感觉商场负责人对此事的处理方法很认真严谨,顾客的态度缓和了许多。这时商场又对值班经理的讲话做了道歉,并对当时顾客发现苍蝇的地点(并非是环境很干净的小饭店)、时间(大人不在现场),酸奶盒没封闭,已被孩子撕开等情况做了分析,让顾客知道这一系列情况都不排除是苍蝇落入(而非牛奶本身带有)酸奶。

通过商场负责人的不断沟通,顾客终于不再生气了,最后告诉商场负责人:他其实最生气的是那位值班经理说的话,既然商场对这件事这么重视并认真负责处理,所以他也不会再追究了,他相信苍蝇有可能是小孩喝牛奶时从外边掉进去的。

查问题不护短,查责任到位。组织员工深入剖析行风事件案例,以此教育大家充分认识新形势下做好优质服务工作的重要性、艰巨性和复杂性,要求员工要勇担社会责任、提供真诚服务,对任何违反行风服务的事情都不能等闲视之,要举一反三,认真查处。员工开展自我检查,重点查服务意识、服务态度、服务常识的掌握情况。通过优质服务大检查,消除工作中的薄弱环节。

(4)抓纠纷投诉一步到位

提高客户满意度,是城市轨道交通企业客户关系管理的核心。通过有效管理方式,解决客户的投诉难题,是提高客户满意度的有效手段。处理客户投诉是预防和减少客户投诉的内容之一。客户投诉处理应把握四项原则,以有效处理客户投诉,预防和减少客户上诉事件。

①把握“理解”原则。一般而言,客户投诉多是因为对企业的服务不满,只要是投诉,客户心中难免会有一丝怨气。因此,在处理客户投诉时要把握的第一项原则就是“理解”,不能认为客户投诉,就是有意找茬,或者提及客户投诉就有谈虎色变的感觉。要知道,如果我们不能将心比心,换位思考去理解客户投诉,就不可能以宽容而又积极的心态去处理客户投诉,就有可能在处理投诉时也带着怨气去处理,因此也就不可能最大限度地化解客户的怨气。

②把握“克制”原则。在处理客户投诉时,由于客户心中有怨气,难免会发出怨言,更有极个别道德修养差的客户会讲一些难以入耳的粗言秽语。在这种情况下,如果投诉处理人员不能克制情绪,与客户进行反驳,甚至与客户发生争吵,不但会影响投诉处理的进程和效果,而且会影响企业的整体形象。为此,保持克制,是投诉处理人员必须具备的基础素质和应把握的基本原则,否则就有可能出现不但解决不了问题,而且会扩大事态的情况。

③把握“真诚”原则。“真诚”是人与人之间沟通交流的大门,是化解矛盾的催化剂和润滑剂,在处理客户投诉中,一定要注意把握好“真诚”原则,要让客户感觉到处理人员是实实在在在为他们着想,真真诚诚地在化解矛盾,用真诚换得真心,用真诚融冰雪,用真诚展现地铁人的服务理念与风采。在遇到确实因企业服务不到位而造成客户损失的,要真诚道歉,并作出相应的赔偿,让客户真切感受到诚意,从而理解和支持工作人员的工作。

④把握“快捷”原则。作为投诉客户来说,每个投诉者都希望自己的投诉举报信息自发出之后,能得到及时迅速的处理。为此,在接到客户投诉以后,我们一走要及时查办,对能当时解决的就当时解决,不能当时解决的,也要在查清原因后,给出客户投诉处理的时间承诺,承诺之后,要尽快组织人员进行现场了解调查,树立良好职业形象,收集信息、分析问题、解决问题,做到能快则快。切不可在接到客户投诉后,以各种理由拖延处理时间,或者对客户的投诉置之不理,造成客户越级投诉等现象的发生。

总之,客户投诉处理水平的高低,事关客户关系管理,事关客户对我们的依存度、信任度、合作度,只有把握好客户投诉处理的四项基本原则,建立健全客户投诉处理工作机制,才能有效提高客户投诉处理的质量与水平,才能不断提高客户的满意度,吸引更多的客流。

3. 服务工作做到“十个一点”

(1)微笑靓一点

世间最美丽的东西是微笑,最动人的表情是微笑。人们最喜欢看到的,也是微笑的脸庞。处于陌生的环境,一个微笑,就能融化所有不安。人际关系有了芥蒂,看到一张微笑的脸,不愉快也就烟消云散了。生活中碰到艰难,一个鼓励的微笑,困难窘迫仿佛有了转圜的空间。沮丧的时候,一个理解的微笑,沉到谷底的心也就得到温暖的慰藉了。微笑的魅力,有时远出意料。微笑的力量有多大?

海尔集团在职工中推行别出心裁的“微笑”治理,使销售数字一路攀升。这和企业实施的“人性化”管理不谋而合。有一首歌叫作《笑比哭好》,我们用在管理上叫作笑比凶好。管理者要微笑上阵,给员工创造一个和谐宽松的工作环境,快乐的员工就会快乐地工作,快乐的工作就会产生快乐的效益。

微笑靓一点不仅是生活中待人处事的技能,更是展现自我的本能。微笑服务有时还可以弥补工作上的过失。

案例

在一个酒店里,正好遇上客人在对服务员说:“我们点的是青菜炒千张,没有点白菜炒千张啊!”服务员查看点菜单后,发现这个菜的确上错了,微笑着说:“对不起,是我们工作的疏忽,我马上给您换个菜。”这时值班经理也微笑着上前说:“非常感谢各位的光临,很不好意思,请稍等片刻,马上会给您重新换个菜的,不过白菜炒千张也会有另一种口味,如果各位有兴趣的话,就当作赠送一道菜吧。”客人一听缓和了语气说:“不用换了,我们就尝尝白菜炒千张吧。”微笑服务不仅弥补了工作上的过失,更重要的是起到了向客人推介新菜的作用,可谓一举两得。

(2)语调柔一点

说话温柔是服务亲和力的体现,只有有亲和力的服务才能真正赢得客人的称赞。一般而言,跟乘客说话时,语气一定要亲切自然,语调的高低要视具体的环境而定:当环境噪声较大时,说话的声音要适当大一些,确保乘客能够听得清楚;当周围环境很安静时,说话的声音要适当低一些,只要能被对方听见即可。最好的办法是,能和乘客的语调相一致。

声音最好甜一些,美一些。声音是构成一个人魅力的重要组成部分。另外,吐字一定要清晰,以免乘客听不清楚。流利标准的普通话是基本功,除此之外,服务人员还要学习一些简单的英语会话,以便能够帮助外国乘客。在请求、询问、安慰、陈述意见时和声细气。它可以弘扬男性的文雅大度和女性的阴柔之美。尤其是在抒发情感时,和声细气的运用,更具有迷人的魅力。轻声细气者表现说话者的尊敬、谦恭、谨慎和文雅。

(3)耐心足一点

一般来讲,乘客需要热情、和蔼的服务者,但从早到晚一遍又一遍地重复相同的问题,遇到不理解的乘客,还会遭到言语上的攻击,这些情况也使一线窗口的工作人员不愿意过多地被打扰,日积月累工作上难免产生不耐烦情绪。不是每个人都经常乘坐城市轨道交通,这个概念是工作人员应该建立的。有些乘客不了解公司的规定,甚至不熟悉运营路线及操作,这都是很平常的事情。既然他们不知道,我们的职责就是让大家尽可能地知道。比如有乘客携带了违禁物品不允许进站,乘客不理解,工作人员就要一遍一遍耐心地解释清楚。再比如车票(卡)有问题需要补值时,就要委婉地提醒他,请他补票。外地乘客会经常因为路不熟向工作人员咨询,好的经验做法是准备些小纸条,不仅要口述,更要写清楚路线。赢得乘客的信赖,不仅体现工作人员自身的职业素质,也为乘客节省时间,为社会提高工作效率。

(4)行动快一点

行动快不快,体现一个企业的执行力。在服务过程中,乘客对服务人员的行动往往有比较高的期待,能否做到位,对客人的满意度有很大的影响。

案例

一天下午,某站客运值班员在巡视闸机(GATE)设备时,发现数台GATE设备暂停服务。若晚高峰运营时,出现大客流的情况,很可能造成乘客进出站不便,造成拥挤,导致服务水平下降。此时,客运值班员立即向值班站长汇报GATE设备故障情况。值班站长立即通知行车值班员汇报设施维修调度员。当车站报修后7分钟左右,自动售检票系统(AFC)维修人员就已经到车站,前来维修。终于在晚高峰之前,修复了GATE设备故障。由于AFC维修人员行动快速,保障了乘客进出站的需求和车站正常运营。

(5)做事多一点

服务中,常常会对服务人员提出“五勤”的要求:眼勤(多看、多观察,以便及时处理有关情况)、口勤(多问、多征求意见)、耳勤(多听,从乘客的语言中找问题)、手勤(多做)、腿勤(多走,在行动中发现问题)。

案例

某公司营销部经理需要提升一名经理秘书帮助自己完成文件的发送和工作的布置。公司营销部有两名优秀的员工,分别是老王和小林。老王认为自己被提升的机会很大,因为他是老员工,并且和员工们关系处理得很好,相信会有很多同事投自己票,所以表现并不是很积极。而小林较为年轻,工龄没有老王多,一直不停地在大家面前表现自己,以求得大家对自己的信任。公司里的其他员工看到小林不仅年轻,做事比较多,表现得特别积极,所以心里也比较支持他。当民意选举的时候,小林得到的选票比老王多得多。老王深疑,就问选举小林的同事们缘由,同事们就跟老王说了一句话:“小林比你做事多一点!”。

(6)效率高一点

在现代社会,时间对乘客来说是非常宝贵的资源。因此,服务的效率非常重要。现在很多企业对各个服务程序都提出了量化的时间标准,无疑这是保证服务效率的根本。

那么如何提高自己的工作效率呢?

①全心投入工作。当工作时,一定要全心投入,不要浪费时间,不要把工作场所当成社交场合。靠这个秘诀,经长期实践,就能使生产力加倍。

②工作步调快。养成一种紧迫感,一次专心做一件事,并且用最快的速度完成,之后,立刻进入下一件工作。养成这一习惯后,你会惊讶地发现,一天所能完成的工作量居然如此惊人。

③专注于高附加值的工作。工作时数的多寡不见得与工作成果成正比。精明的老板或是上司关心的是工作数量及工作品质,工作时数并非重点。因此聪明的员工,会想办法找出对达成工作目标及绩效标准有帮助的活动,然后投入最多时间与心力在这些事情上面。投入的时间越多,每分钟的生产力就越高,工作绩效也就越高,自然赢得老板及上司的赏识与重用,加薪与升迁在望。

④熟练工作。找出最有价值的工作项目后,接着要想办法,通过不断学习、应用、练习,熟练所有工作流程与技巧,积累工作经验。工作越纯熟,工作所需的时间就越短;技能越熟练,生产力就提升得越快。

⑤集中处理。一个有技巧的工作人,会把许多性质相近的工作或是活动,例如,收发E-mail、写信、填写工作报表、填写备忘录等,集中在同一个时段来处理,这样会比一件一件分开在不同时段处理节省一半以上的时间,能提高效率与效能。

⑥简化工作。尽量简化工作流程,将许多分开的工作步骤加以整合,变成单一任务,以减少工作的复杂度。另外,运用授权或是外包的方式,避免把时间花费在低价值的工作上。

⑦比别人工作时间长一些。早一点起床,早点去上班,避开交通高峰;中午晚一点出去用餐,继续工作,避开排队用餐的人潮;晚上稍微留晚一些,到交通高峰时间已过,再下班回家。如此一天可以比一般人多出2~3小时的时间,而且不会影响正常的生活步调。善用这些多出来的时间,可以使生产力加倍。

成功的人,通常是行动派,一旦懂得提升生产力的方法,就会将这7个小秘诀,默记在心,不断地应用、练习,直到成为工作、生活的习惯为止。只要养成习惯,生产力便会有所提高,收获便会更多。

(7)嘴巴甜一点

嘴巴要甜,指的是人际关系,这需要有效的沟通,更重要的是人与人之间的应对。当今社会,分工越来越细,其实讲究的是团队合作,那么团队合作中,别人为什么要和你合作,一定是因为你们之间曾经有过良好的交往。

人人都喜欢听好听的话,任何客人都不例外,因此,对于服务人员来说,嘴巴甜不甜也是乘客能否感到满意的重要因素。当然,服务语言的艺术性也是需要经过训练的。

案例

一天,一位女乘客由于在某站上次乘车未刷卡出站,造成本次乘车无法进站,到补票亭处办理补票时,售检票员因解释补票原因而与乘客发生争吵,该乘客非常生气,要找本站的值班站长投诉该售检票员,并记录下了售检票员的员工号码。值班站长得知乘客与补票亭售检票员争吵的信息后,立即来到补票亭处。了解了情况之后,便对乘客解释说:“您好,我是本站的值班站长,非常抱歉,由于我们服务不周到,让您对我们的服务产生了诸多误解,您今天所遇到的问题也是我们经常遇到的问题。请您放心，我们不会多扣您的票款。如果这次补扣票款后，有任何疑问，可以凭所开具的乘客事务处理单找我们的工作人员帮您解决问题。我们再次向您道歉！"乘客听到值班站长一番话后，情绪得以缓解，交付了补票款，并且扔掉了记录员工号的纸条。由于值班站长的嘴巴甜，避免了投诉的发生。

(8)肚量大一点

常言说得好：宰相肚里能撑船。古今中外，凡是想干大事、能成大事者，凡是想有所作为、有所成就的领导者，大多有大的肚量，胸襟宽阔，虚怀若谷，能容天下难容之事，能容他人难容之人。只有这样，才能团结一切积极因素，凝聚各种各样的人才，形成干大事、成大事的强大合力。

(9)脑筋活一点

这主要体现在服务的灵活性方面。在服务过程中，确实有很多意外情况或紧急事件是服务人员难以预料的，这时脑筋活不活就很重要了。没有思路，就没有出路，也就没有效果。在当今竞争激烈的社会，谁脑子活，谁就会把握更多的机会，否则，就会在商海的惊涛骇浪中沉没。在服务意识中，也要注入灵活的机制，顺应市场、开拓创新、与时俱进、想乘客所想、急乘客所急，才能取得满意的服务效果。

案例

一天，某站票务室没有计次卡库存了。一乘客来到补票亭需要购买记次卡。便询问补票亭内的售检票员："你好，请问你们这里有记次卡卖吗？"售票员回答说："真抱歉，记次卡早上刚卖完，现在已经没有了。"乘客问："哦，来晚啦，请问什么时候还会有呢？"售检票员回答："抱歉，我也不是很清楚。"乘客感到很惋惜，说："哦，这样啊，打扰了？"售检票员看到这位乘客很想买记次卡，想出了一个法，何不把乘客电话留下来呢，等计次卡到了通知乘客。售检票员对乘客说："这样吧，你把联系方式留下，等记次卡一到，就立即打电话给你，行吗？"乘客听闻后非常高兴，说："好啊，谢谢你啊！"乘客很乐意地把电话留了下来。下午，票务中心送卡时，当即配了200张记次卡给车站票务室。售检票员得知有卡后，通知车控室打电话给乘客前来购买。乘客接到电话后，就立即来到了车站。当即就要了66张记次卡。后来才知道，明天他要出差，但出差前公司交代他任务，要在出差前为公司员工购买66张记次卡当作补贴发放。乘客买到了记次卡后，很感谢这位售检票员。正由于这位售检票员的脑筋活，才有了这笔业务，也解决了一次客户急需。

(10)理由少一点

遇到问题急于解释，在服务中是常见的现象。其实，任何问题都可以找到理由，但对于服务来说，找理由、追究责任并不能让客人感到满意，我们所需要做的就是马上想办法解决问题。

生产中一旦出现了问题，领导追究下来，有人总是搬出一箩筐的理由去搪塞。不妨效仿一下海尔集团，让员工学习一本书《没有任何借口》。凡是在错了的事情面前没有任何理由可讲，唯一正确的做法是：剖析原因、找出误点、确定对策、积极整改，实实在在地做人做事。

案例

某四星级酒店在建设时,分别购买了A公司和B公司的电梯。同时,A公司电梯被装在左边,B公司电梯被装在右边。一天,A公司电梯和B公司电梯同时发生故障。酒店经理特别着急,便打电话把A公司和B公司维修人员叫来了。A公司派了1名结构检修维修员来修电梯,维修人员经过检查,发现基础构件没有故障,便开始打电话请示公司派电路维修员过来维修。B公司派了结构检修员、电梯操作员、电路维修员3人过来,维修人员很快找到了问题所在,并迅速进行维修。A公司派来电路维修员来维修的时候,B公司已经将电梯维修好了,并且投入了正常使用。A公司随后修复了电梯。公司经理就此故障开始询问A公司和B公司工作人员:"为什么电梯会发生故障,你们不是每周都来检查吗?"A公司维修人员代表回答说:"这个不能怪我们公司,我们发现此次故障是由于贵公司超负荷搭乘导致系统电路短路,造成电梯停运的。"而B公司维修人员代表回答说:"这个是我们的错,事先没有重点提醒贵酒店电梯不能超负荷搭乘,说明我们沟通没有到位,再次深表歉意。"酒店经理很满意B公司的回答。不久以后,酒店在扩张购置第三部电梯时选择了B公司电梯,并且规定了电梯搭乘人员的限制人数。

二、职业习惯

城市轨道交通企业是服务性很强的窗口单位,作为城市轨道交通运营企业的员工应养成良好的职业习惯。

1. 遵纪守时

遵纪守时是一种传统美德,是职业化员工必备的职业习惯。康德讲"守时就是最大的礼貌";苏沃洛夫讲"纪律是胜利之母"。人的行为改变习惯,习惯养成性格,性格决定命运,培养遵纪守时的良好习惯,是个人成功的关键因素之一。

习惯是一种重复性的、通常为无意识的日常行为规律,它往往通过对某种行为的不断重复而获得;是人的思维和性格的某种倾向;是一种习惯性的态度和行为。科学研究告诉我们,坚持一个行动,关键在前三天,如果能坚持21天以上,就能形成一个习惯;如果坚持重复90天以上就会形成稳定习惯;如果能坚持重复365天以上,想改变都很困难。因此,在培养遵纪守时的良好习惯中,我们应该从细节出发,在平日的工作生活中,做到按时到岗、主动购票、自主排队、开会守时、遵守会场纪律、遵守规章制度、规范操作设备等。我们要充分认识到,个人遵纪是维护一个国家、一个公司正常运转的根本,守时在珍惜自己的时间的同时也珍惜了别人的时间。

遵纪守时,爱岗敬业,做到尽忠职守、克己奉公,多一份用心,乘客的安全就多一份保障。只有严格要求自己,才能顺利、出色地做好本职工作。

2. 尊重他人

人与人之间的交流,都应建立在真诚与尊重的基础上。人唯有尊重他人,才能尊重自己,才能赢得他人对自己的尊重。尊重他人不仅仅是一种态度,还是一种能力和美德,更应该是所从事职业应具备的职业习惯。

在某种意义上，不加掩饰，直接表露或宣泄是无能、自私的错误表现，它只会恶化事端，造成大家都不愉快的结局。掩饰并非虚伪和做作，只是选择适当的语言和时机做适当的事情；相反，没有任何掩饰的人必然不能与其他人愉快和睦地相处。不要不顾别人的感受对他人的缺点大肆批评，也不要用尖刻的语言去伤害他人，不要取笑他人或是对别人感到不屑，这些都是对他人不尊重的表现，是与他人愉快沟通交流的一大障碍。

关爱特殊人群，尊重社会弱势群体，是城市轨道交通企业员工服务大众、服务社会的基本体现。城市轨道交通企业员工应用实际行动演绎尊重每位乘客、关爱每个生命、帮助每次求助的高尚品德。

3. 礼貌待人

在城市轨道交通运营服务中，礼貌待人是基本的职业习惯，礼貌待人可以在服务人员和乘客之间架起理解的桥梁，减少不必要矛盾。文雅的礼仪，和气、宽容的态度和语言，不但可沟通人们的心灵，而且反映一个人的思想和文化修养。正如俗话说：礼到人心暖，无礼讨人嫌。

从以下两个案例的对比，就可看出，同一件事，用语不当和礼貌待人所产生的结果是截然相反的。

案例

（一）

乘客：同志，请问卡充值在哪里？

工作人员：就在旁边，不过下班了。

乘客：你能不能帮我充一下呢，卡里面没有钱了。

工作人员：告诉你充值员下班了，你让我怎么充啊？

乘客：不就在你旁边嘛，举手之劳，帮个忙吧。

工作人员：你这人怎么这样，下班了，充不了了！

乘客：你这人怎么这个态度，我要投诉你！

工作人员：投诉就是了，告诉你号码。

乘客拨打服务热线投诉。

（二）

乘客：同志，请问卡充值在哪里？

工作人员：您好，充值窗口就在旁边，但是现在充值员已经下班了。

乘客：你能不能帮我充一下呢，卡里面没有钱了。

工作人员：先生，实在对不起，充值员的密码只有本人知道，还需要一张验证卡，也是由充值员保管的。

乘客：不就在你旁边嘛，举手之劳，帮个忙吧。

工作人员：先生，很抱歉，充值线路已经关 1 小时了，您看，现在已经 19:30 了，我也想帮您,可是的确没有办法,您可以买一张单程票。

乘客:哦,那就算了。

工作人员:不好意思,请您慢走。

乘客:麻烦你了。

工作人员:不客气,再见。

乘客:好的,再见。

4. 勇于承担责任

无论是在工作还是生活当中,人们往往对于承认错误和担负责任怀有恐惧感。因为承认错误、担负责任往往会与接受惩罚相联系。有些不负责任的员工在出现问题时,首先把问题归因于外界或者他人,总是寻找各式各样的理由和借口为自己开脱。在很多管理者看来,这些都是无理的借口,并不能掩盖已经出现的问题,也不会减轻要承担的责任,更不会把责任推掉。

美国西点军校认为:没有责任感的军官不是合格的军官,没有责任感的员工不是优秀的员工,没有责任感的公民不是好公民。缺乏责任感难免会失职,员工与其为自己的失职找寻借口,倒不如坦率地承认自己的失职。敷衍塞责,找借口为自己开脱,会让老板觉得你不但缺乏责任感,而且还不愿意承担责任。没有谁能做得尽善尽美,但是,一个主动承认错误的员工至少是勇敢的,如何对待已经出现的问题,能看出一个人是否能够勇于承担责任。

5. 持续学习

21世纪是知识经济时代,国际化的竞争已呈现学习能力和学习速度的竞争,企业唯一持久的竞争优势就是必须努力提升企业学习力和创新力,具有比竞争对手学习得更快的能力。时代的巨轮在不断向前推进,企业应倡导互相学习,倡导共同学习,倡导终身学习。在经济生活的每个过程,学习始终至关重要。

在瞬息万变的市场上,凡是依赖于旧有的知识和依循以往的方式解决新问题,终将无法避免被淘汰的命运。没有人会等待你的成长,激烈的竞争只会告诉我们不进则退的必然。我们必须突破自身的窠臼,向一切优秀者学习。我们要知识,要竞争,也要学习。竞争优势是由个人和集体的不断学习促成的。面对快速变革的未来,企业和个人都必须不断地学习以往并不熟悉的知识,面对从未遭遇的困难。同事之间保持谦逊、积极的学习心态进行交流。拿来与吸收,是我们一贯的优良传统,通过互相学习,同事之间形成良好的“比学赶帮超”氛围,是持续成长的动力之一。我们还要敞开胸怀,走出去,行动起来。向市场学习,向外部学习,向对手学习。我们要敢于从其中找出自身的不足,努力取得突破。在变革的年代,学习意味着一种生活方式,意味着更新和发展、灵活和进取,意味着持续超越自己。

员工在刚踏入工作岗位时都能保持很高的学习热情和干劲。为什么进入企业几年后,有的员工渐渐丧失了奋斗的激情、学习的兴趣。有的员工却一直能保持较好的工作状态和学习劲头。我们通过自身的经历可以证明职业目标的重要性。职业生涯规划是企业员工保持学习热情的必要条件。员工进入企业必须明确职业生涯目标,列出自己成长规划。没有目标的人和有目标的人,会是两种截然相反的学习态度。没有明确职业生涯目标规划的员工,不知道自我学习和提高,一旦遭到不公平的待遇和挫折便灰心丧气,抱怨环境,不求进取。有了明确的职业生涯目标规划，就有了学习的热情和动力，遭到挫折和失败时，他会不断地改进，调整状态迎接挑战。

员工成长工程是一项系统、长久的工程。企业的发展离不开人才，人才的培养需要企业员工持续学习来不断充实。只有通过企业愿景、职业生涯目标规划等手段，通过企业内部竞争、创造学习型组织、营造团队氛围、完善培训体系和评价体系，才能激发员工在企业的学习热情，推动员工成长，为企业创造更多财富。员工是企业最大的财富，推动员工成长符合企业发展的要求，也是激励员工、关爱员工的具体体现。

单元3.3 城市轨道交通客运服务原则与规范

客运服务是城市轨道交通客运组织工作的一项重要内容，是城市轨道交通运营的重要组成部分，也是反映城市轨道交通服务质量的一个主要因素。在日常工作中，客运服务人员要以端庄大方的仪容举止，给乘客提供美好的形象服务；以热情、和蔼、谦虚的态度，给乘客提供礼貌的语言服务，以文明、和谐的乘车气氛，给乘客提供赏心悦目的文化服务。为了体现城市轨道交通一流的服务质量，客运服务人员必须恪守职业道德，讲究服务艺术，提高服务质量。

客运服务工作必须以确保乘客安全及列车正点为目的，为及时、快速地疏导乘客而提供优美舒适的乘车环境和便利周到的各种服务。为了提高服务质量，客运人员必须认真学习客运服务有关规章制度与标准，掌握服务技能，严格按照各工种的岗位作业标准进行操作，全心全意为乘客服务，让乘客享受到城市轨道交通的一流服务。

一、服务工作的原则

客运服务人员在日常的工作中，必须贯彻“全面服务、重点照顾、主动热情、诚恳周到”的服务工作原则。中华民族素有“礼仪之邦”的美称，我们要继承和发扬我们民族的优良传统，在建设社会主义物质文明的同时，建设高度的社会主义精神文明城市轨道交通是反映社会文明的一个“窗口”。城市轨道交通的建设与发展过程中，城市轨道交通职工的精神风貌，是社会文明的一个缩影，反映了国家的巨大变化。客运服务人员一定要从思想上重视本岗位工作的重要性。

1.要树立服务乘客、服务社会的思想

城市轨道交通客运服务人员面对的主要对象是乘客。乘客从购买车票起，到出站为止就与城市轨道交通公司建立了服务与被服务的关系。乘客除了具有流动性以外，还具有广泛的社会性。无论年龄、职业、肤色、亲疏，只要持票上车，就是我们的服务对象，都应以礼相待，以诚相待。客运服务人员为乘客服务，也就是为社会服务。服务工作的好坏，是对社会所做贡献大小的标志之一。客运服务人员要有全心全意为社会服务的精神和不计名利的豁达胸怀。平时多加强业务学习，多向各条战线的模范人物学习，向城市轨道交通的先进人物学习，做好本职工作。

2.要破除旧观念

现代社会只有分工不同，并无高低贵贱之分。从广义上讲，无论哪种职业都是服务于人，

服务于社会。有人认为为乘客服务是伺候人的工作,因此产生一种自卑心理,工作上也有抱怨情绪。其实不然,在日常生活中,也有许多人在默默无闻地为你付出劳动。虽然科技日新月异,但是许多服务性工作是机械所不能替代的。社会分工都是相互依存、相互补充的,人们在这种关系中不断丰富和完善自己。

3. 不断提高自身素养

文明服务、礼貌待客。要求客运服务人员一要加强思想修养和政治学习,培养良好的职业道德,视乘客为亲人,热情、友好、真诚、不以貌取人,说话办事讲究信誉;二要努力学习科学文化知识,研究各地方言,掌握服务本领,丰富头脑,拓宽视野,提高自身的文化水平;三要讲究说话的艺术性,言辞恳切,态度和蔼,即使是纠正违章,也要礼貌相待,语言明确,表达委婉,让人信服;四要研究乘客心理,探索服务规律,针对乘客的各种要求,做好服务工作。

二、车站客运服务工作

城市轨道交通作为城市公共交通系统中一种速度快、运量大、行车间隔小的电动有轨客运系统,作为城市公共交通系统的一个重要组织部分,对缓解城市地面交通压力、减轻城市地面交通拥挤起着十分重要的作用。“快速、准确、安全、舒适、便利”是城市轨道交通运营宗旨,所以要求城市轨道交通车站能安全、快速、方便地组织乘客乘降,为乘客乘坐城市轨道交通提供良好的服务。

城市轨道交通客运服务是指为乘客乘坐城市轨道交通提供的服务,城市轨道交通客运服务人员是直接从事城市轨道交通客运服务的工作人员。在城市轨道交通客运服务中,城市轨道交通客运人员是按以下基本服务程序来工作的:进站服务→售票→检(验)票→疏导→组织乘降→监护列车→出站服务。

每个岗位都按照以下基本程序作业:准备作业→基本作业→整理作业。

车站的对外客运服务主要按以下几个功能划分:

1. 售票服务

在城市轨道交通车站中,售票服务是帮助乘客使用有效货币换取同等价值的车票,以便于乘客进入车站的计费区。随着城市轨道交通运营的进一步完善,自动售检票系统(AFC)将逐步取代原有的人工售检票。虽然自动售检票系统的自动化程度很高,但是人工售检票方式在特殊情况下仍适用。因此掌握各种状态下的售票作业内容,是每位服务人员应有的技能。

(1)人工售票服务

售票员在售票前要备足零钱,售票时严格执行“一收、二唱、三撕、四找”的作业程序,准确迅速地发售车票,严禁以售代检。

(2)半自动售票服务

收款、付款、操作键盘由售票员完成,在出售面值较大车票和智能卡时必须由售票员提醒乘客确认,报销凭证由乘客自取。售票时严格执行“一验、二售、三找、四清”的作业程序。

(3)自动售票服务

对自动售票设施应进行巡视检查,保证设备正常运转,必要时应及时采取人工售票进行补偿服务。

2. 检验票服务

检验票服务是为了维护站、车秩序正常，保证乘客安全，对乘客所持的车票进行确认，使乘客按规定乘车。

(1) 人工检验票服务

在进站检票或出站验票时，检验票员要正确佩戴工号牌。检验票员应进行对岗交接，认真检验票，严格执行“一撕、二看、三放行”的作业程序。并负责检查乘客是否携带超限物品或易燃、易爆、有毒等危险品乘车，对精神病患者、1.2m 以下儿童单独乘车等特殊乘客，要劝阻其进站乘车。

(2) 自动检验票服务

应设人监督，保持设备的正常运转，指导乘客按要求正确使用票卡，阻止携带易燃、易爆、有毒等危险品的乘客进站乘车，对不能正常进出闸机的票卡进行分析，办理补票等业务。必要时，应及时采取人工检验票进行补偿服务。

3. 站台服务

站台服务为候车乘客提供各种乘降信息，确保列车在站候车安全，使车站有一个良好的乘车环境。

(1) 对候车人员要做到热情服务，重点照顾。注意乘客候车动态，及时发现乘客异常，防止跳下站台，进入洞内，积极疏导宣传，维护车站正常的候车秩序。

(2) 列车进站前，做好乘客的疏导工作，宣传有关安全事项，引导乘客站在安全线内候车。

(3) 列车进站后，组织先下后上，照顾重点乘客。人多拥挤时，积极进行人工广播宣传。

引导礼仪

(4) 列车关门时，密切注意列车车门状态。如有车门关闭不上或者夹人、夹物，应及时通知司机并迅速查明原因，在最短时间内排除故障。

(5) 列车启动后，注意乘客候车动态及列车的异声、异味、异态。如有异常要即使通知行车值班员，并及时向有关部门汇报。

(6) 遇有清空列车或其他站通过列车到达本站时，对需要继续乘车的乘客，要做好解释劝说工作，动员乘客乘坐下次列车。

(7) 遇有车站发生伤亡事故，应及时向有关部门报告，疏导乘客，不扩散事态，并协助公安人员清理现场。

4. 广播服务

广播服务是车站客运服务的一个重要组成部分，也是客运服务的一个重要宣传工具。由于其影响面较广，一定要把好关，确保广播内容准确、健康。

(1) 车站应进行向导广播，如列车到、发情况，换乘介绍，疏导乘客等。

(2) 车站应广播乘车规定，乘客须知，通告、公告等。

(3) 车站的电视应按规定播放有关内容，宣传车站设施的使用方法及有关内容。

三、客运服务具体要求

客运服务人员每天面对着成千上万的乘客,一举一动、一言一行都体现着城市轨道交通的形象。除了车站环境整洁优美、列车正点安全运营外,所有客运服务人员的举止言行是构成城市轨道交通一流服务质量的重要因素。为树立城市轨道交通车站良好的窗口形象,客运服务人员要从着装、仪容等方面一点一滴的小事做起,向乘客展示城市轨道交通职工的风采。

1. 着装要求

客运服务员的服饰应整洁大方,并与城市轨道交通的工作性质相协调,为此要求上岗的员工必须统一着装,按规定佩戴服务标志。

(1)当班统一着装,严禁大红大绿及奇装异服。制服要清洁平整,当班时不能挽袖、卷裤角。

(2)不歪戴帽子,不敞胸露怀,不穿高跟鞋与浅色鞋、带钉帽的鞋。

(3)需穿着防寒衣时,应穿戴整齐,并扣好纽扣,不得披、盖、裹。

(4)胸章一律佩戴于左胸前,沿上衣口袋边,使乘客一目了然,不得遮掩。

(5)季节更替时,按规定更换工作制服,不得擅自替换。

2. 仪容举止要求

客运服务人员的仪容举止体现个人的文化素养和城市的文明程度,应做到精神饱满、服装整洁、端庄大方、举止文明。

(1)仪容

①男同志不留胡须、长发,不染发,不戴戒指、项链等首饰。

②女同志当班不戴任何首饰,不披长发,不浓妆艳抹,发型大方雅致。

③要经常修剪指甲,保持大方整洁。

④当班不吃零食。

(2)接待应答

①乘客问询要站稳回答,不要边走边答。

②乘客到窗口购票、问询,要面向乘客答话,不可同时做其他事情。

③乘客到办公场所问询,要主动让座,没有座位时,要起立接待应答,不得冷淡无理。

(3)服务动作

①清扫卫生时,要先同周围的乘客示意表示歉意,注意轻拿轻放清扫用具,不得从乘客头上、身上通过或接触乘客的物品。

②需挪动乘客的物品时,事先取得乘客的同意,轻拿轻放,不得损坏。

③交给乘客钱款时,要轻轻递给,不要重手重脚。

④维持秩序时,要加强宣传,说服动员,不要强行拉拽,训斥顾客。

⑤处理违章时,要实事求是,不得擅自对乘客搜身或扣押乘客物品。

(4)举止动作

①站立要直。不得背手、叉腰、抱膀、颤腿或把手插在衣袋内。

②坐姿要正。不趴着,不打瞌睡,不用手托腮,不看书报。

③不准嬉笑打闹、勾肩搭背,不会客,不做与工作无关的事。

④不准推拉乘客抢道。

⑤不准随地吐痰、乱扔杂物。

⑥不准在乘客面前搔痒、挖耳朵、挖鼻子、剔牙齿、脱鞋或吸烟。

3. 用语要求

语言是一门艺术,在日常的服务工作中,得体的语言会使乘客倍感亲切,反之则会截然不同。城市轨道交通作为一个展示“两个文明”的窗口,文明用语更应蔚然成风。因此要求客运服务人员在工作中做到:亲切和蔼,语言文雅,使用普通话。

服务用语要求

(1)在服务中,须使用普通话(对外国人宜使用外语),口齿应清晰。

(2)服务用语应文明、简练、规范、通俗易懂。

(3)对乘客的称呼应礼貌得体。

(4)服务用语使用:“您好、请、谢谢、对不起、再见”十字文明用语。

(5)具体文明用语:

①当乘客询问时,应面带微笑;您好,请讲。

②检票时:请您出示车票。

③检查危险品时:对不起,请您将包打开,谢谢。

④整理队伍时:请您按秩序排队。

⑤当乘客人多,要穿行时:请让让路,谢谢。

⑥打扫卫生时:对不起,请让让,谢谢。

⑦遇有重点乘客时:请问您有什么困难?

⑧对待乘客失礼时:对不起,请原谅。

⑨纠正乘客违反规章制度时:请……,谢谢。

⑩受到乘客表扬时:我们做得很不够,请多提宝贵意见。

⑪受到乘客批评时:对不起,谢谢您的批评。

⑫售票时:请问您买到哪里?

⑬售票窗口拥挤时:请大家按顺序排队,不要拥挤。

⑭乘客之间发生矛盾时:请您不要争吵,有问题我们可以商量解决。

⑮误售车票时:对不起,请您稍等,马上更正。

⑯当乘客无法使用磁卡车票时:请右手持票,按箭头方向插入。

4. 态度要求

客运服务人员只有态度端正,才可以做到全心全意为乘客服务。全体客运服务人员应做到:主动、热情、诚恳、周到、文明、礼貌。

(1)全面服务:做到“三要”“四心”“五主动”

三要:接待乘客要文明礼貌,纠正违章要态度和蔼,处理问题要实事求是。

四心:接待乘客热心,解决问题耐心,接受意见虚心,工作认真细心。

五主动:主动迎送;主动扶老携幼,照顾重点;主动解决乘客困难;主动介绍乘车知识;主动征求乘客意见。

(2)重点照顾:做到“二知”“二有”

二知:知困难、知去向。

二有:有服务、有登记。

虽然以上内容看似平凡,但要真正做到并不容易,要求服务人员真诚地去为乘客服务,不要做了上述工作,却又让乘客觉得态度生硬,冷冰冰的。只有所有的一切都发自内心,才能收到预期的效果。

5. 纪律要求

城市轨道交通是一个半军事化的企业,各部门联合协作,任何一个部门都不可擅自行动,因此纪律要求特别高。对于每一个客运服务人员来说,必须强化纪律观念。在日常工作中要求大家坚守岗位,服从指挥,严守规章制度,执行作业程序。

(1)班前点名

按时参加集体点名,学习上级文件,接受任务,开展预想,明确责任。

(2)班后总结

按时参加班后总结,对照岗位责任制,进行考核。讲成绩,找问题,总结经验教训,不断改进工作。

(3)岗位纪律

①不许离岗,在岗到位,履行岗位责任,不许聚堆聊天,不许互相开玩笑、打斗、大声喧哗。

②不在值班岗会客和办私事。

③不在岗位吃零食、看书看报及做与本岗位无关的事情。

④班前及值班用餐不准饮酒,不准在规定不许吸烟的场合吸烟,不准乱扔、乱倒杂物。

⑤说话和气,语言亲切,不讥笑乘客,不讲有伤乘客自尊心的话,不讲有伤乘客人格的话,不讲怪话、埋怨乘客的话,不讲粗话、脏话、无理的话和讽刺挖苦的话。

⑥不许打骂乘客,无理不强争,得理要让人。

⑦清扫卫生时,不能影响接待乘客。

6. 卫生要求

城市轨道交通车站是人来客往的公共场所,保持车站的整洁是最基本的要求,每一位客运服务人员都应保持本岗位的整洁,要求做到:窗明地净,四壁无尘,内外整洁,消灭“四害”。

(1)地面、台阶达到“三无一光”,即无痰迹、无杂物、无污垢,能见到原物的光泽。

(2)墙、柱、门、窗达到“四无”,即无痰迹、无脏印、无积尘、无泥点。

(3)边、角、棱、沿达到“三无”,即无污垢、无积尘、无蛛网。

(4)厕所达到“四不见”,即便池不见干便、尿池不见尿碱、坑外不见手纸、地面不见泥脚印。

(5)果皮箱达到“三不得”,即箱口不得有堵塞、箱外不得有污垢、箱内不得有过多杂物。

(6)站台、道床达到“三无”,即无污水、无污迹、无污物。

(7)脸池、水池达到“四不”,即池内不堵塞、池边不挂污、池面不见积尘、池上不乱放东西。

(8)门前三包达到“三无”,即无痰迹烟头、无自行车、无杂物污物。

7. 安全要求

安全是客运服务的核心,所有工作都必须在安全条件下进行。为了确保运营安全,必须坚持“安全第一、预防为主”的方针。

(1)站内严禁吸烟、使用明火。

(2)严禁携带和存放易燃、易爆、有毒等物品。

(3)保证乘客安全乘车。

8. 接(送)车要求

站务人员在列车进站时应目迎目送,并做到“二转体”。

(1)迎车进站,站在安全地方,面向列车,目光左右巡视。

(2)送车时,当时车尾部越过送车位置,转身面向列车运行方向。

9. 基本业务要求

各岗位的服务人员必须掌握本岗位的工作技能,熟练地为乘客服务。

(1)服务人员精通客运规章中的各项规定。

(2)服务人员做到“三熟知”即:

①熟知乘车注意事项。

②熟知岗位责任制和作业标准。

③熟知城市轨道交通沿线简况。

10. 客运物品摆放要求

车站客运物品摆放要求:整齐、有序,不得影响列车运行、乘客通行和车站站容。

(1)各种服务设施,清扫用具应按规定地点摆放,不得影响列车运行、乘客通行和车站站容。

(2)室内物品摆放要整洁,属于公用的物品要放在规定的位置,属于个人的物品要放在个人衣柜中,个人所携带的饭菜要摆放整齐。

(3)大厅排拖、拖把、扫帚等清扫用具及备用物品应放在墙边或隐蔽处,不得影响乘客通行、列车运行、车站站容。

(4)对升降梯等设施及用具应加固加锁,不能加锁加固的应放在易观望处。

(5)各车站服务于乘客的休息椅、果皮箱、报架等设施要按规定数量摆放。

(6)非站内所属物品,应督促有关人员进行清除或协助放置在不妨碍列车运行的隐蔽处。

(7)售票亭和检验票亭内的各种设备要摆放整齐有序,并保持物品清洁。

四、客运服务人员服务承诺与服务五规范

1. 服务承诺

服务承诺:安全第一、乘客至上、准点高效、方便快捷、环境舒适。

(1)安全第一。确保列车正常运行,保持良好的运营秩序,为乘客提供安全可靠的运营服务;无大、重大安全事故,无责任乘客伤亡事故。

(2)乘客至上。热情周到,耐心迅速处理乘客事务,想乘客之所想、急乘客之所急、帮乘客之所需。乘客投诉24小时内答复;乘客来电或来信询问100%回复;乘客满意度90%以上;乘客责任投诉率不大于2件/千万人次;接到乘客求助后,工作人员3分钟之内到达现场。

(3)准点高效。确保列车正点运营率为98%以上。

(4)方便快捷。列车全程运营时间控制在规定时间以内;在服务时间内,自动扶梯的正常运转时间不小于90%(不含人为故障停梯时间);闸机、自动售票机运营时间100%开启,状态良好。城市轨道交通与其他交通工具接驳良好。

(5)环境舒适。确保城市轨道交通列车和车站无污染、清洁明亮、温度适宜、通风良好;车厢温度27℃以下的时间大于95%;地下站站台温度在空调季节保持在28℃以下的时间大于90%;地下站站厅温度在空调季节保持29℃以下的时间大于90%。

2. 服务五规范

(1)服务规范:安全乘车、站车洁净、主动服务、语言文明、秩序井然。

(2)道德规范:主动服务、文明礼貌、安全正点、方便周到、旅客整洁、卫生达标。

(3)岗位一句话规范:

①值班站长岗:贯彻站规、认真交接、顶岗查岗、纠正违章。

②售票员岗:积极售票、准确迅速、严守秩序、账款相符。

③检票员岗:认真验票、严控禁品、有序进站、以理罚款。

④站务员岗:积极宣传、热情接待、疏导巡视、组织乘降。

(4)语言规范:在工作岗位上坚持使用“您好、请、谢谢、对不起、再见”十字文明用语。

(5)岗位形象规范:上岗要穿识别服,仪表要达标。袒胸赤足披肩发、浓妆艳抹不上岗。

复习与思考题

1. 职业化员工的商务礼仪有哪些要求?

2. 城市轨道交通员工着装有什么规定?

3. 城市轨道交通员工应养成哪些良好职业习惯?

4. 城市轨道交通员工职业行为标准有哪些?

5. 城市轨道交通客运服务具体要求有哪些?

6. 城市轨道交通站台服务应注意什么?

模块 4

城市轨道交通员工职业化技能

教学目标

1. 了解职业生涯规划的概念及意义；
2. 掌握职业生涯规划的原则及要素；
3. 了解职业生涯规划的基本步骤与职业生涯管理；
4. 掌握时间管理的基本原则；
5. 掌握时间管理的方法和技巧；
6. 了解人际关系处理技巧；
7. 掌握城市轨道交通员工岗位技能与职责。

建议学时

8 学时

职业化技能是企业员工对工作的一种胜任能力，通俗地讲就是你有没有这个能力来完成这个工作任务。职业化技能是工作岗位对工作者专业技能的要求，职业化必备技能主要有：角色认知、正确工作观与企业观、科学工作方法、职业生涯规划与管理、专业形象与商务礼仪、高效沟通技巧、高效时间管理、商务写作技巧、团队建设与团队精神、人际关系处理技巧、商务谈判技巧、演讲技巧、会议管理技巧、客户服务技巧、情绪控制技巧、压力管理技巧、高效学习技巧，等等。

单元 4.1　职业生涯规划与管理

一、职业生涯规划的概念

"职业"比较好理解，"生涯"却有诸多解释。美国生涯理论专家 Super（萨珀）认为，生涯是个人终其一生所扮演角色的整个过程，生涯的发展是以人为中心的，只有个人在寻求它的时候,它才存在。职业生涯规划是指个人发展与组织发展相结合,通过对职业生涯的主客观因素分析、总结和测定,确定一个人的奋斗目标,并为实现这一事业职业目标,而预先进行生涯安排的过程,这个过程包括制订相应的工作计划,以及每一时段发展方向及顺序。

二、进行职业生涯规划的原因

现代企业每一位员工,无论是刚入职的毕业生,还是已在职的员工,无论是拥有高等学历,还是仅初中毕业,人人都想在事业上获得成功。然而,事业的成功,并非人人都能如愿,问题何在?如何做才能使事业获得成功?职业生涯规划是理性设计出的一条走向成功的路径。

职业生涯规划的作用在于帮助你树立明确的目标与管理,运用科学的方法、切实可行的措施,发挥个人的专长,开发自身的潜能,克服生涯发展困阻,避免人生陷阱,不断修正前进的方向,最后获得事业的成功。

常言道"种瓜得瓜,种豆得豆",你希望未来取得什么收获,你就通过对自己的生涯进行精心设计与规划,实现个人预定的理想与目标。

理想与目标是事业成功的先决条件。人生的可贵在于对未来抱有理想和目标。有了理想,生活才会过得充实,生命才有意义。有了人生目标,困难才能克服,潜能才能充分发挥。所以理想与目标是工作的原动力,是美好生活的源泉,科学的生涯规划是实现理想与目标的重要手段之一。

每个人都是自己人生事业的规划者、设计师,同时也是耕耘者。作为一个现代人,不仅要有短期的打算、中期的计划、长期的规划,还须有终生的目标。特别是近年来,随着社会的发展,人们文化素质的提高,多数人都想施展自己的才能,成就一番事业,来体现自己的人生价值。然而,由于社会的快速变迁,竞争的不断加剧,一些不能体察时代变异和环境变迁的人,在这种多变时代往往手忙脚乱,不知所措,造成内心的惶恐与紧张不安,不知何去何从,其结果不仅事业无成,而且身心也受到严重的影响。因此,应及早做好职业生涯规划,认清自己,并在自己内在潜能上不断探索,觉察和发展,才能正确掌握人生方向,创造成功的人生。

有人会问"不搞职业生涯规划也能成功啊!你看那些科长、经理、处长们,也没有搞什么职业生涯规划,不是也当了嘛!"是的,不搞职业生涯规划,也可能获得事业成功。但是如果你搞了职业生涯规划,你的事业会取得更快的进展,取得更大的成就。

假如你要装修现在住着的房子,当你确定了装修房子的这个目标后,就会注意装修材料市场,收集装修资料,挑选装修队伍,制订装修方案,安排装修时段,等等。如果你没有装修房子这个目标,走在街上,就不会注意装修材料市场,也不会注意收集装修资料,甚至一本室内装饰的参考书摆在你的面前,你也不会认为它有用。这就是说,两个人在同一条街走过,一个有目标意识的人和一个没有目标意识的人,其收获大不相同。人生在世,要干成一番事业,就如同装修房子一样,只有树立明确的目标,才能向着目标努力,才能有意识地收集有关素材,创造有利条件,使你的事业尽快获得成功。

此外,职业生涯规划是满足人才需求、留住人才之手段。人才流失的原因主要有三个方面:一是报酬问题,待遇偏低,人才难留,这是人才流失的重要原因之一;二是才能发挥问题,一个人才在某一岗位上,如果才能得不到发挥,专长得不到利用,也不会安心工作,迟早也会跳槽;三是社会角色问题,对于一个人才而言,尽管待遇较高,才能也得到了发挥,但如果没有适当的职务,心理也不平衡。因此人们对能力的大小有一个认同理念,往往认为职称和职务的高低是一个人能力大小、贡献多少的体现。如果不能量其才,任其职,担任一定的角色,人才也难以留住。

获得报酬才能发挥、社会角色就好比一个三条腿的圆桌,如果这三条腿中的任一条腿出现问题,桌子都会倾斜,使人才流失,职业生涯规划是使这三条腿稳定而不出现问题的重要手段。

员工职业生涯规划的重要内容之一,是对个人进行分析。通过分析认识自己、了解自己、评估自己的能力,评价自己的智能;确认自己的性格,判断自己的情绪;找出自己的特点,明确自己的优势,衡量自己的差距。以此来开发自己、改变自己、塑造自己,跨越自己的障碍,成功地把握自己,使自己的才能得到充分发挥,所以职业生涯规划能解决"才能发挥"的稳定问题。

通过职业生涯规划,可选择适合自己发展的职业,确定符合自己兴趣与特长的生涯路线。正确设定自己的人生目标,运用科学的方法,采取有效的行动,化解人生发展中的危机与陷阱,使人生事业发展获得成功,担当起一定的社会角色,实现自己的人生理想。所以,职业生涯规划能解决"社会角色"的稳定问题。

当一个人的才能得到相应的发挥,并担任一定的社会角色时,他的地位及职务也得到了提高,其待遇和报酬也必然相应提高。例如,担任综合工长、生产经理、项目经理、项目书记、部门经理、工程师或高级工程师,等等。职位的提高,其待遇和报酬问题也就得到了解决。

综上所述,职业生涯规划是员工个人发展和企业留住人才的重要方法和手段之一。当然,员工的职业发展目标只有与组织的发展相一致、相吻合,才能发挥其作用,产生其效力。

三、职业生涯规划应遵循的原则

(1)清晰性原则

考虑目标措施是否清晰明确,实现目标的步骤是否直截了当。

(2)变动性原则

目标或措施是否有弹性或缓冲性,是否能依据环境的变化而调整。

(3)一致性原则

主要目标与分目标是否一致,目标与措施是否一致,个人目标与组织发展目标是否一致。

(4)挑战性原则

目标与措施是否具有挑战性,是否仅保持其原来状况。

(5)激励性原则

目标是否符合自己的性格、兴趣和特长,是否能对自己产生内在激励作用。

(6)合作性原则

个人的目标与他人的目标是否具有合作性与协调性。

(7)全程原则

拟定职业生涯规划时必须考虑到生涯发展的整个历程,做全程的考虑。

(8)具体原则

职业生涯规划各阶段的路线划分与安排,必须具体可行。

(9)实际原则

实现职业生涯目标的途径很多,在做规划时必须要考虑到自己的特质、社会环境、组织环境以及其他相关的因素,选择切实可行的途径。

(10)可评量原则

职业生涯规划的设计应有明确的时间限制或标准,进行评量、检查,使自己随时掌握执行状况,并为规划提供参考的依据。

职业生涯规划的期限一般划分为短期规划、中期规划和长期规划。

短期规划为三年以内的规划,主要是确定近期目标,规划近期完成的任务。

中期目标一般为3~5年,在近期目标的基础上设计中期目标。

长期目标其规划时间是5~10年,主要设定长远目标。

四、职业生涯规划应考虑的因素

从职业生涯发展的规律来看,每个人有不同的发展阶段与历程,职业生涯规划的重点也有所不同,不同的人在做其职业生涯规划时,所考虑的因素也有所不同。一般而言,在做职业生涯规划时至少考虑以下四个方面的因素:

1. 关于自我认识方面的因素

(1)个人的兴趣、爱好与特长;
(2)个人的性格与价值观;
(3)个人所选定的目标与需求;
(4)个人的情商;
(5)个人的优缺点;
(6)个人的学历与能力;
(7)个人的工作经验;
(8)个人的生涯情况。

2. 关于外围环境方面的因素

(1)组织的需求;
(2)家庭的期望;
(3)社会的需求;
(4)科技的进步;
(5)经济的发展;
(6)政策、法律的影响。

3. 关于个人目标选择方向的因素

(1)设定该目标的原因;
(2)欲达到该目标的途径;
(3)欲达到该目标所需的能力、训练及教育;
(4)达到该目标可能得到的助力;
(5)达到该目标可能遇到的阻力。

4. 落实生涯目标措施方面的因素

(1)教育、训练的安排;
(2)获得发展的安排;
(3)排除各种阻力的计划与措施;
(4)争取各种助力的计划与措施。

五、职业生涯规划的要素

俗话说"知己知彼,百战百胜",这句话点出了职业生涯规划的要素。所谓"知己"就是自我认识与自我了解。"知彼"就是熟悉周围的环境,特别是与生涯发展有关的工作环境。知己知彼相互关联,若确定的个人生涯目标符合现实,而不是一厢情愿;若对从事的职业极感兴趣,而不是被动地去干;若从事的工作能发挥专长,利用了个人的强项;若对工作的环境适应,而不是感到处处困难,难以生存。这就说明你的生涯规划不仅做到了"知己""知彼",而且还作出正确的"抉择"。所以"知己""知彼"与"抉择"就是职业生涯规划的三要素(图 4-1),即:生涯规划 = 知己 + 知彼 + 抉择。

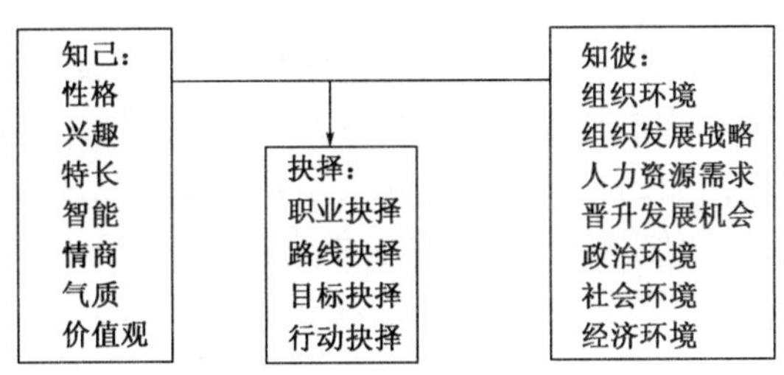

图 4-1　职业生涯规划要素关系示意图

六、职业生涯规划的基本步骤

职业生涯规划是一个周而复始的连续过程,其过程包括确定志向、自我评估、职业生涯机会评估、确定目标、制订行动计划与措施、评估与回馈六个基本步骤。

1. 确定志向

志向是事业成功的基本前提。没有志向,事业的成功也就无从谈起,俗话说"志不定,天下无可成之事"。立志是人生的起跑点,反映着一个人的理想、胸怀、情趣和价值观,影响着一个人的奋斗目标及成就的大小。所以,在制定职业生涯规划时,首先要确立志向,这是制定职业生涯规划的关键,也是你的职业生涯规划最重要的一点。

2. 自我评估

自我评估的目的是认识自己,了解自己。因为只有认识了自己,才能对自己的职业作出正确的选择。所以,自我评估是生涯规划的首要步骤之一。一般来说,自我评估内容包括自己的兴趣、特长、性格、学识、技能、智商以及组织管理、协调、活动能力等。

3. 职业生涯机会评估

职业生涯机会评估主要是评估各种环境对自己职业生涯发展的影响,每一个人都处在一定的环境之中,离开了这个环境,便无法生存与成长。所以,在制定个人的职业生涯规划时,要分析环境条件的特点,环境的发展变化情况,自己与环境的关系,自己在这个环境中的地位、环境对自己提出的要求,以及环境对自己有利条件与不利条件等。只有对这些环境因素充分了解,才能做到在复杂的环境中避害趋利,使你的职业生涯规划具有实际意义。如组织环境因素评估包括组织发展战略、人力资源需求、晋升发展机会,等等。

4. 确定目标

职业生涯目标的设定是职业生涯规划的核心。一个人事业的成败,很大程度上取决于有无正确适当的目标。没有目标如同大海的孤舟,四野茫茫;没有方向,不知道自己应走向何方。只有树立了目标,才能明确奋斗的方向,犹如海洋中的灯塔,引导你避开险礁暗石,走向成功。目标的设定是在继生涯路线选择后,对人生目标做出抉择。其抉择是以自己的最佳才能、最优性格、最大兴趣、最有利的环境等信息为依据,通常目标分短期、中期、长期和人生目标。

5. 制订行动计划与措施

在确定了职业生涯目标后,行动变成了关键的环节。没有达成目标的行动,就不能达成目标,也就谈不上事业的成功。这里所指的行动是指落实目标的具体措施,主要包括工作、训练、教育、轮岗等方面的措施。例如,为达成目标,在工作方面,你计划采取什么措施提高你的工作效率;在业务素质方面,你计划如何提高你的业务能力;在潜能开发方面,采取什么措施开发你的潜能,等等。这些目标的实现都要有具体的计划与明确的措施,并且这些计划要特别具体,以便于定时检查。

6. 评估与回馈

俗话说"计划赶不上变化",影响职业生涯规划的因素很多,有的变化因素是可以预测的,而有的变化因素则难以预测。在此状况下,要使职业生涯规划行之有效,就需不断地对职业生涯规划进行评估与修订。其修订的内容包括:职业的重新选择、生涯路线的选择、人生目标的修正、实施措施与计划的变更,等等。

职业生涯规划的流程如图4-2所示。

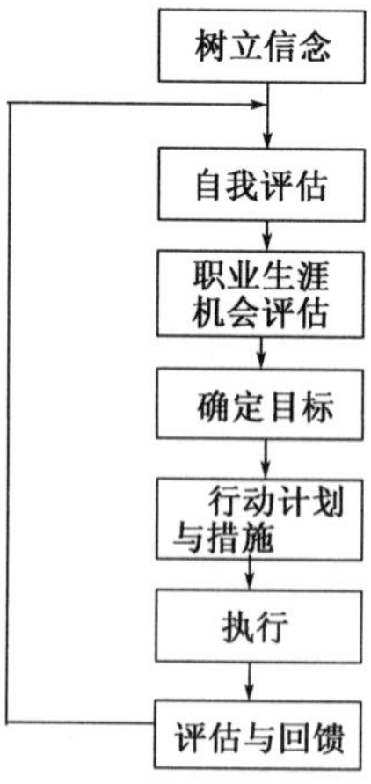

树立信念
自我评估
职业生涯机会评估
确定目标
行动计划与措施
执行
评估与回馈

图4-2 职业生涯规划的流程

七、职业生涯设计

1. 个人因素分析

个人因素分析也就是"知己"的过程,实质上就是自我认识的过程。自我认识是职业生涯规划的基础,是关系到职业生涯发展的成功与否,人人都有梦想,都有希望,重要的是在规划或希望之前应先自我认识与了解,才不致使梦想成为幻想,因此,要有充分的自我认识,特别是认识内在深层的自我部分,除了职能、兴趣、性格外,还要充分了解人格特质,即个人的优点、缺点和特点。唯有如此,才能确切地掌握自我,超越自我,促进自我成长。只有充分的认识自我后,才能为自己定位,确定目标,走出自己的路来。

然而,世界上最难认识的是自我。由于自己的眼睛总是忙于向外看,看自然界、看他人、看社会,看得眼花缭乱,很少有闲暇来看自己。即使有时间看看自身,也只是扫视一下自己的外表,很少有空来反观自我的内心世界。人有时借助于镜子来观察一下自我的外表,但这种“物镜”对于认识自我有很大的局限性,只能看到自我的正面。人可以借助于“心镜”来反思自我,但“心镜” 上总难免蒙有来自内在和外在的自然飘逸来的尘埃。所以,自我认识不是一件容易的事。

自我认识是对自我性格、行为、情感、价值、社会角色等与自我有关的一切因素的认识,包括生理自我、心理自我、理性自我、社会自我几个部分。在生理自我部分,自我认识主要包括自己的相貌、身体、穿着打扮等方面。在心理自我部分,自我认识主要包括对自我的性格、兴趣、气质、意志、能力等方面的优缺点的评判与评估。在理性自我部分,自我认识主要包括对自我的思维方式和方法、道德水平、情绪情商等因素的评价。在社会自我部分,自我认识主要包括对自己在社会上扮演的角色,在社会中的责任、权利、义务、名誉,他人对自己的态度以及自己对他人的态度等方面的评价。

那么,如何对以上四个部分进行自我认识呢?其方法很多,如橱窗分析法、自我测试法、计算机测试法,等等。这里仅对“橱窗分析法”作一个简单的介绍。

我们知道,认识自我,了解自我是非常不易之事,所以有做事难、做人难,了解自己就更难的说法。

心理学家们就曾对个人的了解比作橱窗一样,可大可小。为便于理解,我们把橱窗放在直角坐标中加以分析。坐标的横轴正向表示别人知道,坐标横轴负向表示别人不知道;纵轴正向表示自己知道,坐标横轴负向表示自己不知道。坐标橱窗如图 4-3 所示。

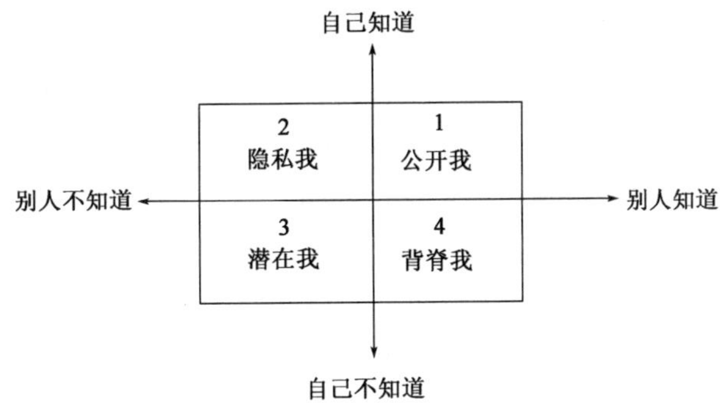

图 4-3　坐标橱窗示意图

橱窗 1 为自己知道,别人也知道的部分,称为“公开我”,属于个人展现在外,无所隐藏的部分;橱窗 2 为自己知道,别人不知道的部分,称为“隐私我”,属于个人内在的私有秘密的部分;橱窗 3 为自己不知道,别人也不知道的部分,称为“潜在我”,是有待开发的部分;橱窗 4 为自己不知道,别人知道的部分,称为“背脊我”,就如一个人的背部,自己看不到,别人却看得很清楚。

通过四个橱窗分析可知,须加强自我了解的是橱窗3和橱窗4。

橱窗3是“潜在我”。每个人都有巨大的潜能,著名心理学家奥托指出,一个人一生所发挥出来的能力,只是他全部能力的4%,也就是说一个人96%的能力还未开发。由此可见,认识了解“潜在我”是自我认识的重点之一。

橱窗4是“背脊我”。如果自己诚恳、真心实意地征询他人的意见和看法,就不难了解“背脊我”。要做到这一点,需要开阔的胸怀,确实能够正确对待,有则改之,无则加勉。否则,别人不会说实话。

2. 环境因素分析

所谓环境因素分析,就是“知彼”,也就是对他人的了解,对组织环境的了解,对社会环境的了解,对经济环境的了解。这些因素对职业生涯的发展都有直接影响,故要作深入的研究与分析。

(1)对他人的了解。人的工作是一个群体性的组织活动,不管你所工作的单位与部门的大与小,都由不同数量、不同年龄、不同专业、不同能级、不同性格的人所组成。你的发展与他人或多或少发生关系。因此,在你制定职业生涯规划时,须了解他人的情况,通常要了解的情况包括以下方面:他人的学历如何,他人的工作业绩如何,他人的年龄层次如何,他人的专业技术职称如何,他人的性格如何,他人的情商如何,他人的竞争实力如何,他人的发展趋向如何,等等。只有全面了解他人的情况后,才能确定自己的优势与强项,才能准确把握自己的奋斗目标与方向。

(2)对组织环境的了解,它主要包括以下五个方面:

①组织特点。包括组织文化、组织规模、组织气氛、组织阶层、组织结构、人员流动等。

②经营战略。包括组织的发展战略、战略措施、竞争实力以及发展态势等。诸如组织是处于发展期,还是处于稳定期,还是处于衰退期,其发展态势不同,人的生涯发展速度也就不同。

③人力评估。包括人力需求的预测、人力规划、人力供需、升迁政策、培训方法等。

④工作分析。如工作基本能力的需求,工作绩效评估等。

⑤人力资源管理。包括人事管理方案、薪资报酬、福利措施、员工关系、发展政策等。

(3)对社会环境的了解,人是社会的一员,无论从事何种工作,其发展均应适应社会环境的变迁。适者生存,自然界如此,人也不例外。社会因素主要包括以下四个方面。

①社会政策。国家的政策对人的成长与发展影响极大。如政策规定破格重用提拔年轻干部,就为年轻人开辟了升迁的渠道,使职业生涯的成功期提前。

②社会变迁。如手工业社会的没落,工业化、自动化、信息化社会的演进等,都对人的职业生涯发展产生较大的影响。

③社会价值观。随着社会的进步,人们生活水平的提高,人的价值观都在不同程度地发生变化。人的需求层次也在不断地提高,由过去的生存、安全的需求上升为人的尊重及自我实现的需求。这些价值观念的变化,对人的职业生涯发展无疑产生直接的影响。

④科学技术的发展。如技能的补充、理论的更新、观念的转变、思维的变革等,这些因素在人的职业生涯规划中是不可忽视的。

(4)对经济环境的了解。经济环境对人的生涯发展也产生影响。如经济增长率、经济建设的速度,等等。当经济振兴时,百业待举,新的行业不断出现,新的组织不断产生,机构增加,编制扩容,为职业的选择及晋升创造了条件。

3. 职业选择

职业选择是人生事业发展的起点,选择正确与否,直接关系人生事业的成功与失败。在认识了自己、了解了内外环境后,接下来就是选择职业的问题了。那么哪些因素与职业有关呢?一般对个体因素来说,性格、兴趣、能力是最主要因素,因为无论从事什么工作都与这三项因素有关。

4. 职业生涯路线的选择

所谓职业生涯路线是指当一个人选定职业后,是向专业技术方向发展,还是向项目管理方向发展,还是向企业管理方向发展。由于发展方向不同,对其要求也不相同。因此,当你的职业确定后,便可规划你的职业生涯路线,是走企业管理路线,还是走专业技术路线,还是先走专业技术路线,再转项目管理路线,这些在规划中须做出抉择。

在抉择过程中,要询问自己三个问题:一是我想往哪一路线发展;二是我适合往哪一路线发展;三是我可以往哪一路线发展。

回答上述三个问题是对"知己""知彼"有关情况的综合分析并加以运用的一个过程。第一个问题是通过对自己的兴趣、价值、理想、成就动机的分析,确定自己的目标取向;第二个问题是通过对自己的性格、特长、经历、学历的分析,确定自己的能力取向;第三个问题是通过对自己身处的组织环境、社会环境、经济环境、政治环境的分析,确定自己的社会取向。三个取向确定后,进行综合分析,确定自己的职业生涯路线。其分析过程如图 4-4 所示。

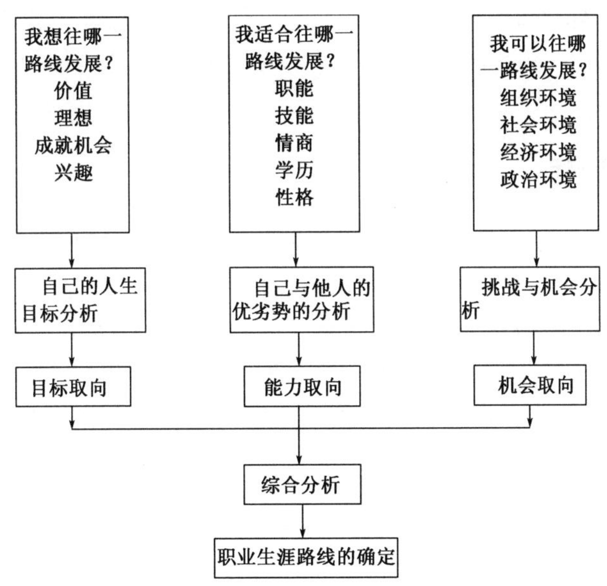

图 4-4　职业生涯路线分析过程示意图

5. 职业生涯目标的选择

在确定了自己职业和生涯路线后,就是目标的抉择问题了。所谓目标抉择就是明确自己想成为一个什么样的人,在行政管理职务上达到哪一级(层面),担任什么角色,在专业技术职务成为哪一领域、哪一职级的专家。所以目标是职业生涯发展的方向,是人生事业能否成功的先决条件。

一个人要获得事业的成功,须按照人生成功的规律来制定行动的目标和规划。一般来说,一个未来的成功者,必定是一个目标意识很强的人。所谓"目标意识"就是头脑中始终有清楚的目的,就像是准确控制的导弹一样,一直"咬"着目标不放,直到击中目标为止。当这个目标实现以后,他(她)又会盯住另一个目标,直到事业的成功。当然,在有目标的人中也有没有成功的。不过他们都另有原因,有的由于目标失当;有的是行动不够,半途而废;有的是由于失误或遇到职业变迁,等等。因此,有了目标未必一定成功,但若想获得理想的成功必须要有明确的目标。目标抉择的基本步骤一般来说有六步。

第一步:自我分析,认识自我,了解自我,找出自己的特点;

第二步:对内外环境进行分析,确定自己在内外环境中的位置;

第三步:根据第一、二步分析结果,确定职业岗位;

第四步:选择自己的生涯路线,决定向着哪一方面发展;

第五步:确定事业目标,把目标具体详细地写出来;

第六步:制定行动计划。按照目标的要求,制定出详细的行动计划与措施。行动计划包括十年计划、五年计划、三年计划、明年计划、半年计划、下月计划、下周计划,等等。

确定目标的基本参数,要根据主客观条件和实现的可能性来加以设计。一般来说,目标应符合社会与组织需求,有需求,才有位置;目标要适合自身的特点,要高低适度,长短结合;同一时期目标不宜过多;目标要求明确具体,没有余地。你要明白,目标一经确定,你的生命掌握在你自己的手中。计划好你的职业生涯,规划好你的职业发展,这是你的义务、你的责任、你的权利。

八、职业生涯管理

职业生涯管理是指组织和员工个人对职业生涯进行设计、规划、执行、评估和反馈的一个综合性的过程。通过员工和组织的共同努力与合作,使每位员工的生涯目标与组织发展目标一致,使员工的发展与组织的发展相吻合。因此,职业生涯管理包括两个方面:一是员工的职业生涯自我管理,员工是自己的主人,自我管理是职业生涯成功的关键;二是组织协助员工规划其职业生涯发展,并为员工提供必要的教育、培训、轮岗等发展的机会,促进员工目标的实现。

人是无价的资源,是组织中最宝贵的资产,通过员工的职业生涯发展和组织的职业生涯管理活动,使员工发挥其潜能,实现组织的战略目标。在职业生涯管理中,最重要的特征是员工和组织是伙伴关系,彼此有如一体之两面,车之两轮,鸟之两翼,相辅相成,方能相应生辉。通过组织与员工彼此之间的合作、鼓励和支持,自然能营造出信任、和谐、安全、诚恳、沟通的环境。最终实现员工和个人不断成长,组织不断发展的目的。

职业生涯管理发展过程如图 4-5 所示。

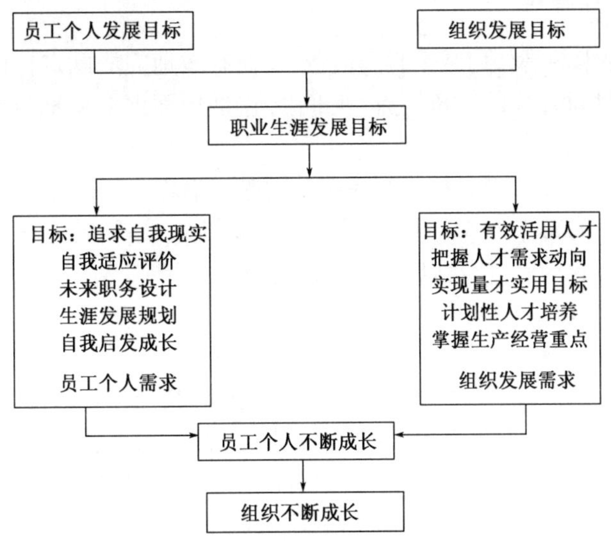

图 4-5　职业生涯管理发展过程图

单元 4.2　高效时间管理

一、时间的概念

世界在进步,但一天还是只有 24 小时。最成功的人和最不成功的人一样,一天都只有 24 小时,但区别就在于他们如何利用所拥有的 24 小时。“时间就是效率”“时间就是金钱”“时间就是生命”“一寸光阴一寸金,寸金难买寸光阴”,诸如此类的描述每个人都可以脱口而出,那么时间究竟是什么呢?

哲学家这样定义:“时间是物质运动的顺序性和持续性,其特点是一维性,是一种特殊的资源。”

要想能够真正地了解时间并且管理“时间”,有必要对时间的本质有深刻的认识。首先要了解时间的四项独特性:

(1)供给毫无弹性。时间的供给量是固定不变的,在任何情况下不会增加,也不会减少,每天都是 24 小时,所以无法开源。

(2)无法蓄积。时间不像人力、财力、物力和技术那样被积蓄储藏。不论愿不愿意,人们都必须消费时间,所以无法节流。

(3)无法取代。任何一项活动都有赖于时间的堆砌,这就是说,时间是任何活动所不可缺少的基本资源。因此,时间是无法取代的。

(4)无法失而复得。时间无法像遗失物一样遗而复得。它一旦丧失,则会永远丧失。花费了金钱,尚可赚回,但挥霍了时间,任何人都无力挽回。

二、时间管理的概念

“时间管理”所探索的是如何减少时间浪费,以便有效地完成既定目标。由于时间所具备的四个独特性,所以时间管理的对象不是“时间”,它是指面向时间而进行的“自管理者的管理”。

所谓“时间的浪费”,是指对目标作毫无贡献的时间消耗。所谓“自管理者的管理”——你必须抛弃陋习,引进新的工作方式和生活习惯,包括要订立目标、妥善计划、分配时间、权衡轻重和权力下放,加上自我约束、持之以恒,才可提高效率,事半功倍。大凡能够在事业上做出卓越成绩的人都是时间管理的专家。

实际上,时间管理的核心是人的自我管理,人们研究它是为了最大限度地利用自己宝贵的时间资源。一个人能否有效地管理时间,不仅仅是方法和技巧是否掌握的问题,还与这个人对时间价值的认识、自身素养(包括文化素养、知识素养、智力水平、性格等)以及对工作和休闲的看法有关。新一代时间管理理论,尤其强调目标和方向,这实质上是将时间管理放在人生这一宏阔的背景下,使之与个人的人生观、价值观联系起来,与个人的发展联系起来。这是时间管理的深层内涵,也是其终极价值所在。

案例

格里在威格利南方联营公司当了20多年的总经理,该公司是美国最成功的超级市场之一,他获得了许多荣誉。第一,他的工作历程记录几乎为所有的总经理所羡慕,这个记录中包括连年不断的销售纪录和利润纪录。第二,他毫不松懈地连续应用计划、组织、授权、激励、评价和控制等项目基本原则,显示了他专业管理的精神。第三,他献身时间管理原则的事迹已经得到大量文章的赞扬。在格里看来,正确管理的基础是良好的时间管理。

由于时间所具有的独特性,时间在各种资源中又往往容易被人们忽略。每天都有24小时,每小时由60分钟组成,每分钟由60秒组成,总计就是8.64万秒。拥有这样的一笔财富,怎么可以视而不见?又怎么可以随意处之?这个问题恐怕需要人们花点时间来考虑。有人曾粗略地统计过一个活到72岁的美国人是如何消费时间的:睡觉21年,工作14年,个人卫生7年,吃饭6年,旅行6年,排队6年,学习4年,开会3年,打电话2年,找东西1年,其他3年。

看了上面的这一组数据,您有何感受?“时间管理”一直是个重要的问题,但从来没像今天这么重要过,其原因有:一是寻求事业、家庭与社会生活平衡的需要;二是信息爆炸;三是竞争的压力;四是客户对品质的要求。因此,要成为一个高效的时间管理者和职业人,减少时间浪费的现象,确非易事。那么,问题究竟在哪里呢?当然,是我们在时间管理上存在误区。

三、时间管理误区

探索克服时间浪费的途径便是“培养克服时间管理误区的技能”。所谓时间管理的误区,是指导致时间浪费的各种因素。以下列出时间管理的五个误区。

1. 误区一：工作缺乏计划

案例

查尔斯·史瓦在半世纪前担任伯利恒钢铁公司总裁期间，曾经向管理顾问李爱菲提出这样一个不寻常的挑战："请告诉我如何能在办公时间内做妥更多的事，我将支付给你任意的顾问费。"李爱菲于是递了一张纸给他，并向他说"写下你明天必须做的最重要的各项工作，先从最重要的那一项工作做起，并持续地做下去，直到完成该项工作为止。重新检查你的办事次序，然后着手进行第二项重要的工作。倘若任何一项着手进行的工作花掉你整天的时间，也不用担心，只要手中的工作是最重要的，则坚持做下去。假如按这种方法你无法完成全部的重要工作，那么即使运用任何其他方法，你也同样无法完成它们，而且倘若不借助某一件事的优先次序，你可能甚至连哪一种工作最为重要都不清楚。将上述的一切变成你每一个工作日里的习惯。当这个建议对你生效时，把它提供给你的部属采用"。数星期后，史瓦寄了一张面额25000美元的支票给李爱菲，并附言她确实已为他上了十分珍贵的一课，伯利恒钢铁公司后来之所以能够跃升为世界最大的独立钢铁制造者，据说可能是由于李爱菲的那数句箴言。

尽管计划的拟定能给员工带来诸多的好处，但有的员工从来不做计划或是不重视做计划，原因不外乎如下几条：因过分强调"知难行易"而认为没有必要在行动之前多做思考；不做计划也能获得实效；不了解做计划的好处；计划与事实之间极难趋于一致，故对计划丧失信心；不知如何做计划。

要走上职业化的道路，成为一个强调实效性的职业人士，不应把以上原因当作工作中的借口。

(1)固然有些事情是易行而难料的，但若过分地强调这一点，则有可能养成一种"做了再说"或"船到桥头自然直！"的侥幸心理。

(2)不做计划的人只是消极地应付工作，他将处于受摆布的地位；做计划的人则是有意识地支配工作，处于主动地位，并提高工作效率。

(3)由于目标中拟定假设的客观环境发生变动，计划与事实常常难以趋于一致，所以必须定期检查目标与计划，做出必要的修正，寻找最佳途径。但如果是处于无计划的引导，则一切行动将杂乱无章，最终走进死胡同。

综上所述，由于工作缺乏计划，将导致如下恶果：目标不明确；没有进行工作归类的习惯；缺乏做事轻重缓急的顺序；没有时间分配的原则。

2. 误区二：组织工作不当

组织工作不当的主要体现在以下几个方面：职责权限不清，工作内容重复；"事必躬亲，亲力而为"；沟通不良；工作时断时续。

(1)首先，学会如何接受请托。

对于每一个人来说，所面临的请托可能来自部属、上司、其他同级管理者，或是组织以外的人士。在很多请托中，有一类是职务所系而责无旁贷的；另一类虽然也是职务所系，但请托本身却是不合时宜或是不合情理的；尚有一类请托则属无义务予以履行的请托，经常引起人们困扰的是后两类请托。

如果为了想做广受爱戴的好人而有求必应,则各色各类的请托将四面八方地源源涌来。一旦自己办不妥委托的事项,则不仅所企求的爱戴将化为乌有,而且自己将丧失请托者尊敬。"明智地接受请托"的重要性在于:第一,"拒绝"是一种"量力"的表现。有的请托若由他人承受可能比你承受更为恰当,你不妨对请托者提出适时的建议。第二,"拒绝"是保障自己行事优先次序的最有效手段。倘若因勉强接受他人的请托而扰乱自己的步伐,是不合理的、不明智的。

所以在接受请托之前不妨先问问自己:这种请托是属于我的职责范围内吗?对实现我的目标有帮助吗?如果接受它,将付出什么代价?如果不接受它,则需承担什么后果?经过这一番"成本——效益分析"之后,你就可以决定取舍了。

(2)其次,学会利用资源。

对于基层人员而言,要善于利用资源,学会从相关的部门或人员手中获取所需的资料,这样,既节约了时间,又保证了信息的正确性。比如你想了解本月度部门考勤信息,不妨去问问部门秘书;想了解公司的考勤信息,不妨去问问公司的考勤管理员,等等。其实每个人的精力都是有限的,尤其是管理者应当学会授权,将主要的精力和时间放在更重要的事情上。

3. 误区三:时间控制不够

人们通常在时间控制上容易陷入下面的陷阱,应尽量避免。

(1)习惯拖延时间。

(2)不擅于处理不速之客的打扰。

(3)不擅于处理无端电话的打扰。

(4)泛滥的"会议病"困扰。不少员工曾经指出,会议竟占去他们日常工作的时间的四分之一,甚至三分之一!然而更令他们感慨的是,在这么多的会议时间之中,几乎有一半是徒劳无功的浪费!

小测验

拖延商数测验

请据实选择以下每一个陈述最切合你的答案:

(1)为了避免对棘手的难题采取行动,我于是寻找理由和借口。

(2)为使困难的工作能被执行,对执行者下压力是必要的。

(3)我经常采取折中办法以避免或延缓困难的工作。

(4)我遭遇了太多足以妨碍我完成重大任务的干扰与危机。

(5)当被迫从事一项不愉快的决策时,我避免直截了当的答复。

(6)我对重要的行动计划的追踪工作一般不予理会。

(7)试图令他人为管理者执行不愉快的工作。

(8)我经常将重要工作安排在下午处理,或者带回家里,以便在夜晚或周末处理它。

(9)我在过分疲劳(或过分紧张、或过分泄气、或太受抑制)时,以致无法处理所面对的困难任务。

(10)在着手处理一件艰难的任务之前,我喜欢清除桌上的每一个物件。

评分标准:上面10个题目的备选答案都是:A.非常同意;B.略表同意;C.略表不同意;D.极不同意。每一个“非常同意”评4分,“略表同意”评3分,“略表不同意”评2分,“极不同意”评1分。总分小于20分,表示你不是拖延者,你也许偶尔有拖延的习惯;总分在21至30分之间,表示你有拖延的毛病,但不太严重;总分大于30分,表示你或许已患上严重的拖延毛病。

4.误区四:整理整顿不足

办公桌的杂乱无章与办公桌的大小无关,因为杂乱是人为的。“杂乱的办公桌显示杂乱的心思”是有道理的。让一个不富条理的人使用一个小型的办公桌,这个办公桌会变得杂乱无章,即使给他换一个大型的办公桌,不出几日,这个办公桌又会遭遇同样的命运。套用“帕金森定律”——“工作将被扩展,以便填满可供完成工作的时间”,也可以导出“文件堆积定律”——“文件的堆积将被扩展,以便填满可供堆积的空间。”

当你的上司向你索取一份技术资料,你是否能在第一时间从容不迫地递给他?当你需要一份信息时,是否满文件夹地翻个底朝天?下面是一份“文件处置测验”,看看你的文件处置系统是否完善。

小测验

文件处置测验

请快速地解答以下十二个问题。如果你无法立刻对某些题目提供确切的答案,则请在题目前打问号“?”。

①订购文具后所取得的账单。

②收到一本管理杂志,其中可能具有值得阅读的文章,但目前你无暇阅读。

③来自上司的会议通知(下周一举行会议)。

④某大学企管系学生寄来的问卷。

⑤部属交来的(或是你个人的)一份用于准备下一个月业务报告的有关资料。

⑥一封需要尽快回复的信,但你必须先打数次电话才能回复。

⑦一位你经常接触的人告知新地址及新电话号码、新E-mail。

⑧组织内其他平行部门的来函,要求取得你部门的市场(或其他)调查报告。

⑨某管理顾问公司中寄来的出版物宣传单,你认为其中一两本书也许值得订购,但你无法确定是否真正值得订购。

⑩客户寄来的一封投诉信。

⑪人事部门发出的有关员工考核程序的函件。

⑫提醒自己明年及早准备财务预算的备忘录。

假如你在以上十二个问题的前面写上了两个或两个以上的"?",则表示你仍欠缺一套完整的文件处置系统。你最好尽快设计这样的一套系统(包括你的纸面文件夹和计算机文件夹)!

5.误区五:进取意识不强

人们经常说道:"人最大的敌人就是自己"。有些人之所以能够让时间白白流逝而毫无悔痛之意,最根本的原因就是他个人缺乏进取意识,缺乏对工作和生活的责任感和认真态度。主要表现在以下几个方面:个人的消极态度;做事拖拉,找借口不干工作;唏嘘不已,做白日梦;工作中闲聊。

如果一直处于迟钝的时间感觉中,换句话说,当你觉得时间可有可无,不愿面对工作中的具体事务,沉溺于"天上随时掉下大馅饼"的美梦,那就需要好好反省自己了,因为你随时在丧失宝贵的机会,随时可能被社会所淘汰!

记住:昨天是一张已被注销的支票,明天是一张尚未到期的本票,今天则是随时可运用的现金。请善用它!

四、时间管理的基本原则

1.明确目标

(1)目标激励我们奋勇向上

在人生的旅途上,没有目标就好像走在黑漆漆的路上,不知往何处去。虽说目标能够激励人们奋勇向上,但是,对许多人来说,拟定目标实在不是一件容易的事,原因是人们每天单是忙日常工作就已透不过气,还哪来时间好好想想自己的将来。但这正是问题的症结,就是因为没有目标,每天才被弄得没头没脑、蓬头垢面,这只是一个恶性循环罢了!

另外有些人没有目标,则是因为他们不敢接受改变,与其说安于现状,不如坦白一点,那便是没有勇气面对新环境可能带来的挫折与挑战,这些人最终只会是一事无成!

事实上,随波逐流,缺乏目标的人,远没有淋漓尽致发挥自己的潜能。因此,一定要做一个目标明确的人,生活才有意义。然而不幸的是,多数人对自己的愿望,仅有一点模糊的概念,而只有少数人会贯彻这模糊的概念。许多人在公司工作五年,却没有五年的工作经验,只能说有五年一次的工作经验。

小故事

邓尼斯设定目标的故事

在1974年,美国著名证券经纪人邓尼斯是一个已工作六年的证券经纪人,以社会标准来看,他是美国中产阶级分子的典范,他拥有美满的婚姻、三个聪明伶俐的孩子、一栋房子、两部车,但是他患了溃疡。证券经纪商的收入虽然不错,却与他的性格格格不入,他希望活得更扎实些。"只有自己与上帝才能支配我的命运"警醒了他。于是,他开始设立自己的目标,他从小就爱好业余无线电,于是他决定创业,成立邓特隆无线电公司,生产并销售"火腿"(是指业余无线电爱好者)的设备。

1974 年 4 月,邓尼斯辞去工作,卖掉车子当资金,以信用卡借款,开始在他的地下室生产业余无线电设备,邓特隆公司诞生了。他的许多朋友与亲戚都以忧伤和惊慌的眼光看着他,断定他发疯了。1974 年 8 月 24 日,邓特隆无线电公司成交了第一笔生意。1975 年 4 月,公司搬到了俄亥俄州崔斯堡的厂房中,到 1975 年底,邓特隆的营业额超过了 100 万美元,邓尼斯到退休时家产已达数亿美元。

案例

许多年前,某报做过"300 条鲸鱼突然死亡"的报道。这些鲸鱼在追逐沙丁鱼时,被困在一个海湾里。报道上说:"这些小鱼把海上巨人引向死亡。鲸鱼因为追逐小利而暴死,为了微不足道的目标而空耗了巨大力量。"

美国作家福斯迪克说得好:"蒸汽或瓦斯只是在压缩状态下,才能产生动力;尼亚拉加瀑布也要在巨流之后才能转化成电力。而生命唯有在专心一意、勤奋不懈时,才可获得成长。"

(2)如何制定目标

一个目标应该具备以下五个特征才可以说是完整的:具体的(Specific)、可衡量的(Measurable)、可达到的(Attainable)、相关的(Relevant)、基于时间的(Time-based)。

①具体的 。有人说:"我将来要做一个伟大的人"。这就是一个不具体的目标。目标一定是具体的,比如你想把英文学好,那么你就订一个目标:每天一定要背十个单词、一篇文章。

案例

有人曾经做过一个试验,他把人分成两组,让他们去跳高。两组人的个子差不多,先是一起跳过了 1 米。他对第一组说:"你们能够跳过 1.2 米。"他对第二组说:"你们能够跳得更高。"经过练习后,让他们分别去跳,由于第一组有具体的目标,结果第一组每个人都跳过 1.2 米,而第二组的人因为没有具体目标,所以他们中大多数人只跳过了 1 米,少数人跳过了 1.2 米。这就是有具体目标和没有具体目标的差别所在。

②可衡量的。任何一个目标都应有可以用来衡量目标完成情况的标准,你的目标越明确,就能提供给你越多的指引。比如你要盖一栋房子,先要在心里有个底,房子要多大,是几层楼,需要多少卧室,要砌木质的还是钢筋水泥的,要多少平方米,坐落地点,你的预算。有了这些明确的标准,你才有可能顺利地盖好你的房子。

③可达到的。不能达到的目标只能说是幻想、白日做梦,太轻易达到的目标又没有挑战性。

案例

多年前在美国进行了一项成就动机的试验。15个人被邀请参加一项套圈的游戏,在房间的一边钉上一根木棒,给每个人几个绳圈套到木棒上,距离木棒的距离可以自己选择。站得太近的人很容易就把绳圈套在木棒上,因此很快觉得无趣了;有的人站得太远,老是套不进去,于是很快就泄气了;但有少数人站的距离恰到好处,不但使游戏具有挑战性,而且他们也还有成就感。实验者解释这些人有高度的成就动机,他们通常不断地设定具挑战性但做得到的目标。

④相关的。目标的制定应考虑和自己的生活、工作有一定的相关性,比如一个公司的职员,整天考虑的不是怎样才能做好工作,却一心做着明星梦,又不肯努力奋斗,在一天一天消耗中丧失学习、工作的能力,不思进取,不努力提高工作业务能力,最终被公司抛弃、被社会遗弃。

⑤基于时间的。任何一个目标的设定都应考虑时间的限定,比如你说:“我一定要拿到律师证书。”目标很明确,只是不知是在一年内完成,还是十年后才完成。

2. 有计划、有组织地进行工作

所谓有计划、有组织地进行工作,就是把目标正确地分解成工作计划,通过采取适当的步骤和方法,最终达成有效的结果。通常会体现在以下五个方面:

(1)将有联系的工作进行分类整理。

(2)将整理好各类事务按流程或轻重缓急加以排列。

(3)按排列顺序进行处理。

(4)为制定上述方案需要安排一个考虑的时间。

(5)由于工作能够有计划地进行,自然也就能够看到这些工作应按什么次序进行,哪些是可以同时进行的工作。

有了计划,就必须有行动。行动是一件了不起的事。切实实行你的计划和创意,以便发挥它的价值,不管主意有多好,除非真正身体力行,否则永远没有收获。实行时心理要平静,充分估计困难、做好准备、及时调整。

案例

美国学者格林演讲时,时常对观众开玩笑地说,美国最大的快递公司——联邦快递,其实是他发明的。他不说假话,他的确有过这个主意,但是我们相信世界上至少还有一万个和他一样的创业家,也想到同样的主意。20世纪60年代格林刚刚起步,在全美为公司间做撮合工作,每天都生活在赶截止日期、并在限时内将文件从美国的一端送到另外一端的时间缝隙中。当时格林曾经想到,如果有人能够开办一个能够将重要文件在24小时之内送到任何目的地的服务,该有多好!这个想法在他脑海中驻留了好几年……一直到有一个名叫弗列德·史密斯的人真的把这主意转换为实际行动。

这个故事的教训是:成功地将一个好主意付诸实践,比在家空想出一千个好主意要有价值得多。

3.分清工作的轻重缓急

请看下面的行事次序,看看你自己平时喜好用哪种做事方式。

(1)先做喜欢做的事,然后再做不喜欢做的事。

(2)先做熟悉的事,然后再做不熟悉的事。

(3)先做容易的做,然后再做难做的事。

(4)先做只需花费少量时间即可做好的事,然后再做需要花费大量时间才能做好的事。

(5)先处理资料齐全的事,然后再处理资料不全的事。

(6)先做已排定时间的事,然后再做未排定时间的事。

(7)先做经过筹划的事,然后再做未经筹划的事。

(8)先做别人的事,然后再做自己的事。

(9)先做紧迫的事,然后再做不紧要的事。

(10)先做有趣的事,再做枯燥的事。

(11)先做易于完成的整件事或易于告一段落的事,然后再做难以完成的整件事或难以告一段落的事。

(12)先做自己所尊敬的人或与自己关系密切的利害关系的人所拜托的事,然后再做其他人所拜托的事。

(13)先做已发生的事,后做未发生的事。

以上的各种行事准则,从一定程度上说大致都不符合有效的时间管理要求。既然是以目标的实现为导向,那么在一系列以实现目标为依据的待办事项中,应明确到底哪些应该先着手处理,哪些可以拖后处理,哪些甚至不予处理。一般认为是按照事情的紧急程度来判断。假如越是紧迫的事,其重要性越高;越不紧迫的事,其重要性越低。则依循上面的判断规则行事。可是在多数情况下,越是重要的事偏偏不紧迫。例如,参加管理技能培训、向上级提出改进营运方式的建议、培养接班人,等等。如果按事情的"缓急程度"办事,不但使重要事情的履行遥遥无期,而且经常使自己处于危机或紧急状态之下,最大的恶果就是原本重要不紧急的事必然会转化为重要又紧急的事。

因此,处理事情优先次序的判断依据是事情的"重要程度"。所谓"重要程度",是指对实现目标的贡献大小。请注意:虽然有以上理由,也不应全面否定按事情"缓急程度"办事的习惯,只是需要强调的是,在考虑行事的先后顺序时,应先考虑事情的"轻重",再考虑事情的"缓急",也就是通常采用的"第二象限组织法"(图4-6)。

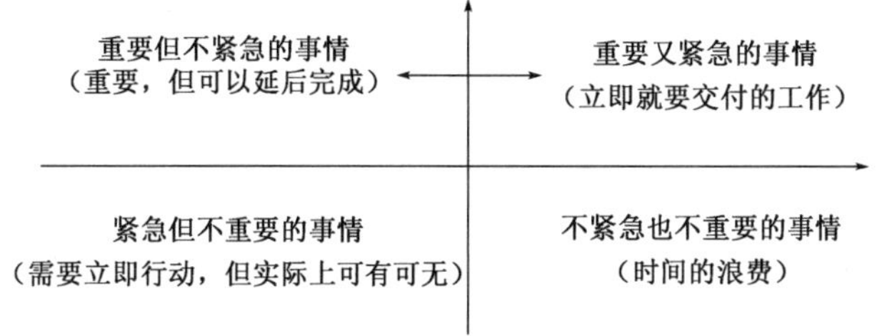

图4-6 时间管理四象限图

第一象限是重要又急迫的事情。诸如应付难缠的客户、准时完成工作、住院开刀,等等。其考验人们的经验、判断力,也是可以用心耕耘的“园地”。如果荒废了,人们很可能会变成行尸走肉。但请不要忘记,很多重要的事都是因为一拖再拖或事前准备不足,而变成迫在眉睫。

第二象限是重要但不紧急的事情。主要是与生活品质有关,包括长期的规划、问题的发掘与预防、参加培训、向上级提出问题处理的建议,等等。荒废这个领域将使第一象限日益扩大,使你陷入更大的压力,在危机中疲于应付。反之,多投入一些时间在这个领域有利于提高实践能力,缩小第一象限的范围。做好事先的规划、准备与预防措施,很多急事将无从产生。这个领域的事情不会对你造成催促力量,所以必须主动去做,这是发挥个人领导力的领域。

第三象限是紧急但不重要的事情。表面看似第一象限,因为迫切的呼声会让你产生“这件事很重要”的错觉,实际上就算重要也是对别人而言。电话、会议、突来访客都属于这一类。人们花很多时间在这里面打转,自以为是在第一象限,其实不过是在满足别人的期望与标准。

第四象限属于不紧急也不重要的事情。简而言之就是浪费生命,所以根本不值得花半点时间在这个象限。但人们往往在一、三象限来回奔走,忙得焦头烂额,不得不到第四象限去疗养一番再出发。这部分范围倒不见得都是休闲活动,因为真正有创造意义的休闲活动是很有价值的。然而像阅读令人上瘾的无聊小说、毫无内容的电视节目、办公室聊天等,这样的休息不但不是为了走更长的路,反而是对身心的毁损,刚开始时也许有滋有味,到后来你就会发现其实很空虚。

小测验

急迫性指数测验

选取出你最可能作出的反应行为或态度(A. 从不,B. 有时候,C. 常常),看看你在做事情的急迫性上是什么样的情况。

(1)我在压力之下表现最好。

(2)我常归咎外在环境太匆忙或紧张,以致无法作深入的自我反省。

(3)我常因周围的人或事动作太慢而不耐烦,我讨厌等待或排队。

(4)我休息时会觉得不安。

(5)我似乎永远在赶时间。

(6)我常为了完成某项事情而拒人于千里之外。

(7)我只要片刻没和办公室联系就觉得不安。

(8)我在做一件事时常会想到另一件事。

(9)我处理危机时表现最好。

(10)处理突发状况的兴奋感,似乎比慢工出细活更让我觉得有成就。

(11)我常为了处理突发状况,牺牲和亲友共处时间。

(12)当我为了处理突发状况,必须取消约会或中途离开,我认为别人应该能谅解。

(13)我觉得处理突发状况让一天的生活更有意义。

(14)我常边工作边吃饭。

(15)我一直认为总有一天能做我真正想做的事情。

(16)一天下来办公桌上“已办”文件如果堆得高高的,我会很有成就感。

评分标准:选A得0分,选B得2分,选C得4分。0到25分属于低度急迫性心态,26到45分属于强烈急迫性心态,46分以上已经到了严重急迫性的程度。

4.合理安排时间

知识拓展

二八定律

二八定律又称80/20定律,是意大利经济学者帕累托最早提出人类普遍存在的效率法则,80%的社会财富由20%的人创造,20%的客户带来80%利润;20%的员工创造80%价值等,同样从执行力的角度来说,80%的时间要做最有生产力的事。

搭建效率坐标(表4-1),分清轻重缓急。

效率坐标表 表4-1

	紧 急	不 紧 急
重要	危急 急迫的问题 有期限压力的计划	防患于未然 改进产能 发掘新机会 规划、休闲
不重要	不速之客 某些电话 某些信件和报告 某些会议 必要而不重要的问题 受欢迎的活动	烦琐的工作 某些信件 某些电话 浪费时间的事 有趣的活动

案例

穆尔于1939年大学毕业后,在哥利登油漆公司找到业务员的工作。当时的月薪是160美元,但满怀雄心壮志的他仍拟定了一个月薪1000美元的目标。当穆尔逐渐对工作感到得心应手后,他立即拿出客户资料以及销售图表,以确认大部分的业绩来自哪些客户。他发现,80%的业绩都来自于20%的客户中,同时,不管客户的购买量大小,他花在每个客户身上的时间都是一样的。于是,穆尔的下一步就是将其中购买量最小的36个客户退回公司,然后全力服务其余20%的客户。

结果如何呢?第一年,他就实现了月薪1000美元的目标,第二年便轻易地超越了这个目标,而成为美国西海岸数一数二的油漆制造商。最后还当了凯利穆尔油漆公司(Kelly - Moore Paint Company)的董事长。

这个故事除了告诉我们树立正确的目标的重要性,还体现了帕累托法则定律(也称80/20定律):总结果的80%是由总消耗时间中的20%所形成的。按事情的"重要程度"编排行事优先次序的准则是建立在"重要的少数与琐碎的多数"的原理的基础上。举例说明:80%的销售额是源自20%的顾客;80%的电话是来自20%的朋友;80%的总产量来自20%的产品;80%的财富集中在20%的人手中。

80/20定律的一个重要启示便是:避免将时间花在琐碎的多数问题上,因为就算你花了80%的时间,你也只能取得20%的成效。所以,你应该将时间花在重要的少数事情上,因为掌握了这些重要的少数事情,你只需花20%的时间,就可取得80%的成效。

掌握重点可以让你的工作计划不致偏差。一旦一项工作计划存在危机时,犯错的概率就会增加。人们很容易陷在日常琐碎的事情处理中;但是有效进行时间管理的人,总是确保最关键的20%的活动具有最高的优先级。

5. 与别人的时间取得协作

认清并适应组织的节奏性与周期性是成功的要素。任何人类的组织,不论大小,都有其周而复始的节奏性、周期性;作为社会或是团体组织中的一员,毫无疑问地要与周边部门或人发生必然的联系。在这种情况下,需要互相尊重对方的时间安排,也就是说要与别人的时间取得协作。当你需要到某一部门去参观学习,也需要提前与该部门人员进行预约,双方共同达成一个有关时间、地点、人员安排等的约定。否则,突如其来的打扰会令对方措手不及,甚至有可能将你拒之门外!

6. 制定规则、遵守纪律

人们在成长的过程中,常被各种纪律所束缚,"没有规矩,不成方圆",因为有规矩,才有秩序。在时间管理中,同样强调纪律与规则。

制定规则、遵守纪律的核心主要体现在以下三个方面。

(1)在进行工作的时候,一定要念念不忘这个工作应于何时截止。

(2)即使外部没有规定截止的日期,自己也要树立一个何时完成的目标。

(3)由于不得已原因而不能按期完成时,一定要提前和相关部门取得联系,将影响缩小在最小范围内。

五、时间管理的方法和技巧

1. 制订计划

(1)计划类型

①根据广度的不同,可将计划分为战略性计划与作业性计划。应用于组织,为之设立总体目标和寻求组织在环境中地位的计划成为战略性计划;而规定目标如何实现的细节计划称为作业性计划。战略性计划趋向于覆盖较久的时间间隔,通常以年为单位,涉及较宽的领域和不规定具体的目标;作业性计划趋向于覆盖较短的时间间隔,如月度计划、周计划、日计划,主要

偏重于实现的方法。

②根据时间的不同,可将计划分为短期计划与长期计划。短期是指一年以内的期间,长期一般超过5年以上,而中期介于两者之间。

③根据明确性的不同,可将计划分为具体计划与指导性计划。具体计划具有明确规定的目标,不存在容易引起误解的问题;指导性计划只规定一些一般的方针,指出重点而不限定在特定的行动方案上。例如,一个增加利润的具体计划,可能具体规定在未来6个月中,成本要降低4%,销售额增加6%;而指导性计划也许只提出未来6个月使利润增加5% ~10%。显然,指导性计划具有内在的灵活性,具体计划则更具有明确性。

(2)计划管理

①定义

工作任务分解(Word Breakdown Structure,WBS)是计划管理的部分。WBS与因数分解是一个原理,就是把一个项目按一定的原则分解,项目分解成任务,任务再分解成一项项工作,再把一项项工作分配到每个人的日常活动中,直到分解不下去为止,即项目—任务—工作—日常活动。它是创造产品所必须进行的全部活动的清单,它是分层计划以及预算和人员分配的基础。

②WBS基本构架

WBS基本框架包括阶段、步骤、任务、活动。

③衡量标准

WBS衡量标准为:是否全部分解完毕 ;WBS分解的所有活动是否全部定义了项目的工作;所分解的活动是否可行;是否包含临时的里程碑和监控点;WBS的分解结构是否合适;分解后的活动在逻辑上是否能形成一个大的活动;是否集成了所有的关键因素;逻辑上是否合理、清楚和简单。

2. 不要让别人浪费你的时间

办公室的打扰不可避免,电话、来访、邮件等,甚至有不少人对打扰提出了抱怨,同时也无可奈何。对待打扰的方法有很多,有全面出击来对付,也有消极地应付,更有甚者是视而不见。全面出击的人终会变得疲劳不堪,消极应付和视而不见的人终究会错失良机或是贻误大事。那么究竟怎样做才是可取之道呢? 正确的策略是将被打扰的时间缩短,将其负面影响降至最低。

(1)打电话的艺术

①事先的约定与准备

打电话约定时间和约定要求并不是什么新奇的概念,通过约定可以避免你在需要安静工作的时候被不断打扰,更主要的是避免电话中需要某些资料却无法提供的情况发生,从而造成时间的浪费。

②保持简短而明确的开场白

平时打电话是为了联络感情的需要,在开场白中经常会有一些寒暄,除了拜访客户、问候长辈等情况,比如“你最近很忙啊,在哪里发财啊”“您身体还好吧,吃饭还行吧”等,然而在办公室场合就应该少有寒暄,尽量从工作角度出发,使用简短而明确的开场白。

假如你正在将电话打给某人,不妨开门见山:“你好,我是×××,我给你打电话是因为……”或“你好,我是×××,有这样一件事需要……”,等等;如果是某人打电话给你,你可以说“接到你的电话真高兴,有什么事需要帮助吗?”或“你打电话来我真高兴,能为你做点什么吗?”或“好久没有收到你的消息了,请问有什么事需要帮助吗?”,等等。

③控制通话时间,保持通话主题

在打电话的时候,要注意做好适当的记录,以免挂下电话后忘记某些信息,又不得不重新联系一次。另一个需要注意的就是,控制好打电话的时间并保持通话的主题。有许多人喜欢拿起电话就开始喋喋不休,而且经常是缺乏主题。在这种情况下,你不妨直言:“你现在需要我们解决的问题是什么呢?”“你的重点是什么?”“你看我们今天的沟通(讨论)是不是到这里呢?”

虽然一次电话省下的时间可能只有2~3分钟,但按照每天接10个电话来计算,每个月就可以省下7~10小时,一年就是就84~120小时,这可是不少的时间。

④过滤电话

你一定经常会遇到一些不想接的电话,这时你就需要“过滤电话”了。首先解释你现在不能接电话的原因,如马上要出门了、要去开会了、正在与主管或其他同事商议工作等,但是在拒绝的时候一定注意要有礼貌,并约定回电或是对方再次来电的时间,既要保证自己的时间,又不要给对方留下不良印象。

(2)当你被打断时

在前面的“时间管理的误区”中,曾经提到了如何接受请托,但是在被各种情况打断时,应该如何处理呢?

①来自上司的打断

来自上司的打扰最难控制,尤其是当你正在尽全力处理一项紧急而重要的事情时。不过,如果你就是一名上司,你还是应该首先想想,你是不是也会对下属这样呢。

案例

以下是如何处理类似问题的一个实际例子和妙招:有一位职员,每当他应召去见上司时,他手上总是带着一件仍待完成的工作:编写一份报告、检查报告草案、阅读必要的资料等,一来可以利用在一旁等待上司打电话或是处理其他事务的时间,二来可以提醒上司自己的工作也是很忙的,希望可以尽快结束对话或尽快做出事情的安排,三来还可以让主管对自己的工作态度留下深刻的印象。

②来自下属的打断

你不妨想想以下有关解决下属打扰上司的各项问题:

你是否曾经训练你的助理,将他人可能的打扰集中起来,然后每天或每星期一次总结汇报。

你是不是尽可能地把集体例会列为每日/每周工作的一部分。

你是不是每天都会保留一段固定的时间,供下属提出问题,同时在一旦发觉某些工作日程发生改变时,会告诉对方何时见面较合适。

你是不是曾经鼓励下属以便条/邮件方式提出问题,而不必亲自上门。

你是不是立即向下属回话,使他们不认为他们必须经常打扰你,才能立刻获得回应。

③来自同事的打扰

在上司打扰你的时候,你只能无奈地加以接受;而下属在打扰你的时候,你可以将他的打扰方式加以定型化。可是,要处理同事或同级人员的打扰,恐怕必须多花一点心思才行。以下是你应该牢记的一些要点。

双方应事先达成共识。你应该力求对他们的要求保持热心、同情以及随时愿意加以协助的态度,可是,你更应该让他们知道这么做往往会影响到你的工作效率。

不要随意打扰对方。你可以从容、预先地与同事联系你的要求、时间等,只有如此,你才有可能获得相同的回报。

想想为什么你的中断情形无法受控:你不喜欢得罪他人,你喜欢参与每一件事,别人经常来询问你的意见,使你觉得自己很重要,你不善于结束他人的来访,你让别人习惯于经常咨询你的意见,你就是喜欢不断地和他人交谈。

如果你让这些现象一直持续下去,你最后终究会一事无成。

3. 省时之道

有时经常会听到这样的说辞:“等我有空再做。”这句话通常表示“等手上没什么重要的事情时再做”。但事实上,没有所谓“空”的时间。你可能有休闲时间,却没有“空”的时间。在休闲的时候,你也许会躺在游泳池边尽情玩乐,但这绝不是“空”的时间。你的每一分钟都很值钱。

凡在事业上有所成就的人,都有一个成功的诀窍:变“闲暇”为“不闲”,也就是不偷清闲,不贪逸趣。爱因斯坦组织过享有盛名的“奥林比亚克科学院”,利用晚上休息的时间聚会,与会者总是手捧茶杯,边饮茶,边议论,后来相继问世的许多科学创见,有不少产生于饮茶之余。实际上生活和工作中,有不少时间是零碎的,还有一些时间用在了等待上,浪费的时间可以惊人的。所以,除了能够认识到时间管理的误区和掌握一些基本的技巧外,还要了解一些省时之道。

在一天的活动时间里,可能常常不管如何精密规划,还是必须等待。乍看之下,这些时间可能永远无法追回;当你忙得不可开交而又必须等待的时候,你的失望只会增加而不会减少。以下是如何利用无奈或无聊时间的一些建议。

必须要等待的时候记得带上一本书。不管你多么有效率,总是有人让你等待:你可能错过公共汽车、城市轨道交通、飞机,碰上出其不意的中途休息;你也许已经尽可能地小心计划每一件事,但是你可能意外地被困在机场。许多高成就者在这种情况下所做的事情是带本书看,写点东西,修改报告,检查语音邮件,打电话用手机口述信件等。

4. 逆势操作

什么是逆势操作?在华尔街,逆势操作者就是当多数人都在买股票时卖股票,而大多数人都在卖股票时买股票的人;如果每个人都在观望,逆势操作者则疯狂地大买大卖。1980年,美国人肯·库珀写了一本相当吸引人的书——《一直左转》。这本书的要义是:“远离高峰时刻,避免一窝蜂。”

将逆势操作运用在时间管理上,就意味着当别人没有在做某件事的时候,你就去做,这样可以省下许多等待的时间。逆势操作者会在没有人排队的时候去兑现支票、采购,所以他们不会在周五下午去兑现支票,也不会在周五晚上进超市,而会选在晚上11点或早上6点、7点逛逛24小时开放的超市。逆势操作者退房的时间与他人不同,他们会选择旅馆自动退房的方式:如果你可以在人潮多起来之前就退房,你就不应该在早上9点、10点时去排长队。

在办公室里,逆势操作者会在中午大多数职员外出午餐时,使用传真或复印机。逆势操作者会在人潮涌入餐厅前或人潮散去后去吃饭,等等。

5. 追求互赖模式

案例

假设有人向你挑战比试腕力,时间限定在60秒内,比赛规则是扳倒对方次数越多者便是赢家,而旁观的另一人愿意提供给赢家1元钱。双方各就各位后,一场激战即将展开。为了便于说明,请你假设一开始那人便把你扳倒,但是他并不停在那儿,反而立即放松施加的压力,让你把他扳倒,接着他迅速反应,将你再度扳倒,而你基于以往的习惯会全力抗拒。

这时候你心中只有一个念头:"我要赢!"你的肌肉紧张、全神贯注,以至于眉头紧锁,但就在僵持不下时,你和那人脑中突然灵光一闪,发现一个事实:你们现在已各赢了1元钱! 倘若你让他赢一回、接着他让你赢一回,不断相互扳倒,那么60秒结束,双方都赢了超过1元钱……于是,你们两人同心协力,不断地进行你扳倒他、他扳倒你的动作,来回反复地互相扳倒对方的手臂。在60秒结束的那一刻,你们各赚了30元钱,改写了只有一人能获得1元钱的局面。

双赢的精髓便是:人与人之间存在着合作的潜力,合作将能取得远大于个人凭一己之力创造的成就。

大多数人习惯以输或赢来判断自己的处境,"赢"便是代表其他所有人都得输,运动场上非赢即输的角逐、学习成绩的分布曲线在灌输我们"少便是好"的思维,于是我们便通过这副非赢即输的眼镜看待人生,倘若没能唤醒内在的知觉,就只为了争1利益,一辈子拼个你死我活,从来不想合作的手段,而且通过合作能实现彼此的目标。"赢"的真正意义是实现目标,所以若用合作代替竞争,便能在有效的时间内或较短的时间里达成更多的目标,甚至有意想不到的收获。

希望大家能通过一点一滴的改进与积累,寻求合适的支点位置,不断扩大组织和个人的力量,促使生活品质和工作品质的改善,获得一个有意义、充满快乐的人生!

单元4.3 人际关系处理技巧

一、人际关系概述

1. 正确理解人际关系

人际关系不是裙带关系。长期以来人们有一种偏见:一说到人际关系,马上联想到裙带关系。实际上这个观点是错误的,良好的人际关系是职业发展以及成功必不可缺少的因素。

2. 人际关系的定义

人际关系是指在某个范围内人与人之间的关系。

3. 人际关系的产生

案例

梅奥的“霍桑实验”(1924—1932年)

梅奥在1924年到1932年做了一个非常著名的霍桑实验,实验内容如下:

影响生产力最重要的因素是工作中发展起来的人际关系,而不是待遇及工作环境。

梅奥做了各种各样的实验,如改变工厂的照明环境、提高工资、把六天工作制改成五天工作制。最后发现待遇、工作环境等因素,都不是直接导致生产率低下的重要因素,最终的原因是人际关系。

在梅奥做“霍桑实验”的同一时期,1928年,戴尔·卡耐基先生经过16年的教学总结,出版了《如何赢得友谊与影响他人》,中国版本名称为《卡耐基的沟通与人际关系》。该书引起全球轰动,被誉为“商场上的《圣经》”,80多年来,在全球一版再版。书中介绍了赢得友谊和影响他人的方法。卡耐基认为随着社会的变迁与发展,一个人不可能成为全才,但是任何一个成功人士都有一个共同点,就是能够处理好人际关系。在当今社会,一项工作要依靠团队的力量才能获得成功。

二、人际关系的分类

把各种各样的人际关系分为组织内部的人际关系和组织外部的人际关系(图4-7)。

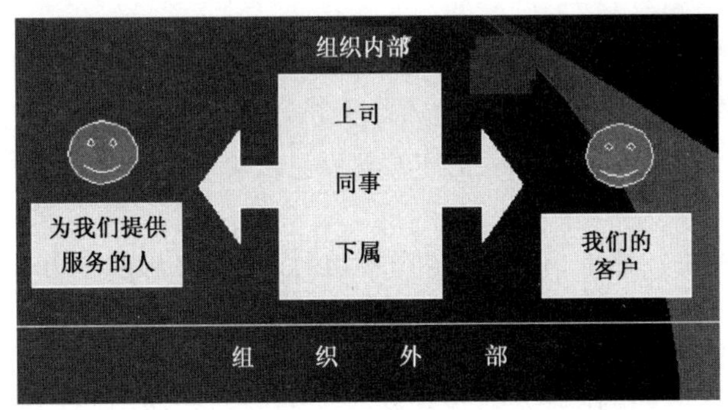

图4-7　人际关系的分类

(1)组织外部的人际关系

①为我们提供服务的人,如供应商。

②我们的客户。

(2)组织内部的人际关系

经常与你打交道的人,如上司、同事、下属。

赢家和输家对同样事物的交往心态有着天壤之别(表4-2)。从表中可以看出:面对同样的事物,输家的心态和赢家的心态有着天壤之别,所以在组织内部或组织外部进行交往时,首先要摆正自己的心态。

交往心态　　表4-2

参照事物	输家	赢家
看待周围的人	是竞争者	是帮助者
看待敌人	是一种威胁	是一种考验
看待上司	是讨厌的工头	是可敬的教练
看待对手	是关系产生摩擦的来源	是灵感的源泉
看待异己分子	是一种对立	是一种差异
看待抱怨者	是问题人物	有特别需要的人
看待雇员	公司赚钱的机器	公司的家庭成员

三、处理组织外部的人际关系的方法

1. 社交活动中的不变法则

社交活动中的不变法则,主要有以下三点:

(1)看准了再说。

(2)嘴边儿有个“把门儿”的。在任何情况下,一切争辩都应尽量避免;用质问的口气说话最伤感情;说服别人最好的方法是把自己的想法慢慢移植给他,让他自己修正观点;对于你不知道的事情,不要充内行;别向陌生人夸耀你的个人生活。

(3)倒霉的事往肚子里咽。

2. 客户关系的维持——采用“套近乎原则”

良好的客户关系的前提是保持和谐的人际关系。要保持良好的客户关系,就要在销售过程中消除客户对你的恐惧感,让客户接受你的观点。这里面有个窍门,就是“套近乎原则”,具体内容如下:

(1)了解客户的爱好。比如,在进行客户拜访时,首先要从两个方面了解客户:一方面是个人情况,一方面是企业情况。个人情况包括个人爱好、工作方式、禁忌;企业情况可以通过浏览公司的网站,阅读媒介对企业的报道等加以了解。

(2)少用专业术语。在同国有企业或传统行业的客户交流时,过多使用专业用语不仅无法显示你的职业化水平,反而会适得其反,会使沟通产生隔阂,进而导致人际关系障碍。在同新兴行业的客户交流时,可以用一些专业术语进行沟通,从中能够体现你的职业化水平,增加对方的信任感。

(3)避免否定对方。即使你们的观点有冲突或差距,也应尽量避免正面否定对方。

(4)了解对方期待的价值。希望彼此交往能够取得某种结果,为达到这种结果,应明确自己还需要做的事情。

(5)注意自己和对方的表情。在运用语言技巧时,既要注意自己的表情,同时还要注意对方的表情。如果对方正忙于某项工作,或者正在思考某个问题,对方对你谈话的主题是不感兴趣的,这些可以从他(她)的表情上显示出来,要根据对方的表情及时修正你的谈话内容。

(6)引导对方,多谈他(她)高兴或者得意的事情。比如,有些人喜欢在办公室摆放照片,你可以对这些照片进行赞赏:这是在什么地方照的?景色真美,显得真精神等。又如,有些人喜欢得到别人的尊重,那么你可以提及对方非常得意的事情:听说去年贵公司营业收入比前年增长25%,您真是经营有方。

(7)给对方必要的回应。交往当中最怕对方没有反应:你不知道自己说得是对还是错,也不知道对方是否认同你的观点。所以交流中一定要给对方必要的回应。

(8)找出双方的共同点。在交往时,找出双方的共同点,这是迅速套近乎的一个诀窍。

(9)征求对方的意见。交往中不要总是发表自己的看法,要经常征求对方的意见。

(10)记住对方"特别的日子",比如:记住客户公司的店庆日,客户及其家人的生日,等等。

(11)表现出对对方的关心,可以表现为对对方的身体健康、饮食的关心,以及文化信仰的认同。

(12)选择让对方家人也认可的礼物。在进行客户拜访的时候,经常会给客户送一些礼物,其选择原则是:选择让对方家人也认可的礼物。通常情况下,只送一些印有公司标识的纪念品。但如果想增进客户对你以及你公司的了解,并认为公司处处为客户着想,值得信赖,你就应该考虑客户家人的需要及其认可程度。

3. 谈判的技巧

当双方对某项产品的价值和价格有异议的时候,或当双方对某一件事情的观点有出入的时候,往往采用谈判的形式来解决问题。在谈判过程中,处理人际关系需要注意以下几个方面。

(1)谈判的原则

谈判成员的态度要保持一致,注重团队精神。谈判中首先要有认同原则,只有认同对方,才能达成彼此合作;其次是让步原则、截止期原则、理解和尊重原则等。

(2)谈判的程序

谈判的程序依次分为谈判初始阶段、交锋阶段、妥协阶段、签订协议阶段。谈判之初应制造和谐的气氛,这样可以拉近彼此的距离,消除双方的敌视,这对于谈判非常重要。

(3)谈判人员的素质

谈判人员需要具备的素质包括诚信、沉稳、自信、观察和思考能力、估测能力、应变能力、回答技巧、情绪控制能力、语言表达能力等。如果谈判人员是一个正直、诚信的人,同时沉稳、自信,那么会有一个好的谈判结果;同时还需要在谈判中运用多种语言技巧,有控制情绪的能力;在谈判之前你并不十分了解你的对手,很多信息只有在谈判桌上才会发现,这就需要你具备良好的观察能力和思考能力。

四、处理组织内部的人际关系方法

在组织内部需要和三类人员产生联系,或者说每天都要和这三类人员打交道,即上级、同事和下级。

1. 与上级相处的艺术

首先要了解上级的人品、爱好、工作能力和工作方式:你的上级是喜欢授权,还是喜欢“摆官架”,最后还要了解他的价值观。

(1)和上级交往的原则

①关系适度原则。同上级之间的距离既不能太远也不能太近,关系要适度。

②交流原则,或者叫作汇报原则。作为下属,你要让上级知道你的工作情况,告诉他你的工作进行到什么阶段,现在面临什么样的问题等。这种交流和汇报是必不可少的。

③服从原则。每一个组织都拥有自己的团队,作为团队的一员,服从是必不可少的,个人利益要服从组织利益。

④尊重原则。每个人所处的位置不一样,承担的压力也是不一样的。要理解你的老板,多站在他的角度思考问题,要相互尊重。

⑤坚持原则。当你所做的一切与企业的目标没有偏差时,你可以坚持自己的原则、信念和理想。

(2)处理好同上级的私人关系

作为下属,在上级需要你帮助的时候,你要真诚地帮助他,但一定要处理好同上级的私人关系,不能过近,也不能过远。

2. 与同事相处的艺术

每天都要与同事打交道,在交往中需要注意以下几点。

(1)如何寻求帮助

通俗地说,如何寻求帮助就是如何求人办事。求人办事的原则如下:

有诚意,也就是说在求人的时候,特别是求别的部门的同事时,首先要尊重对方,要有诚意。

有的放矢,也就是说选择那些急需别人帮助的工作,请别人帮助完成,不要把自己的工作完全推给别人去做。

不是什么事都要别人帮。“这个工作是我想做的,由于我没有时间,才请你做的。”或者你向他人介绍工作时,介绍不清楚就推给对方。以上这些做法都是非常错误的,应该坚持自己能做的事情自己做的原则。

(2)要乐于助人

要礼尚往来,你得到他人的帮助,也要主动帮助他人。

(3)指出他人的不足

指出他人不足是需要技巧的,心直口快的人往往不受欢迎。

(4)多参加集体活动

你毕竟是在一个团队中,要多参加集体活动。

(5)避免非正式组织的存在

非正式组织这个概念是在梅奥的霍桑实验中提出的,非正式组织的目标往往同组织的目标有偏差,所以一个团队里小组织的存在,不利于组织目标的实现,这是组织中需要避免的。

3. 与下级相处的艺术

与下级相处的技巧包括授权、激励以及绩效考核等方面。

比尔·盖茨曾经说过的一句话：一个主管，不管他拥有多少知识，如果他不能带动他人完成使命，他是毫无价值的。

简而言之，改善人际关系有必备的三样法宝：勇气、智慧和平常心。要有勇气改变身边可以改变的事情。要分辨出工作当中哪些是可以改变的，哪些是不能改变的。对那些现实条件下不能改变的事情，要用平常心去对待。

单元 4.4　城市轨道交通员工岗位技能与职责

城市轨道交通是一个多部门、多工种协同作业才能完成运输任务的综合性企业，虽然各个城市轨道交通运营公司组织架构各不相同，但是它们的主要作业岗位基本一致。其主要生产部门有车务部、AFC 管理中心、车辆管理中心、自动化控制中心以及维修工程部等，主要作业岗位有行车调度员、电力调度员、环控调度员、设备维修调度员、信号楼调度员、电客车司机、车站站长、值班站长、客运值班员、行车值班员、售检票员、站台安全员、设备维修员等。

一、行车调度员

1. 行车调度员应具备的基本技能

(1) 具有运输专业大专以上学历，具有运输专业实践工作经验，并经过调度专业知识的学习，熟悉《调度工作规则》《行车工作规则》以及所在公司的各项运输类规章，并取得调度员上岗资格证。

(2) 熟悉人、车、天、地、电、设备、规章等各种和运营相关的情况。

(3) 熟悉司机、车站值班员等与列车运行有关的作业人员情况，如工作经历、业务水平、性格特点等，充分调动有关人员的工作积极性。

(4) 身体健康，无色盲、色弱、高血压、心脏病、传染病、肠胃系统等疾病。

(5) 熟悉车辆技术状态、使用性能和特点等情况。

OCC 的布局

(6) 掌握气候变化、节假日、重大活动等因素对客流增减及对列车运行影响的一般规律。

(7) 熟悉与行车有关的各种技术参数、设备，如线路平纵断面、信号、连锁、闭塞设备、车站折返设备、调度集中设备和通信广播设备等。

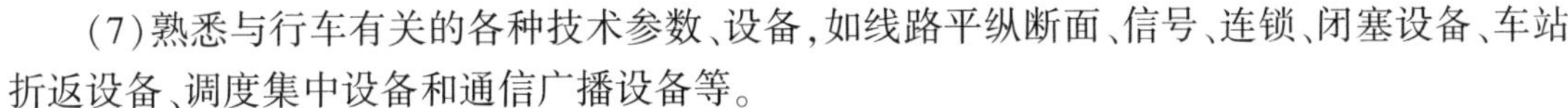

(8) 应具有高度的责任心，爱岗敬业；应能承受较强的心理压力，具有良好的心理素质；不仅需要扎实的专业知识，还需要具备较强的语言表达能力、人际沟通能力和应急决策能力。

2. 行车调度员的岗位职责

在各种调度中，行车调度是运输调度工作的核心工种，担负着指挥列车运行、贯彻安全生产、实现列车运行图、完成运输计划的重要任务。行车调度员是列车运行的组织者和指挥者，其基本职责有：

(1)组织指挥各部门、各工种严格按照列车运行图的规定和要求行车。

(2)组织列车到发和途中运行、监控列车行车和设备运转状况。

(3)根据客流变化,及时调整列车开行计划。

(4)列车晚点、运行秩序紊乱时,通过自动或人工列车运行调整,尽快恢复按图行车。

(5)发生行车事故时,按照规定立即向上级和有关部门报告,迅速采取救援措施,最大限度地减少人员伤亡、降低事故损失,防止事故升级,及时恢复列车的正常运行。

(6)安排各种检修施工作业,组织施工列车开行。

二、电力调度员

1. 电力调度员的基本技能

电力调度员是负责地铁供电系统运行、检修和事故处理的指挥工作人员。其基本技能有:

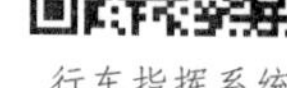
行车指挥系统

(1)熟悉监督指挥供电系统的运行和操作,审批供电设备的检修作业,正确、迅速而果断地指挥供电设备的故障处理。

(2)能充分发挥地铁供电设备能力,满足各类设备的用电需求。

(3)能监督整个地铁供电系统安全运行和连续供电。

(4)根据地铁供电系统实际情况,能按供电模式要求监督整个系统在最经济方式下运行。

2. 电力调度员的岗位职责

(1)在值班主任的领导下,负责所辖范围内的供电生产工作;按值班主任的要求协助处理突发事件。

牵引供电系统组成

(2)认真贯彻执行有关规章、制度、命令和上级指示。

(3)执行供电协议有关条文。

(4)执行供电系统的运行方式;制定事故情况下的供电运行模式。

(5)对电力调度员管辖范围内的设备进行操作管理。

(6)按照《施工行车通告》的要求审核所辖设备检修计划,并批准这些设备的检修计划。

(7)根据《施工行车通告》和日补充计划、临时补修计划的要求,组织设备的检修和施工,并负责审核工作票、填写操作票。

(8)指挥供电系统内的事故处理,参加事故分析,制定供电系统安全运行的措施。

(9)负责对供电系统的电压调整、继电保护、安全自动装置设备进行运行管理。执行继电保护及自动装置的运行、更改方案。

(10)收集整理供电系统的运行资料并进行分析,总结交流调度运行工作经验,不断提高系统调度运行和管理水平。

三、环控调度员

1. 环控调度员的基本技能

(1)环控调度员负责地铁环控系统的调度和管理工作,能监督环境监控系统(Building

Automation System，BAS）、火灾报警系统（Fire Alarm System，FAS）及气体灭火系统的运行；能负责指挥地铁环控系统，实现地铁安全、高效、经济运行，为乘客提供安全、舒适的乘车环境。在地铁区域内发生火灾时，通过指挥环控设备执行相应的通风模式，协助、配合火灾扑救工作，避免国家财产损失，确保乘客和工作人员的生命安全。

（2）环控系统调度管理实行集中领导、分级管理制度，建立中央级（OCC环控调度）和车站级（车站值班员）两级管理架构。"中央"和车站是一个不可分割的完整系统，应密切配合，服从统一指挥，树立整体观念。加强管理，严格执行行车调度制度，以确保整个系统的正常运行和紧急状态下火灾扑救工作的顺利进行。

2. 环控调度员的岗位职责

（1）OCC环控调度员通过BAS、FAS系统中央级工作站监控车站机电设备，其主要为各车站通风、空调、隧道通风设备和装置，气体灭火系统等系统设备以及扶梯、照明、给排水等设施。

（2）环控调度员负责监控全线车站环控系统按设定时间运行，确保车站环境温度及空气质量达标。

接触网

（3）环控调度员负责监视全线车站的火灾报警情况，确保火灾报警及时被确认。

（4）环控调度员负责监视全线车站环控设备、防灾报警设备、BAS系统、FAS系统、气体灭火系统以及电扶梯、照明、给排水设施的运行状态，发现故障及时通报设备维修调度员，由设备维修调度员通知相关维修部门进行维修。

（5）环控调度员负责指挥BAS系统、FAS系统、气体灭火系统及机电设施的故障处理及维修。

（6）环控调度员负责在火灾、大客流、列车阻塞等紧急情况下对环控系统进行指挥及监控工作，确保相关设备在紧急情况下能够正常运行，协助抢修、救灾工作。

（7）环控调度员负责在中央级失控时指挥车站设备值班员进行车站级控制。

（8）环控调度员负责在地铁发生火灾时向市公安局110指挥中心报告火灾情况，请求消防队支援。

（9）环控调度员负责随时了解和掌握所管辖设备的运行情况，负责定期、定时收集设备运行数据及信息，记录及跟踪设备故障。

环控调度员要及时了解关键设备的运行情况。关键设备主要包括影响车站舒适度的关键设备（冷水机组、冷却塔、水泵、组合空调机等）以及影响消防安全的设备（隧道风机、站台站厅排烟风机）。需设备保障部门及时将关键设备故障及修复情况报环控调度员。对于一般设备由设备保障部门定期上报设备完好情况；同时在收集数据方面，针对一些尚未传输到中央级的，但作为调度必须要了解的关键重要数据进行收集，如站台站厅公共区的温湿度、冷水机组进出水温度等，其余一些数据，如运行电流、电压等参数由设备保障部门进行记录收集。

四、设备维修调度员

1. 设备维修调度员的基本技能

设备维修调度是指物资设施系统的生产调度。设备维修调度员基本技能有：

(1)负责物资设施系统设施设备故障(事故)信息接收、传递与反馈。

(2)会进行一般性故障(事故)处理的组织、协调。

(3)能正确对重大故障(事故)进行上报。

(4)会进行故障(事故)的统计分析。

(5)能对检修作业计划进行汇总、协调,对检修作业进行监控。

(6)会 AFC 故障的信息接报、传递。

(7)能配合控制中心主任(值班主任)、行车调度员、环控调度员、电力调度员启动应急预案等工作。

2. 设备维修调度员的岗位职责

(1)接收物资设施系统设施设备和 AFC 系统故障(事故)报告,并记录有关情况。

(2)对接收的物资设施系统设施设备的故障(事故)报告信息进行初步分析判断,报相关部门,并向各中心发布设备维修调度命令,同时跟踪设备维修调度命令的执行情况,对故障(事故)处理过程中发生的各类事项进行必要的协调。

(3)在故障(事故)处理完成后,向各有关部门通报处理情况,并记录。

(4)对物资设施系统设施设备的故障(事故)进行分类、分析、统计,按时填写物资设施部故障(事故)分析日(月)报,并报物资设施部。

(5)校核物资设施部管理范围内的维修计划并协调、配合计划实施, 监督、跟踪作业令的执行与完成情况,对作业令的执行进行必要的协调;对计划完成情况进行统计,将统计结果报物资设施部。

(6)合理调配工程抢险用车和其他用车。

(7)协助 OCC 主任(值班主任)校核检修计划和临时计划。

(8)业务范围内的其他工作。

五、电动列车司机

1. 电动列车司机的岗位技能

(1)电动列车司机必须牢记“安全第一,便民第一”的宗旨,能遵守和学习有关安全规定和运行规则,能严格按照安全制度、行车规则执行乘务驾驶任务。

城市轨道交通是一个现代化程度很高的实体,必须由具有良好职业素质的人去完成各种行车任务,而电动列车司机则是第一线的操作者,所以必须具有高度的安全意识,并且要有能够不断学习与遵守规则的素质才能确保列车正常运行。我们把富有纪律性、严格执行规章制度的电动列车司机看作是保证安全行车的基本因素之一,在人与技术设备的有机联系中,人是最主要的方面,在经常性发生人为失误造成事故的状况下,最精良、最先进的设备也会变得不那么可靠;国内外多次事故的分析与调查均表明,由于人为失误造成事故的比例大于技术缺陷所造成的事故的比例。因此,行车人员树立安全意识,学习和遵守安全规定是十分重要的。

(2)电动列车司机必须掌握列车的基本构造、性能,具有一般的故障处理能力,熟悉运行线路和停车场等基本设施情况，熟练掌握担任驾驶区段、停车场线路纵断面情况。

电动列车司机对列车必须有一个较完整的了解，主要表现在对操纵列车技能的掌握和对主要部件构造、性能的知晓。只有在掌握和了解性能、作用的基础上，才能够使自身具备处理故障的能力。在列车运行中出现故障的情况可以说是具有经常性特点，特别是有关功能性的故障出现较多，所以能否在规定时间内及时、准确地排除故障，实际上已经成为电动列车司机技术业务的标志之一；一名电动列车司机的技术业务还表现在对线路纵断面的熟悉程度并具体在驾驶技术上得到体现；经过学习和经验积累，较好地掌握了线路纵断面状况后就能得心应手地驾驶列车，应付各种运行过程中的事件。

(3)电动列车司机还必须掌握其他相关的业务能力和具有一定的应变能力。如懂得救援的过程和方法、懂得消防灭火的要求、学会扑灭初起火灾的方法、知道常用灭火器的使用方法等。

特殊情况下的处置方法，对每一名电动列车司机来说同样是基本常识和必须掌握的业务知识。因为在城市轨道列车的运行中，一般情况下只有电动列车司机一个人值乘，而运行中的突发事件由于各种因素的存在，有着不可预测性，在事件的初期往往只有电动列车司机能够最早发现，所以一名职业素质较好的电动列车司机应该而且必须掌握有关事件初期的处理方法，使事件能够在初期阶段得到控制和处理，进而减小损失，稳定现场局面(包括组织乘客共同应付突发事件)，等待进一步帮助等。

鉴于电动列车司机在整个运行过程中的重要作用，因此城市轨道交通管理部门规定了电动列车司机上岗值乘的必要条件：

首先，电动列车司机必须经过考试合格，并取得“电动列车驾驶证”后方准独立驾驶电动列车；其次，脱离驾驶岗位6个月以上，如再需驾驶列车必须对业务知识和安全运行知识等进行再培训与考核并且须考核合格；对电动列车司机的纪律性和身体状况、心理状况要由相关管理部门以及有关领导作出鉴定。符合以上几个必须条件时才能上岗驾驶列车，以保证行车工作安全和行车秩序正常。

2. 乘务工作纪律

(1)司机在执行手指呼唤时，必须做到“眼到、手到、口到、心到”，呼唤时应使用普通话，做到声音清晰、洪亮；手指时，手心应垂直于地面。

(2)司机工作禁令：

①严禁在接受口头命令时，未按规定进行复诵；

②严禁擅自改变列车运行方式；

③严禁人车冲突后未确认人员状况时，再次动车；

④严禁在挤岔后未经专业人员确认时，再次动车；

⑤严禁在列车压警冲标、冒进信号时未及时报告行车调度员；

⑥严禁有夹人物或车门未关闭且未采取有效措施时动车；

⑦严禁擅自通过按规定应停车的车站或在规定应通过的车站停车；

⑧严禁在非涉及行车事宜时，使用手机；

⑨严禁在运营线路抛弃杂物。

(3)除遇特殊情况外,司机因事需要请假者,应提前3天向班组长请假并办理请假手续;因病需要请假者,应提前1天向班组长请假并办理请假手续;未经批准不得擅自休假,遇急病或特殊情况,应提前1小时向班组长请假。

(4)司机在值乘过程中,如遇列车5分钟以上晚点、列车救援、信号设备故障、人车冲突、异物侵入线路、行车事故、重大服务投诉事件、班组或上级部门认为有必要书面澄清的事件时,退勤司机应填写书面报告,并积极配合相关部门的调查。

(5)在停车库内,司机上车前,应对列车车底及两侧进行检查,以防人员及设备侵入限界,如司机室挂有"禁动牌"时,严禁启动列车,并向运转值班员报告。

六、车站各工种岗位技能与职责

1. 站区长(中心站站长)

(1)站区长(中心站站长)的岗位技能

①能指导所管辖范围内的车站工作,负责全站区范围内的行车、客运和票务管理,乘客服务,事故处理,员工管理,班组管理,安全管理,员工培训等工作。

②能协助部门领导管理站区日常工作,认真贯彻执行各项规章制度和上级指示。

③能进行车站巡视和查岗,了解情况,解决问题;遇到重大事情及时汇报;检查、督促值班站长开展各项日常工作。

④会制定各项工作计划,并按照计划实施(例如培训、演练),同时做好总结工作,定期召开全站区大会,分析总结工作情况。

⑤能处理乘客投诉、来信、来访;汇总服务案例、服务技巧,提高员工服务质量,确保各车站人员提供高品质的乘客服务。

⑥监督各级人员的管理情况(准确掌握当日员工岗位安排情况),掌握员工思想状况,定期与员工谈心,听取员工意见和建议,及时反映情况并将解决办法反馈给员工。

⑦能严格执行考评制度,确保所管辖车站工作的安排、指导、检查、监督、评价和考核工作,能适当及公平、公正地执行,减少内部冲突,保持车站团队的伙伴合作精神,营造积极向上的良好工作氛围。

⑧负责指导并加强车站系统的安全作业,检查排除安全隐患,确保与公安及政府应急抢险部门及其他公交机构保持沟通合作,以便在发生重大交通故障或事故时能及时处理。

⑨有重要任务、事故、事故苗头、设备不正常时必须到现场,在处理故障或事故时,能指导各车站人员根据相关规则及程序协助处理故障或事故,并做好故障或事故的恢复、善后及预防工作,保证及时、安全、高效地处理突发事故和恢复客运服务。

(2)站区长(中心站站长)的岗位职责

①管

a. 组织车站行车、客运和票务工作,编制、执行车站行车、票务和客运组织方案。

b. 根据上级的要求和本站培训需求制定车站培训计划。

c. 所属辖区各项制度落实到位,服务工作秩序井然。

d. 定期计划、检查、总结车站行车、客运和票务工作。

e. 监督各层级人员的工作情况,统筹安排班表并协调各岗位的工作。

②查

a. 严格检查各项服务设备的运转情况,发现问题及时报修或采取有效的防护措施。

b. 根据规定认真执行票、卡、款、账管理制度。

c. 及时查寻乘客的来信、来访,妥善处理服务纠纷。

d. 所管辖区周边环境良好,站内卫生环境达标。

③讲

a. 对本管辖区人员错误督导或操作不当、业务不精,需及时指出,以便消除隐患。

b. 对本站存在的问题敢讲敢管,有明确的是非观。

2. 值班站长

(1)值班站长的岗位技能

①能管理并监督车站内的所有活动,负责本站日常的行车客运和票务管理、乘客服务、事故处理、设备日常管理、安全管理、员工培训等工作。

②能监督行车值班员日常工作,负责管理本车站的有效列车运行及客运服务工作,确保站务人员能按要求提供安全、可靠及高效率的车站服务。

③按客运方案组织乘客服务,能主动与行车调度员、司机、邻站及有关岗位员工密切配合,随时保持与中心行车调度员、电力系统调度员和站务人员的联络畅通,掌握有关行车和相关设备状况。

④做好车站票务工作(票款的管理、收缴、填写日常台账),统计、汇总当日的客运量和营收情况,报行车调度员。

⑤能处理本站乘客投诉、来访事件,汇总当班的服务案例、服务问题,及时处理车站发生的行车事故,减少对乘客的影响,并每月向站长汇报。

⑥当车站的设施、设备发生故障或出现突发情况时,值班站长担任"事故处理主任"的工作,能按应急方案操作,应组织车站员工处理事故,采取有效措施保证车站的正常运行,并将故障情况通知有关单位。

⑦能协助制订站务人员的排班表,加强对本班组员工的管理,组织召开接班会和交班会;合理安排和调配本班组人员工作;对当班人员进行监督、检查、考核;对当班员工进行培训、教育,掌握员工思想状况,营造及维持站务室内的团队伙伴合作精神。

⑧能进行车站日常安全检查,每月向站长汇报安全情况。

⑨能监督车站保安、保洁等的工作,并提出考核意见。

⑩能完成上级交办的其他工作等。

(2)值班站长岗位职责

①坚持阶梯形交接班制度,加强交接班工作,贯彻值班站长"三字"工作法。

②加强票务管理。确保票务结算单、票务台账记录准确。

③落实安全工作措施,确保安全指标全面完成。

④接待好乘客来电来访,按规定妥善处理各类服务纠纷。在发生异常情况及突发事件时,要结合实际,认真按上级规定进行汇报及处理。

⑤坚持组织每月不少于两次的班组活动,并认真做好记录。
⑥掌握车站设施,加强设备的管理,发生故障及时报修。
⑦搞好车站综合治理,协调各单位关系,争创安全文明车站。
⑧执行上岗统一着装的规定,如发生气候变化需要作相应调整的,须向上级报备。
⑨认真对待上级部门检查,对存在的问题采取有效措施,积极整改。
⑩完成上级交办的任务。

知识拓展

值班站长"三字"工作法

站:
(1)加强对设备的检查,确保车站设施、设备的正常使用,有问题按规定报修。
(2)坚持巡视制度,对各岗位纪律、标准化作业、岗位服务形象检查不少于四次。
(3)确保车站卫生状况良好。
做:
(1)熟练掌握本工种及班组各工种的操作规程。
(2)顶岗时,严格按作业程序熟练操作并督促各岗规范作业。
(3)正确规范填写车站各类台账、资料并及时上报。按规定保管及使用硬币箱钥匙。确认硬币数及相应记录。
(4)妥善处理各类服务纠纷。
(5)对突发事件按操作规程妥善处理。
(6)掌握列车运营情况,把好行车安全关。
(7)搞好车站综合治理,协调各兄弟部门之间的关系。
(8)结合实际,认真贯彻上级规定,做到"有令必行,有禁必止"。
讲:
(1)对班组存在问题敢讲敢管,有明确的是非观念。
(2)经常结合工作情况,对职工进行相对有效的思想工作。
(3)按照上级要求,对本班工作进行评估和总结,具有相应的口头、书面表达能力。

3. 客运值班员

(1)客运值班员岗位技能
①能够处理简单的自动售检票系统(Auto Fare Collection,AFC)设备故障;
②掌握相关的票务报表、账册的填写;
③掌握车站 SC 的有关知识,能够熟练操作车站 SC;
④按照公司规定掌控车票、钱款的操作,确保车票、现金安全;
⑤处理与乘客相关的票务事宜;
⑥掌握车站的客流动态,协助值班站长合理安排售检票员岗位;

⑦掌握车站周边的地理环境及交通状况；

⑧其他需要掌握的相关技能。

(2)客运值班员岗位职责

①执行运营公司、部、中心、车站的有关规章制度，做到“有令必行，有禁必止”。

②在值班站长的领导下，主管车站客运管理，组织站务员从事客运工作。

③负责车票的收发、回收和保管工作。

④负责本班组售票组织及车站营收统计，以及各种票务收益单据填写及保管工作。

⑤车站收益解行的实施和安全。

⑥协助值班站长组织管理安全员、售票员，处理乘客问题，提供优质服务。

⑦监督售票员、安全员在岗行为。

⑧在非运营时间值守车站，统计汇总当日的客运量和营收情况，报行车调度员。

⑨每班巡视车站两次，维护车站安全，防止意外事件发生。

⑩完成上级领导临时交办或外部门需协办的其他工作。

4. 行车值班员

行车值班员在值班站长的领导下，主管行车组织工作，协助值班站长开展客运、票务等相关工作，协助值班站长监督站务员工作；按列车运行图及行车调度命令监护列车运行，负责监控操作控制区域的列车运行；非运营时间做好巡道、设备维修的登记和注销手续；监控站厅、站台情况，观察车站客流及列车到发情况，按要求播放广播等；上级领导交办的其他工作。

(1)行车值班员岗位技能

①了解车站突发及紧急情况下的处理方法；

②熟悉列车时刻表，并严格按照列车时刻表办理行车；

③掌握现场操作(LOW)工作站的操作使用，闭路电视(CCTV)、环境自动控制(BAS)、火灾自动报警(FAS)等系统的监控；

④熟练使用车站广播系统，能够做到及时广播；

⑤做好对现场施工及施工过程的监控；

⑥其他需要掌握的技能。

(2)行车值班员岗位职责

①执行运营公司、部、中心、车站的有关规章制度，做到“有令必行，有禁必止”。

②在值班站长的领导下，负责车站行车工作。

③服从行车调度员指挥，执行行车调度员命令，严格按列车运行图组织行车。

④严格执行一次作业程序，熟悉行车设备的性能，掌握操作方法。

⑤控制车站广播，密切关注监视屏，掌握站台乘客动态，并视情况及时广播。

⑥LOW 工作站停用时负责现场人工排列进路。

⑦非运营时间做好巡道、设备维修的登记和注销手续。

⑧保管使用行车设备备品，正确填写各种行车日志，字迹清楚。

⑨值班站长不在车控室时代理其职责。

⑩完成上级领导临时交办或外部门需协办的其他工作。

5. 售检票员

(1)售检票员岗位技能

①熟练掌握POS机、TVM的操作方法。

②熟练掌握对票卡的分析,熟知票务政策。

③掌握售票员结算单及乘客事务处理单等相关报表的填写。

④按照公司规定掌握车票、钱款的操作,确保车票、现金安全。

⑤处理与乘客相关的票务事宜。

⑥掌握车站周边的地理环境及交通状况。

⑦其他需要掌握的相关技能。

(2)售检票员岗位职责

①执行运营公司、部、中心、车站的有关规章制度,做到"有令必行,有禁必止",为乘客提供优质服务。

②在客运值班员领导下,负责车站售票工作,妥善处理坏票、补票工作。

③按规定时间开关售票窗口。

④严格执行"一收、二验、三找、四清"的作业程序,准确发售票、卡,按规定提示乘客确认票卡面值,不得拒收分币。

⑤热情接待乘客,对乘客提出的问题,要按规定妥善解决。

⑥对无法过闸票卡进行分析,并按规定处理。

⑦准确填写结算单,交清当班票款。

⑧正确使用设备,确保售票亭内整洁和设备内部清洁。

⑨加强防范,确保票款安全。

⑩完成上级领导临时交办的工作。

知识拓展

售检票员处理乘客票卡问题的技巧

售票充值严格执行"一收、二验、三找、四清"的一次作业程序[一收:收取乘客票款,银行规定不能收的钱币不收外,其他都应按规定收取。严禁拒收旧钞、零币、分币的行为。对20元及20元以上面额执行唱票:"收您××元",收取的票款不应直接放进钱箱。二验:采取"一看""二摸""三听""四测"(用验钞机测)的程序验明钱币真伪后放于桌面。判断为假币时,向乘客说明:"对不起,请您换一张"。三找:出售票卡并找零,必须一次完成。操作同时让乘客查看显示屏上信息,一次完成售票;按照操作步骤发售单程票,发售前执行二次分析制度。发售储值票时应向乘客说明押金金额,并提示其阅读"储值票使用须知"。储值票充值须做到"二次确认":先请乘客确认余额和需充值金额,充值后再次提醒乘客确认充值金额。确认时应唱出读数,并五指并拢指向乘客显示屏,说:"××元,请确认。"需要找零时,必须严格执行"找零一次完成"的作业要求,将大小面额找零和票卡一起交给乘客。唱找时应说:"找您××

元,请拿好慢走。”严禁强找零币、旧币。四清:待乘客离开窗口后,方可把桌面钞票放进电子钱箱]。

行政处理严格执行“一问、二操、三确认”的一次作业程序[一问:耐心听取乘客讲述事情经过,并做相应分析处理。二操:确属于行政处理事务,立即通知站长到票亭处确认,“行政处理记录单”应按要求填写完整并签字,按照步骤操作并让乘客确认乘客显示屏信息,打印小单签字。三确认:将已经处理的票卡分析正常后交给乘客,需找零的唱出零钱金额,并让乘客确认]。

乘客兑零时,从乘客手中接过钱币,并唱出所收金额,采取“一看”“二摸”“三听”“四测”(用验钞机测)的程序验明钱币真伪,找好零钱,说:“找零××元,请清点。”乘客确认无误离开后,将所收钱币放入钱箱。

车票次序错误重复进闸时,查看刷票时间。如果在 20 分钟以内,更新后递交乘客并说:“请再次刷票进站。”如果超出 20 分钟,则说:“对不起,您需要补交 1 元更新车票。”处理完毕后递交乘客,并说:“请再次刷票进站。”车票次序错误无进站记录时,说:“您的车票进站没有刷卡,所以出闸受阻。请问您在哪站上车?”免费更新车票后归还,说“请拿好。”储值票次序错误重复出闸时,则查看刷票时间,如果在 20 分钟以内,发放免费票递交乘客,并说:“请拿好,欢迎下次光临。”如果超出 20 分钟,则询问进站地点,免费更新车票后,递交乘客,并说“请拿好。”乘客持超时车票时,说:“对不起,您的车票超时,请补交××元车费。”乘客持超乘车票时,应说“对不起,您超乘欠费,请补交××元车费。”乘客无票出闸时,应说“对不起,按照规定,您需要补交车票成本费××元。”递交车票并说“请拿好,欢迎下次光临。”

乘客办理非即时退款时,判断车票是否是人为损坏。若人为损坏达到储值票损坏标准,则将损坏的情况当面告知乘客,提示可办理非即时退款,卡内余额可全额退还,但押金按规定不能退。若属非人为损坏,则告知乘客:“您的卡已不能正常使用,我们为您办理非即时退款。”非即时退款申请手续按程序办理完毕后,将打印小单交给乘客并告知:“5 个工作日后您可以凭小单到车站来领取退款。”乘客办理即时退款时说:“卡内余额××元,退卡押金××元,一共是××元,请您确认签字。”退还票款,则说:“请走好”。

乘客持过期车票吋,若为单程票,则说:“对不起,您持的是过期车票,请您另外购票进站,按照规定,我将收回这张车票,谢谢合作。”若为储值票,做完延期后说:“请再次刷卡进站。”

乘客索取发票时,说“请稍后”,并递给相应面额发票,然后说:“请拿好。”

特殊情况下乘客无法乘车、要求退票时,得到站长同意,查看车票无误后,说:“对不起,退您××元,欢迎下次光临。”

6. 站台安全员

站台安全员主要负责站台乘客安全,维持站台秩序,及时处理站台乘客问题。上岗时,应携带口哨、对讲机,上岗前确认对讲机电池状态良好;运营开始前应提前 15 分钟全面巡视站台,确认线路空闲、无异物侵限,报告车控室;在岗巡视时,要以规范姿态来回走动,全面巡视站台的行车安全,乘客人身安全,设施、设备运行情况和卫生情况。发现问题,及时处理并向车控室汇报;岗位轮换时,应在两班车间隙进行交接,交接内容为对讲机状况、设施设备状态等需说明的问题;运营结束后,确保没有乘客逗留在站台上,关闭自动扶梯,全面巡视设备情况,确认其状况良好。

(1)站台安全员岗位技能

①应掌握站台层发生意外情况时各种处理方法,即站务安全员应知、应会知识。

②掌握信号灯使用及其显示规定。

③必须使用的工具操作和维护知识。

(2)站台安全员岗位职责

①实行属地管理,必须服从值班站长和值班员指挥,执行服从值班站长和值班员命令,协助值班站长进行事故处理。

②执行运营公司、部、中心、车站的有关规章制度,做到"有令必行,有禁必止"。

③随时关注站台乘客动态,防止跳下站台、进入隧道,组织乘客有序乘降,如发现乘客有违规行为,应及时制止,维护车站正常的候车秩序。

④负责站台、自动扶梯的客流组织(客流高峰时限流)工作,必要时采取一定措施,引导乘客站在安全线内候车。

⑤当车辆进站时,应于靠近紧急停车按钮处站岗,提醒乘客不要拥挤,不要手扶车门,注意列车和屏蔽门之间的空隙。列车关门时,密切注意列车车门状态,防止乘客在关门时冲上车被夹伤。

⑥列车启动时,注意乘客和列车动态。

⑦解答乘客问询,关注行动不便的乘客,必要时扶其上下车;遇有清车或列车不停本站时,做好解释、劝说工作。

⑧巡查站台,发现问题及时采取相应的处理措施;车站发生伤亡事故时,做好取证工作,并协助公安人员清理现场。

⑨清客完毕,需要向司机显示"一切妥当"的信号。

⑩完成上级领导临时交办的工作。

知识拓展

(一)"一迎、二接、三送"原则

一迎——列车进站前面向列车开来方向呈立正姿势,提醒乘客文明乘车,先下后上有序登车;站在黄色安全线内候车时切勿探头张望;分散车门上车。

二接——列车进站越过站立处所时,向左转90°面向列车,左右扫视提醒乘客不要拥挤、不要手扶车门、注意列车和站台之间的间隙;列车上下客中间至发车前,注意防止乘客在列车和站台间间隙处受伤;列车关门时防止乘客被车门夹伤。

三送——列车发出越过站立处所时,再向左转90°面向列车尾部呈立正姿势,至列车尾部出清站台区域时结束。

上下行列车同时到站时接发列车工作由各车站根据实际情况自行制定,原则上由处于列车头部位置的人员接发相应的列车。

(二)站台安全员遇特殊情况的处理技巧

①大客流时,注意乘客动态,及时疏导乘客,并向车控室报告站台客流情况。

②乘客越过黄线时,立即上前阻止,情况紧急或距乘客较远时可先吹哨警示。

③乘客物品掉下站台时,第一时间明确告诉乘客:“请勿擅自跳下轨道,我会尽快帮您把失物捡回来。”在不影响行车的情况下,汇报行车值班员,征得同意后用拾物钳夹取;或请乘客留下姓名、联系方式,运营结束后为其拾取。

④客车关门夹人夹物时,立即用对讲机通知司机,若司机无法重开车门,视情况按压站台紧急停车按钮并报告车控室。

⑤乘客跳下站台时,立即按压站台紧急停车按钮,向车控室汇报,值班员按压上下行站台紧急停车按钮,实施救援。救援后对乘客进行教育。

⑥列车清客时,进入列车车厢,请全体乘客下车(终点站用语:“终点站已到,请全体乘客下车。”列车中途清客用语:“本次列车因故不能继续运营,请全体乘客下车,换乘下趟列车。”)。当所有乘客离开列车时,向司机和车控室报告清客完毕。

7. 站厅(厅巡)岗站务员

站厅(厅巡)岗站务员主要在站厅巡视,及时处理乘客进出站时遇到的问题,不能处理的问题向值班站长请示。巡视的重点位置是进出口闸机、电扶梯口等。

站台巡视作业

具体要求:站厅巡视时,两列车间隙,站厅岗可在站厅范围包括进出站闸机、自动扶梯处巡视或引导乘客购票、进闸、出闸,发现问题及时处理;乘客进出闸时,注意观察闸机指示灯和声音提示,遇使用工作证、乘车证、老人储值票、免费票时,可抽查相应证件。岗位交接时,早中班站厅岗站务员应在两班车间隙进行交接。

闸机引导严格执行“一迎、二导、三处理”的一次作业程序(一迎:乘客进出站时,应以规范站姿面向闸机提供站立服务,目光关注乘客进出站的动向。二导:引导乘客进出闸机,发现乘客车票无法使用时,应向乘客说明:“请让我帮您分析一下票卡。”三处理:对不能正常进出闸的票卡交 BOM 操作员进行分析;拾获车票要及时交 BOM 操作员回收;使用专用通道要做到随开随关。对需凭证件出入的乘客,应说“请出示证件”,认真验证无误后说“谢谢”并放行。遇公司接待和团体票进出专用通道时,应提供站立服务。)。

购票引导严格执行“一察、二导、三处理”的一次作业程序(一察:注意观察乘客动态,及时发现不会使用 TVM 购票的乘客并给予帮助。二导:引导乘客购票。购票完毕后提醒乘客“请拿好您的钱和票”,五指并拢,为乘客指明进闸方向,并说:“请从这边进闸”。三处理:出现卡币或卡票等情况时及时到 TVM 前处理,必要时通知值班站长和 BOM 操作员一起处理。)。

站厅岗站务员的岗位职责如下:

①发现乘客携带超长、超大、超重物品时,应劝阻:“对不起,您携带的物品不符合轨道交通有关规定,不能带进站”,并做好相应的解释工作。

②发现精神不正常乘客应该禁止其进站乘车,及时汇报车站控制室,必要时请求警务人员或同事的协助,保护自身安全。

③负责保证重点旅客(年老体弱者、小孩、残疾人、携带大件物品乘客等)的安全，发现儿童在自动扶梯上嬉戏时，劝阻儿童:“请不要在自动扶梯上嬉戏、打闹”，并对其进行教育，必要时通知监护人。

④负责巡查站厅、出入口，保证设备设施的正常运行，并做好相关巡查记录，发现安全隐患时及时报修，发现有故意损坏地铁设备的应及时制止，并上报车站控制室。

⑤留意地面卫生，发现积水、垃圾、杂物等应及时通知保洁人员处理，同时设置禁示牌，防止乘客摔倒。

⑥站厅、出入口发生治安安全事件时，应及时赶到现场，保护现场，寻找两名以上目击证人。

⑦负责站厅、出入口的客流组织工作，乘客较多时，加强宣传和引导，防止乘客过度拥挤，必要时采取相应的限流措施。

⑧负责更换钱箱、票箱，引导不能正常进出闸机的乘客到客服中心处理。

⑨乘客反映站内 AFC 设备无法使用时，先确认设备状况，若设备故障，可安抚乘客:“对不起，我们会帮您处理。”并报告值班站长。

⑩关注乘客动态，如发现违反地铁规定(乘客守则)的进出闸机不规范行为，应及时制止，并对其进行教育，引导乘客办理购票或补票手续。

复习与思考题

1. 什么是职业生涯规划？进行职业生涯规划有何重要意义？
2. 职业生涯规划的原则是什么？进行职业生涯规划应考虑哪些因素？
3. 职业生涯规划的基本步骤有哪些？
4. 如何进行职业生涯管理？
5. 时间管理的基本原则有哪些？
6. 什么叫坐标橱窗？
7. 时间管理四象限图有什么含义？
8. 时间管理的方法和技巧有哪些？
9. 如何正确处理人际关系？
10. 城市轨道交通行车调度员应具备哪些岗位技能？
11. 城市轨道交通电动列车司机应具备哪些岗位技能？
12. 城市轨道交通行车值班员应具备哪些岗位技能？
13. 城市轨道交通客运值班员应具备哪些岗位技能？

模块 5

城市轨道交通员工职业化能力

教学目标

1. 了解什么是学习力以及学习力三要素；
2. 探索如何提高学习力；
3. 了解什么是思想力以及如何提升城市轨道交通职工思想力；
4. 了解执行力的内涵，探索如何提高执行力；
5. 了解沟通的含义以及三大要素；
6. 掌握如何提高沟通效率；
7. 理解信息处理能力；
8. 掌握问题处理的步骤；
9. 掌握团队合作及其重要性；
10. 掌握团队合作的基础、原则与方法。

建议学时

8 学时

单元 5.1 学习力

联合国教科文组织在《学习，内在的财富》一书中明确指出，终身学习是人类进入 21 世纪的一把钥匙。21 世纪所需的人才是具有创新与思考的学习力的员工，而非劳力员工。在知识经济时代，个人的学习力决定了处在企业中的位置与未来的职业生涯发展计划，而企业与企业之间的竞争，则是面临整个组织学习力的竞争，谁能快速、精确掌握知识的行动力，谁就能以创造性思维提供给顾客更大的终身价值，并拥有市场的超额利润。因此，终生学习改变了终生雇用制度，不学习则终生难被雇用，欲成为未来的 3Q（IQ、EQ、AQ）抢手人才，则必须由“学会”变成“会学”。

成功职业人的最大风险是拒绝学习。拒绝学习的根本体现在拒绝自我否定，往往过去丰富经验和突出的业绩表现,反而成为职业人学习的两大障碍,所以,拒绝学习的职业人是企业的最大风险,而背叛自己的经验、倾听别人的意见是成功的职业人难以做到却又必须遵守的学习原则。

人生在世短短几十年,若有人问你怕的是什么,有人说怕变得衰老,有人说怕生了一场大病,也有人说怕死亡,尤其是天人永诀,然而,这些都是表露于外的心情感受,其实人真正内心感到恐惧的是两件事,即"未知"与"改变"。未知不是无知,未知是根本不知道自己具备的能力,该做什么,为什么做。改变是瞬间的手足无措,不晓得该向左还是向右,该拿起还是该放下。要克服与战胜这两大恐惧,学习是唯一能预知未来、顺应变化的最佳方式。

一、学习力的概念

学习力是一个人或一个企业、一个组织学习的动力、毅力和能力的综合体现。学习力是把知识资源转化为知识资本的能力。

个人的学习力,不仅包含它的知识总量,即个人学习内容的宽广程度和组织与个人的开放程度;也包含它的知识质量,即学习者的综合素质、学习效率和学习品质;还包含它的学习流量,即学习的速度及吸纳和扩充知识的能力;更重要的是,看它的知识增量,即学习成果的创新程度以及学习者把知识转化为价值的程度。

组织学习力是人们创新能力的集中体现,能直接转化为创新成果。它倡导团队学习比个人学习更重要,团队具有整体搭配的学习能力,团队内信息和知识实现自由流动,高度共享,团队学习既是团队成员相互沟通和交流思想的过程,也是团队成员寻求共识和统一行动的过程,从而也是产生团队的"创造性张力"的过程。

二、学习力的三要素

学习力是由三个要素组成的(图5-1)。这三个要素分别是学习的动力、学习的毅力和学习的能力。学习的动力体现了学习的目标;学习的毅力反映了学习者的意志;学习的能力则来源于学习者掌握的知识及其在实践中的应用。

一个人、一个组织是否具有很强的学习力,完全取决于这个人、这个组织是否有明确的奋斗目标、坚强的意志和丰富的理论知识以及大量的实践经验。

学习力模型图(图5-2)揭示了学习力和其三要素的内在联系。这个模型告诉我们,学习力是其三个要素的交集,只有同时具备了三要素,才能成为真正的学习力。当你有了努力的目标,

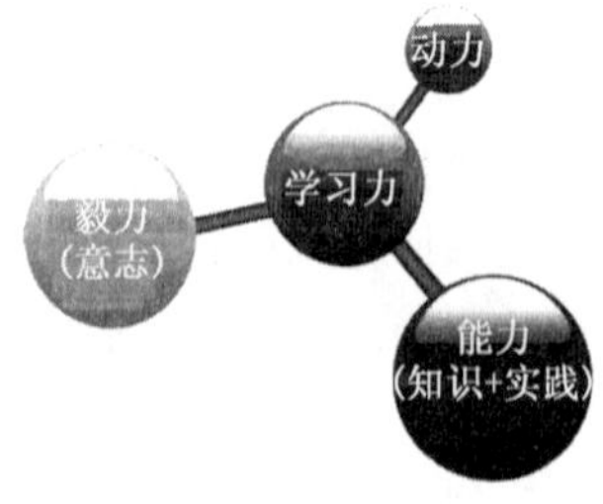

图5-1 学习力三要素图

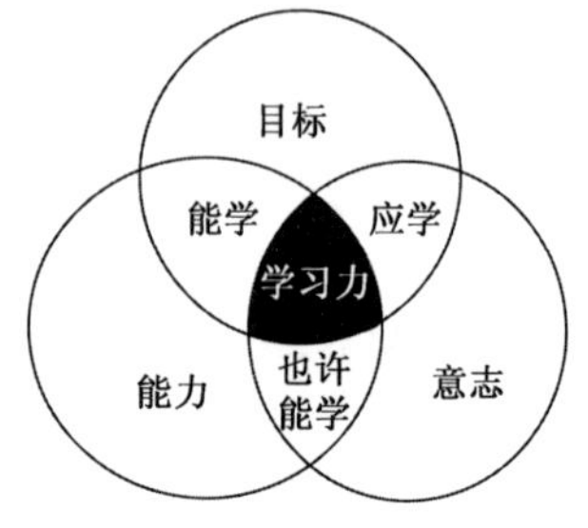

图5-2 学习力模型图

你只是具备了“应学”的动力；当你具备了丰富的理论和实践经验，你仅仅具有了“能学”的力量；而当你学习的意志很坚定的时候，你不过是有了“能学”的可能性。只有将三者合而为一，将三者集于一身，你才真正拥有学习力。

学习力是本质的竞争力。当今世界是一个充满竞争的时代，在20世纪60年代，被《财富》杂志列为世界500强的大公司，堪称全球竞争力最强的企业。然而，1970年的500强到20世纪80年代三分之一已销声匿迹，到20世纪末更是所剩无几。这一方面反映了风起云涌的新科技革命和新经济的产生迅速切换或淘汰传统产业的大趋势，但同时也反映出这些大企业不善于与时俱进，跟不上时代的节拍而被时代抛弃的必然性。实践证明，企业凡通过自我超越、心智模式、团体学习等进行学习修炼，都能在原有基础上重焕活力，再铸辉煌。

三、学习力的三大内容

心理学上学习力包括注意力、记忆力与思维力。基于前述学习力在现今和未来所占的重要地位，首先，我们必须自我认知我们的学习力正在下降当中，注意力、记忆力和思维能力一天天地模糊，这些现象，我们可以从职业生涯的发展看出端倪。一般而言，同一个企业里不同员工工资的高低往往是衡量个人对企业贡献的价值指标，包含了能力、专长、学识等，所以要超越职场上的竞争对手，只能从学习力上面下功夫，站对位置、瞄对方向，以及学对东西，让自己成为一位具有竞争力的员工。

以下，将针对学习力的三大内容，即：注意力、记忆力和思维力，分别阐述“如何改善和提高学习力”。

1.学习源于注意力

面对来自网络、电视、广播、报章、杂志、书籍等蜂拥而至的海量信息，一个人的“注意力”立刻变成了稀有而珍贵的资源。两位美国学者戴文波特与贝克（Thomas H. Davenpart 与 John Beck）曾对于如何支配一个人的“注意力”，如何防止注意力的涣散，如何吸引注意力，如何使注意力发挥最大的效益等课题，开发了新的研究领域。信息泛滥、信息超载与信息压力逐渐使人焦虑，信息疲倦症的症状就是烦躁、易怒、胃痛、失眠、倦怠等。从经济学的角度而言，当商品的供给过多超过需求量，均衡价格就会下跌，同理，当信息的供给超过个人所能消化的需要量，注意力就会下降。

人们忙于四处浏览收到的信息与传播信息，反而很少有时间用心思考与反省，因此必须设法改善这种状况，做到信息，供给与注意力二者的平衡。面对知识的普及，人类的注意力因五花八门的诱惑而远离知识。根据心理学研究证实，注意力是有极限的，国外专家的研究显示，常使用网络的人，花在其他事情的时间会少得很多。例如，这些人看电视的时间较少，或是出外运动的时间也较少，更重要的是，他们花在与其他人面对面沟通的时间也很少，所以，人们花在某些地方的注意力，无法同时被分配到其他方面。同样道理，人们往往都不知道该怎样有效处理大量信息，最多，只是采取大量的储存，那么人们肯定无法有效地分配注意力。因此，人们没办法特别注意某些重要的信息，反而被其他的信息分散了人们的注意力，而实际上，人们也没有多余的时间，仔细思索所有信息的含义。如果人们经常遇到注意力匮乏的情况，或是已经长期处于这种状态，最终必定会产生严重的心理后果，这种力不从心的失衡状态让人们喘不过气,对人们的工作与学习造成冲击。

所以,从知识学习的角度来看,必定先从吸引人们的注意力开始获取信息,筛选可用的加以分类储存,通过记忆及理解后,运用思维付诸行动,不断积累经验而产生知识的价值。注意力难以衡量,要记录注意力的存在并不容易,然而,心不在焉倒很容易被察觉出来,个人如果没有做好注意力管理,势必容易因错失良机而付出代价。

善用注意力的方法:

(1)自己既然不可能读遍一个领域中所有相关的书,那就只把自己的注意力集中在一流的书上。

(2)自己不需要恐惧漏掉的重要信息,重要的是不要做信息的奴隶,也不要滥用注意力,而应当每天不断地过滤信息,得是那些重要的信息。

(3)除非是记者或情报人员,不然没必要把自己当成“消息最灵通的人”,但是必须把自己当成最善用信息的人。

(4)善用“注意力”,就是善于掌握“优先次序”,分清楚哪些是重要的,哪些是不重要的。学会“舍”才会“得”,集中焦距,才能发挥核心优势。

(5)“注意力”本身是一种机会成本。把两小时的注意力集中在3小时会议上,就不能做3小时的其他工作,所以应当同时管理你的时间。

(6)注意力难以聚焦的最大敌人,就是不肯说“不”。做人面面俱到,做事拖拖拉拉,讲话拖泥带水,决策左顾右盼,这些全都患有“注意力匮乏症”。

(7)不要把“错”的问题,花很多注意力来解决。注意力既然是稀少的资源,应当要用在值得做的事情上。过分追求“明察秋毫”的境界,要考虑到机会成本是否太高,需要慎思。

(8)获取信息的原则是不求量,而在于质;不在于求其快速,而在乎精确程度;不考虑免费提供,而必须衡量是否实用。

上述几个方法,体现了注意力的最重要功能不是在于收纳信息,而是在于剔除信息。如果有志成为优秀的职业人,就应该把少于一半的注意力,对付当前问题,把多于一半的注意力,策划未来的发展。在未来的世界环境中,“构想或才能”不是新的稀有资源,注意力本身才是,面对不可抗拒的选择方案时,必须做好个人注意力的分配,才能做出正确选择,丧失注意力的人,等于丧失了自我,集中注意力的人,才能孕育创新。因此,善用注意力的人,才能发挥生命的创造力。

2. 学习持续于记忆力

重新拾回了注意力,开始踏上学习之路,此时面临的正是不断大量地吸收新信息,让自己所拥有的知识存量快速积累。然而,这个时候最大的困难点,却是记忆力越来越觉得不管用的问题,尤其是进入社会之后,才发觉已经不像学生时代能够一目十行、过目不忘。

或许你常常心中有个疑问:“为什么他学得总比我快?学得总比我好?”“为什么他的记忆力这样好,而我对于看过或学过的知识却容易忘记?”“为何他如此聪明、如此反应灵敏,而我却……”相信很多人对于上述问题既感兴趣,又感困惑。一个人知识的多少,往往取决于他在大脑中记忆了多少学问,对于如何提升学习能力,大部分人所知并不全面,甚至存在着不少误解。一般而言,人们都比较关注如何改善学习的方法和学习的内容,却较少注意到,大脑的运作对于学习和行动有着极为密切的关系，如果大脑保持良好的状态，对于提升学习能力是有莫大的帮助；相反地，如果大脑阻塞，学习、行动和种种反应自然受到影响。身体消化不良，吃什么也不会吸收；同样地，大脑运作不良，学什么也学不好。

从现代医学的观点可以知道，大脑是由将近1000亿个神经细胞集结而成，那么有多少的储存容量呢？如果以一份大约40万字的报纸来看，大概可以把700年的报纸内容装进去。但是，脑袋擅长遗忘多于记忆，俗话说“左耳入，右耳出”这句话有一定道理。专家研究指出，如果要毫无遗漏地把所有信息全部记下，大概5分钟脑袋就会达到极限，信息大都在没有记忆下来的情况下便被删去，此外，如果承受的压力上升，会造成皮质类固醇也跟着上升，此时我们的记忆就会下降。所谓的“艾宾浩斯遗忘曲线”也证明有一半的记忆会在4小时内消失，换言之，如果要背诵课文的话，与其在前晚夜深时死记硬背，不如留待当天早上背诵更为合适。另一方面，强记忆的新内容由于干涉效应会让之前的记忆产生减退的现象。记忆力与遗传有关，但更主要的是取决于后天的努力，要加强学习效果，就要增强记忆力。究竟怎样才可以令我们的大脑运转有效，并经常保持最佳的状态呢？现提出如下方法：

(1)提高记忆的方法

首先，人们往往最能留下深刻记忆的事情，常常是一些丢脸、没面子，或是伤感情的往事，所以如果常常将学习和情感联系起来，那么对于记忆则会产生一定的效果。以学习英语为例，在课堂学习时虽然因为说错了而感到害羞、伤自尊，但留存的印象确实能够历久弥新，所以学习语言就是该多讲，即使讲错了，反而学得快。因此，事实上失败得越多，记忆便越深刻。

其次，就是有目的、有意识的记忆，一般称之为背诵。背诵的要领其实很多，但是针对记忆力而言，在此归纳出五种比较具有科学根据的原则。

①全盘理解。一般来说，先作粗略理解，再进行细节部分的注意。过于细微的部分，可留待日后逐步记下来，因为记忆本身就是粗略和含糊的。如果记下理解方法，便可找出不同事物之间的“法则”或“共通点”，也就是所谓的规律、本质、特征，通过理解来加深记忆。因此，如果能有明确的记忆目标，给自己提出要求，并及时检查，这样便可更快、更深刻地理解事物。

②复习。不在一个月内复习，等于徒劳无功。反复背诵可以增强记忆，任何概念、公式、词汇，在第一次背诵时无意识地储存在头脑里面，由于是无意识所以记不住。不过，当第二次学习时这种潜在的记忆背诵自然地产生帮助，使记忆的印象得以提高，因此对记忆的对象要及时复习、经常复习，强化它在大脑中留下的痕迹。由此可见，三天读两小时会比一天读六小时记忆效果更佳。

③学习的次序。从基础开始学起，继而将难度逐步提高，最后必定可以学得好。往往人们在学习的时候太过贪多躁进，但在学习上没有捷径可言，除非你有过人的天赋，不然唯有稳扎稳打以及努力付出，才能获得学习的成果。除此之外，跳跃式学习也容易造成学习上的障碍，超过目前能力范围太多的学习内容反而感到无趣，因此要对记忆对象产生浓厚的兴趣，必须循序渐进。对所学的知识有了兴趣，就会产生积极的情感和主动学习的热情，如此记忆才能比较深刻。

④睡眠计划。为了学会新知识、新技巧，学习当日必须有6小时或6小时以上的睡眠时间。睡眠时，大脑会以各种形式去审核和整理过去的记忆和信息，就如同在计算机视窗系统控制面板里面的计算机管理工具，通过磁盘碎片整理程序，先进行文件的分析，然后利用睡眠的

时间整理记忆的碎片。做梦就是把脑袋中的信息和零碎记忆胡乱地联系起来的错误更新行为,所以有的时候在梦境里面,会出现时空与人事地物的交错怪象,然而起床之后,一般只会记起梦境中约百分之一的情节,如果睡眠的质量很好,基本上整理碎片及错误更新的过程不会留存在脑海里,所以人们有时不认为每次睡眠都会做梦。相对来说,有时候熬夜或是连续超过一两天没有睡眠的人,一旦超过了头脑记忆的负荷量,而又没有利用睡眠去进行整理,短期会显得精神恍惚,长期来说,对于记忆力会形成严重的伤害。

⑤生理现象。人体是一个复杂的有机体,但是人们如果能够善于运用生物危机感与生物工学,也能有助于记忆能力的改善。所谓生物危机感,就是一种危机状态,例如"饥饿"与"冷"。当人们感觉到肚子饿的时候,此时可以增加头脑的记忆力,所以一般而言,下午3点到晚餐前通常感觉饥饿,此时可以用来记忆。另外,稍微调低室内的温度,使身体感觉到略微凉意,也有助于产生生物危机感,帮助人们的记忆,通常在22℃左右最为明显。至于生物工学,也可称为人体工学,其有效运用可以使人体降低疲乏感,增强记忆的效果。例如我们可以调整桌面、座椅的高度,座垫的软硬程度,而温度、湿度、空气质量以及光线的明亮度,也是包括在生物工学之内。相反地,如果没有重视这方面所带来的影响,极有可能造成健康上的问题,例如,近视、背颈僵硬酸痛、胃痛、感到压力、心理抑郁等,这些结果将导致记忆力更大程度的衰退。

再次,心理学家也提出一些长期经营记忆力的建议。例如,吸收足够的营养,有助于改善记忆力,提升思考力和脑力;还需要多运动,尤其是有氧运动,因为它可以帮助增加脑内的氧气,可以使脑细胞活化,提升记忆力;训练自己多思考,利用拼图、猜谜等方法刺激脑细胞,也能增强记忆力;最重要的是时时刻刻让自己放松,可以减少更多的压力,并可以帮助人们集中精神,增强自己对记忆力的信心,相信自己一定可以记得很好。

(2)改善记忆力的步骤

①在学习中,选定自己的学习目标,由小而大,由近而远,由浅而深,将正在学习的内容与已知的事物联想在一起。

②根据第一个步骤,轻易实现了小目标之后,相对来说,对自己的记忆能力开始产生自信,此时进入一种学习的舒畅状态。

③排除不良干扰,投入情感和承诺,让所学的东西来影响你,使自己融入所学的情景之中,其更能帮助记忆。

④无论是联想、关键词、回忆、故事法,还是通过行动去实际体会,使用最适合自己的方法来学习。立即重演就是用行动去重复一遍先前所习得的经验或感受,以加深对所学事物的知觉和体会,通过再体验而加深对新经验的记忆,可以提升学习的效果。

⑤将所学的内容反复在心里回想,或是将所学过的内容加以重新安排、整理,这种组织化的结果,可以让我们记忆更为长久。如果寻找机会再将所记忆的内容转述给第三者,往往也能获到极好的记忆效果。

记忆力是继注意力之后,进入学习无障碍的第二道关口。如果我们能强化专注的能力,并且有效改善我们的记忆力,接下来,将通过思维力的训练,使我们在迈向学习的荆棘道路上迎刃而解,即使是穷山恶途也能如履平地。

3. 学习的关键——思维力

从知识管理的主要过程,即:收集、分类、编码、储存、提取、转移、运用和创造来看,收集和分类代表了取舍的过程，也就是通过注意力的要领，将海量的信息取其精华、弃其糟粕；而编码和储存则是利用人类有限、珍贵的记忆力，采取各种技巧使人们可以随时使用显性和隐性的知识，发挥在思考与行动上面，并且在不断运用的过程中逐渐积累、提取、转移而至创造新知识的过程。

(1)思维的概念

所谓思维，一般简单的说法就是思考，是人的大脑对客观事物的认识过程，包括了对于客观事物的感性认知与理性认知阶段。通过运用思维，人们才能从客观事物中获取大量的相关信息，再经过分析、综合，来深刻理解事物的本质。因此，思维力，就是一个人进行思维的能力，也是人类成长过程中必须培养与具备的智力素质之一。其一方面将内在知识含量外化为行动；另一方面，同时将外界的新知识和新能力内化到头脑当中，使人们的内在素质不断提高。思维分成两种方法：一种称为分析型“垂直思维”，即运用逻辑、传统的思维方法进行思维；另一种称为启发型的“水平思维”，它是打乱原本的思维顺序，从另一个角度来获得答案。

(2)良好思维力的体现

①思维力可以形成高度的独立性。思维力强的人，在学习中遇到疑点以及在生活中遇到困难时，都能以独立思考寻求答案为前提。

②思维力可以反映在灵活性与敏捷性方面。思维力可以迅速灵活地认识及解决问题，不墨守成规。

③思维力具有严谨的逻辑性。思维力能够以严密、科学的角度看待问题，对于前因后果，以清晰的思路抽丝剥茧，而不掺杂丝毫的穿凿附会，能以充足的理由、证据来得出结论。

④运用水平思维能提高视角的全面性。思维力能避免片面地看待问题，而不偏废于某一特定的角度，更能整体地看待客观事物。

⑤思维力能产生积极的创造性。分析事物仅是过程而非结果，建设性的思维能对问题提出创造性见解，能够先行构想到别人所尚未能及，比他人多了一份预见性。

(3)思维能力的提高

从思维科学的角度来看，我们可以发现提高思维能力是绝对可行的，有关垂直思维和水平思维的方式，我们可以开始培养独立思考的习惯，如一个问题应该怎样去想、去分析，怎样运用自己学过的知识和经验，怎样看书，怎样查参考资料等。当自己得出答案时，会充满成就感，进而思维能力提高而且产生新的动力。另外，让自己经常处在问题情景之中，经常面对问题，大脑就会活动积极，并通过请教他人、查阅资料、反复思考来获得讨论、设计解决实际问题的思路，参与解决问题的过程。在这个过程中，需要分析、归纳，需要推理、设想解决问题的方法与程序。从提高思维能力而言，思维的敏锐性与集中性提高了注意力，发散性与灵活性能对事物融会贯通、举一反三，提高记忆力，进而提升学习力。

四、个人的学习与发展

1. 个人生涯发展与终生学习的历程

当学习力再度被我们从流失的边缘挽救回来，再来谈学习什么内容已不是一件力不从心的事,凭着兴趣的培养和个人的天赋特质,选择学习的内容不外乎以提高价值为主要目的。以下通过生涯发展与终生学习的历程图(图5-3),来说明个人的学习与发展。

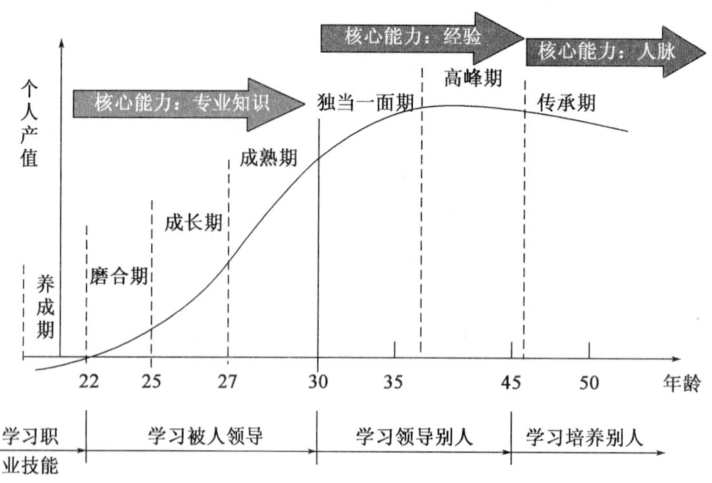

图5-3 生涯发展与终生学习的历程

由上图我们可以看到,大致上以30岁为一个生涯的分界点。在30岁之前,人生和学习一样处于恋爱阶段,必须多看、多听、多学、多积累,学习重点在强化专业能力;30岁之后,进入成家立业的阶段,必须秉持永续经营的原则,在学习上要强化管理能力。把职业生涯划分为七个阶段:

养成期:22岁之前,大部分在求学阶段,此时的学习重点应当放在职业技能的学习上,处于负价值的状态,必须持续投入到基础知识与技能的学习上。

磨合期、成长期到成熟期:22岁至30岁,在工作职场中由新手逐渐变为老手,此时的学习重点放在学习被人领导,以专业知识为核心能力,在实战中不断积累经验,不断成长,个人价值处于高速增长状态。

独当一面期到高峰期:30岁至45岁,在生活和工作上已经不需面对生存的压力,但是背负的责任也越来越重大,学习的重点在于决策与领导别人,以经验为核心能力,而个人的价值将随着带领团队而逐渐转移为团队价值。

传承期:45岁之后,积累了足够的经验与智慧,在工作中扮演的角色已由阵前的指挥官,转变为向下传承的教官或导师角色,选择与培养接班人选,成为工作上的主要责任。因此学习的重点在于培养他人,此时的核心能力为丰沛的人脉关系,并可通过关系网络的优势,寻找个人持续发展的契机。

2. 知识内容的类型

关于学习的内容,从图5-3中可以清楚地知道,对于职业技能与基础知识而言,就是各个专属领域信息、各项训练及经验传承,以协助任务执行、管理、决策及解决问题的生存性知识。大多在学校里学习的就是系统性知识,包括案例、规则和模型三种形式。进入工作之后,学习的是专业知识和人际方面的技能。此外,还需要有能力解释、归纳他们的知识成果并且做出推论,进而发展出新的推论和架构,之后能传授他们的知识、经验给其他人。学习到了最高的知识层级,就是能力,例如组织能力、制造产品的一系列过程,甚至提高服务的绩效都属于能力的范畴。能力的养成需要团队及个人能力的整合与协调合作。

(1)按照经济性分类

按照经济合作发展组织 OECD 的定义,依经济性把知识分成四类:

①Know-what(知事)。即关于事实认知的知识。例如,律师、医师、会计师在专业领域的知识,Know-what 与一般所称之信息的意义接近。

②Know-why(知因)。即关于科学原理以及自然规律的知识。例如,研究实验室所产生之新技术与创新应用知识,这类知识是产业进步与创新发展的最重要基础。

③Know-how(技能)。即从事业务的技巧、秘诀、窍门与能力,专业技术工作者或知识工作者所必需的专业能力与知识。

④Know-who(知人)。即哪些人有特殊专长的知识及特殊社会人脉关系,人才与技能数据库在未来日益重要,可充分运用组织内外的专家与专长知识。

(2)按照性质分类

①目标设定或理想化的知识(Knowledge-why):利用知识去找到那些可能实现的目标和价值。

②系统化的知识(Knowledge-that):利用知识去深度分析问题,并且提出新的方法和选择。

③程序化的知识(Knowledge-how):决策以及事实性的知识。

④自动化的知识:将任务自动执行,不加入人类意识的因素。

(3)按照形式分类

①隐性知识:无法用文字描述的经验式知识,不容易文件化与标准化的独特性知识,以及必须经由人际互动才能产生共识的组织知识,可重复使用的机会较少,通常应用在附加价值较高的作业活动之上。例如,员工本身所具备的知识,包括个人能力、记忆、技能、经验等。

②显性知识:是指可以文件化、标准化、系统化的知识,因此显性的知识可以从知识库中直接复制并进行独立的学习。广泛适用性、能够被重复使用以及与人分离是显性知识的特点,因此使用显性知识,不需与知识的创造者接触,就可以产生知识移转的学习效果。

与企业相关的显性知识来源存在于企业的内部和外部。内部知识的来源包括:手册、简介、表格、备忘录、调查报告、组织图、评价系统、程序图及其他形式的文件等。外部知识的来源则包括:图书、期刊、学刊、财务金融与新闻报道、研究新知与产业分析,等等。而更广义的外部知识来源包括:互联网、学术界、会议、趋势分析、预测专家、环境扫描、顾问、标杆与最佳实践等。如果是非正式化的知识,来源包括现在与先前的员工、顾客、供货商、各种利益团体、政府、产业界、与学术界。广义的非正式来源包括:沟通系统、领导人与合伙人可观察到的行为以及众所皆知但没有书面记录的政策与奖励制度等。非正式化知识最好能将其转换为正式化知识,否则容易丧失。

所以,在学习知识的过程中,必须要能清楚地知道知识来源于何处,存在于何处,才能善于使用学习能力来快速、精确地获取知识。

单元5.2 思 想 力

拿破仑曾经说过,世界上有两种东西最有力量,一是宝剑,二是思想,而思想比宝剑更有力量。“思想”是经过思考和探索而产生的思维结果,是人类行为的基石,每个人都有思想。然而,在“思想”后面加上一个“力”字,其内涵就不同了,从物理学角度讲,“力”是指改变物质状态的运动,“思想力”就是思想对客观物质世界的作用力。因此,思想力不是执行力、学习力、生产力等诸种力的一种,而是所有力的源泉,是人类行为的基石,是一个人经过成功和失败的洗礼之后,而形成的经验和教训的结晶体。

一、思想力的概念

人人都有思想,每个企业也有思想。思想力是人类行为的基石,是一个人经过成功和失败的洗礼之后,形成的一种有功能的思想。人常说,“谋先事后者胜,事先谋后者败”“思想改变,行动改变,命运改变”“请关注你的思想,因为思想决定言行;请关注你的言行,因为言行决定习惯;请关注你的习惯,因为习惯决定命运”。这一切靠的是什么呢?靠的就是思想力。

究竟什么是“思想力”?“思想力”是指思想的深度和力度,通过不懈的学习、磨炼,打造出坚定的正确方向、高度的自觉意识和不断增强的主观能动力。思想力就是创造性地思考和解决问题的能力,它是创新力的实质和根本。思想力必须能够抗打击,坚定的执行自己的意志,执行力是第一要素。很多时候,成功并不需要深奥的理论或者精密的实验室,其实哪怕只是生活中很小的一件事,也能触动你发明创造的那根神经。比如,发现某种产品的缺陷,注意某种需求,等等。就在我们身边一些熟视无睹的事物中,才蕴含着最多的智慧。

二、思想力的作用

思想力是一把双刃剑。

是战略重要,还是执行重要,一直是人们不断争论的话题。其实,一个糟糕的战略,被强有力地执行了,并不比一个好的战略被缓慢地执行好到哪里去。我想,最重要的是思想力。因为,执行力来源于思想力,而思想力无疑也作用于执行力,指导着执行力,决定着执行力的大小和方向。

三、大力宣传树立提升员工思想力和执行力的目的和重要意义

思想力是正确思维和判断是非的能力;执行力则是指贯彻战略意图,追求最佳效果而形成高度一致性的具体操作能力。思想力强了,企业就会有长远的战略规划、正确的经营思路和市场定位、完善的思想体系和管理制度、先进的管理模式;执行力强了,综上所述的思想力就会转化成效益成果。如果思想力出现了问题,也就是说出现了方向性的错误,执行力就无从谈起;思想力的问题解决,而执行力得不到加强,那么再完美的战略规划、再完善的管理制度、再正确

的市场定位也只能是纸上谈兵。

当今,企业内出现正确思想力的员工一定会受到欢迎。遇到问题,他们不是袖手旁观,把问题当成是借口,而是看作一种挑战,积极主动地想办法解决。而企业需要的就是能为组织解决难题的人。有很多本身具备不错的智力条件的员工之所以不能在职场上有所发展,原因就是他们没有把自己所具备的智力潜能转化为能够解决问题的思想力。

智力就像埋在沙子里的金子,只有转化为现实的思想力,它才能迸发出耀眼的光芒。当我们走上一个工作岗位的时候,要想脱颖而出,就必须让自己的思想力发挥作用。没有思想的员工如机器人一样,对于一个企业来说是没有多少价值的。在这个瞬息万变、竞争激烈的社会里,只有不断产生新的思想,不断在工作中有所创新,才能为企业创造更多的价值,也为自己创造成功的机遇。

工作上的事情总是千头万绪,不经意间就会疏忽细节上的许多东西,但是无论多么细小之处,只要我们大家都善于动脑,勇于实践,所有的问题将迎刃而解!

案例

思想力对于一名行车调度员来说尤为重要,调度员必须在事故处理的过程中,既要有原则,又要灵活,要随着事态的发展不断变换思路,从而达到最佳的行车调整效果。在南京地铁的大事故历史上,2007 年 7 月 8 日中胜至安德门区间 00 跳闸尤为突出,当日上午一道极强雷电击中位于南京地铁一号线小行站附近的供电设备,造成中胜至安德门区间接触网单向停电,并造成奥体至安德门单向停运 1 小时 37 分钟,在该事故的处理中,行车调度员初期决定奥体至中华门单线双向运行,中华门至迈皋桥小交路运行。但随着处理时间的增加,行车调度员变换了之前的调整手段,采用两种调整方式混合使用:奥体反向运行至安德门后经中华门渡线到上行继续载客,中华门下行的列车待反向列车过后,继续往奥体运行,这样既调整了列车间隔,又减少了清客,方便了车站的乘客服务,这就是思想力带给我们调度的收获。

四、提升职工思想力的方法

思想力是基础,执行力是归宿,没有好的思想力就没有好的执行力。思想力出现问题首先就要从思想力着手解决。在着手解决思想力问题过程中,主要做好以下四个方面的工作:

1. 在城市轨道交通企业内部大力倡导建立学习型组织

通过学习,领导层更能站高望远,制定的战略规划、思想体系、管理模式和管理制度等更加切合企业实际;企业员工的整体素质可以得到进一步提升,对领导层的决策和意图就能够更准确地把握和理解,执行过程中就会不走样。

2. 将城市轨道交通企业的核心理念进一步深入人心

地铁企业不断地宣传做大做强城市轨道交通的目的是为了整体员工的利益,是为了让员工活得更幸福、更有尊严,从而在思想上形成高度的一致性。

3. 让员工学会正确处理时间、空间、人与人之间的关系

在时间上避免拖拉,讲究高效率,树立起时间就是金钱的概念;空间上找准定位,学会协调联动;人与人关系上既要坚持原则,又要相互帮助,和谐相处,形成一个强有力的团队。

4. 进一步加强干部队伍思想作风建设

把积极开展"自责"和从自身做起、树标杆、当榜样,领导干部先进典型大力宣传,从而为提升思想力和执行力创造一个良好的环境。

单元5.3 执 行 力

世界首富比尔·盖茨认为微软在未来所面临的挑战就是执行力;IBM总裁鲁·郭士纳认为成功企业和经理人具备三大特征,即明确的业务核心、优秀的领导能力、卓越的执行力。仅有战略,并不能让企业在激烈的竞争中脱颖而出,而只有执行力才能使企业创造出实质的价值。失去执行力,就失去了企业长久生存和成功的必要条件。没有执行力,就没有核心竞争力。

案例

制度和策略都不变就扭亏为盈

某大型国有企业因经营不善导致破产,后被日本一家财团收购。厂里的人都在翘首盼望日本人能带来什么先进的管理办法。出乎意料的是,日本财团只派了几个人来,制度没变,人没变,机器设备没变。日方就一个要求:把先前制定的制度坚定不移地执行下去。结果不到一年,企业就扭亏为盈了。日本人的绝招便是执行力。

一、执行力的内涵

执行是按质按量地完成任务,实现既定目标的具体过程。执行力就是完成执行的能力和手段,它是贯彻战略意图,完成预定目标的操作能力。不是简单的战术,而是一套通过提出问题、分析问题、采取行动的方式来实现目标的系统流程;一门将战略、人员、运作流程相结合,以实现预定目标的学问。

因此,执行力是一种行为、过程而不是结果,但执行力的力度决定结果。企业都会制定战略、制度、计划,但如果缺乏执行力,再漂亮的战略、再科学的制度和计划也会落空。所以说执行力不是力量,重在行动、重在快速、重在到位、重在跟踪、重在落实、重在到底、重在持续。执行力是每位职业化员工及企业必备的发展和竞争能力。

执行力是企业竞争力的核心,是把企业战略、规划转化成为效益、成果的关键。一个企业是一个组织,一个完整的肌体,企业的执行力也应该是一个系统、组织和团队的执行力。执行力是企业管理成败的关键。城市轨道交通企业要解决管理中存在的问题,就必须在员工中打造一流的企业执行力。一个执行力强的企业,必然有一支高素质的员工队伍,而具有高素质员工队伍的企业,必定是充满希望的企业。

案例

沃尔玛成长壮大的奥秘

沃尔玛百货有限公司是一家美国的世界性连锁企业,以营业额计算,其为全球最大的公司,其控股人为沃尔顿家族。总部位于美国阿肯色州的本顿维尔。沃尔玛主要涉足零售业,是世界上雇员最多的企业,连续4年在美国《财富》杂志世界500强企业中位居首位。沃尔玛公司有8500家门店,分布于全球15个国家,主要有沃尔玛购物广场、山姆会员店、沃尔玛商店、沃尔玛社区店等四种营业方式。沃尔玛如此成功的奥秘主要是执行七大原则:

(1)日出欢呼原则。沃尔玛员工每天早晨都要在他的大楼前、营业厅前集体高呼沃尔玛的口号,如"我们就是——沃尔玛;天天平价——沃尔玛;顾客第一——沃尔玛;沃尔玛,沃尔玛,沃尔玛,向前进!"

(2)日落原则。无论是楼下打来的电话,还是其他地方的申请需求,我们都应该当天答复每一个请求。日落原则是一种向顾客证明想他们所想,急他们所急的一种做事方法。

(3)三米微笑原则。山姆·沃尔顿先生要求并鼓励他的员工和他一样运用三米微笑原则:每当员工在三米以内的距离遇到一位顾客,员工需要微笑地看着顾客眼睛并与其打招呼,同时询问顾客:"我能为你做些什么?"

(4)共享原则。"如果你想让店里的员工照顾好顾客,你就必须确保你要照顾好店里的员工。"通过员工持股计划、损耗奖励计划与利润共享计划,激励员工对顾客的要求作出回应。

(5)检查原则。沃尔玛的员工将沃尔顿管理风格称为"让你筋疲力尽的管理"和"仔细检查式的管理。"关于管理人员,沃尔顿说:"你必须让人有责任感,你必须信任他们,然后你还必须对他们进行检查。"

(6)不依赖明星。沃尔顿说:"在沃尔玛没有超级明星。我们是一个由实现超过预期目标的普通人组成的公司。"

(7)超越顾客的期望。让我们成为最友善的员工——向每一位光临我们商场的顾客奉献我们的微笑和帮助。感谢顾客光临我们的商场是远远不够的——我们期望竭尽全力、以各种细致入微的服务去表达我们的谢意!我们想这将是吸引我们的顾客一次又一次光临我们的商场的关键之所在。

二、职业人执行力的内容和要求

根据主体不同,执行力可以分为企业执行力和个人执行力。就职业人而言,可以认为,职业人个人执行力就是职业人独自或者带领下属有效运用可控资源、保质保量完成工作和任务的能力。

执行力是针对角色来讲的,不同层级的职业人在组织中都要具备执行力,企业的高层职业人应成为企业的高层执行者,中级职业人应成为中层执行者,基层职业人则应成为基层执行者,而基层职业人尤其要具备出色地完成任务的能力,即执行力。那么,职业人的执行力有哪些内容和要求呢?

1. 职业人执行力的内容

职业人执行力的内容包括多个方面,主要如下。

(1)领会与设计能力。执行始于委派,首先要明确需要完成的任务和完成任务所必需的条件。其次是对任务进行分解和设计,以制定完成任务的路线图。要有将模糊、笼统的期望转化成清晰、具体目标的能力。再次是组成任务团队,要为每一项任务找到合适的负责人。

(2)按原则办事的能力。按原则办事,主要发生在授权和监督过程中。首先,要具备有效的智慧和命令的能力,在授权时,要明确任务、任务背景以及完成任务的标准,既要给予权利和支持,又要对方做出承诺;其次,要尊重公开承诺,培养责任感;再次要有严格的计划、时间表、预算和控制体系;最后,要能适时进行监督,监督内容主要针对的是绩效表现,关键点在于监测工具和手段的运用。

(3)处理棘手问题的能力。职业人在生产和服务的工作活动中,常会碰到紧急、棘手问题,这需要具备克服和应对各种障碍,赢得支持的能力。要杜绝延误,具备保持主动性的能力。

(4)学习能力。受认知能力的影响,任务的领会和设计不是一次就能完成的,需要不断在实践中总结,向经验学习。另外,与不同的员工沟通和交流、监督的方法等都是需要不断地学习。学习能力不仅是执行力提高的保证,也是执行力的内容。

2. 职业人执行力的要求

衡量一个职业人是否具备出色的执行力,主要看他是否能够做到以下几个方面。

(1)了解自己所在的企业、上级领导和员工。必须用一种客观的态度来看待企业和他人,尤其是在将自己所在的公司与其他公司进行比较的时候,要非常清楚地了解公司当前所发生的一切,同时还要放开眼界,在衡量自己进步的时候,把眼光放在与其他企业的对比之上,而不是仅仅局限于本企业的内部。

(2)确立明确的目标和实现目标的先后顺序。职业人要关注那些重要而明确的目标,只有目标明确,才有前进的动力和方向。如果没有在事先设定清晰的目标顺序,在完成任务时很可能陷入迷茫。

(3)建立一种及时跟进机制,以确保自己和同事能够意识并切实完成自己的任务。因为“人们所做的并非你所期望的,而是你所要检查的”。

(4)对执行者进行奖励。职业人应该做到奖罚分明,并把这一精神传达到整个组织或团队当中,确保自己和他人都清楚地知道:得到的奖励和尊重完全建立在工作业绩之上。

(5)提高能力和素质。作为职业人,其工作与学习是密不可分的,这需要与他人共享知识和经验;对管理者来说,更是如此。管理者需要指导和培训下属员工,通过这种方式来不断提高团队中个人和集体的能力。

(6)了解自己、认识自我。职业人必须具备坚韧的性格,只有这样,才能真实地面对自己,真实地面对自己的业务和组织现实。只有对自己和他人做出正确的评价,才能容忍与自己相左的观点,才能建立起一种执行型文化。

三、企业执行力的五大关键

1.沟通是前提

这里有一个概念,即SMART原则:
Specific——目标必须是具体的;
Measurable——目标必须是可以衡量的;
Attainable——目标必须是可以达到的;
Relevant——目标必须和其他目标具有相关性;
Time - based——目标必须具有明确的截止期限。
有好的理解力,才会有好的执行力。好的沟通是成功的一半。通过沟通,群策群力、集思广益,可以在执行中分清战略的条条框框,适合的才是最好的。通过自上而下的合力,才能使企业执行更顺畅。

2.协调是手段

协调内部资源往往是公司协调的主要工作。好的执行往往需要一个公司至少80%的资源投入;而那些执行效率不高的公司资源投入甚至不到20%,中间的60%就是差距。这些不仅仅只是在书面上有所显示。一块石头在平地上只是一个死物,而从悬崖上掉下时,可以爆发出强大的能力。这就是集中势能,把资源协调到所要实现的战略上,从上到下一个方向,便能达到事半功倍的效果。

3.反馈是保障

执行的结果需要经过反馈来得知,其主要包括市场的被动反馈和市场主动调研。反馈得来的效用可以用具体而细致的数据来展示,如城市轨道交通系统可靠性指标等。

4.责任是关键

企业的战略应通过绩效考核来实现,而不仅仅只是从单纯的道德上来约束。从客观上形成一种阳光下进行的奖惩制度,才能不会使执行做无用功。人力资源(HR)中目标协议书利用关键绩效指标(KPI)来管理执行力。该协议书以法律为依据,明确当事人责任。从主要业绩、行为态度、能力等主客观方面来评价个体执行能力。

5.决心是基石

狐疑犹豫,终必有悔,顾小忘大,后必有害!专注,坚持这种人生信条同样也适用于管理执行这个方面!成功就像一扇门,如果我们已经找到战略这把合适钥匙,那么现在需要的只是我们把钥匙插进去并朝正确的方向旋转,把门打开。

四、提高执行力的方法

1. 你好我好大家好——三赢法则

有一个游戏说的是,每个学员和身边的伙伴比手劲,赢者可获一枚钱币,许多人都使劲把别人扳倒,于是赢的机会很少。高明的人会不使劲让对手赢,那么对手也让自己赢,这样能获得无数钱币。从这个游戏当中告诉我们,当你让别人好时,才会让自己更好。

有一次,记者采访亚洲首富李嘉诚的儿子李泽楷(盈科公司总裁)说:“请问李先生,你成功的秘诀是什么?”李泽楷说:“我没有什么秘诀,如果要说的话,那就是当我与别人合作时,我能拿七分,即使拿八分也不过分,那我就拿六分。”

2. 高效执行,从尽职尽责开始

案例

美国西点军校里有一个广为传诵的悠久传统,就是遇到军官问话,只有四种回答:“报告长官,是!”“报告长官,不是!”“报告长官,不知道!”“报告长官,没有任何借口!”除此之外,不能多说一个字。一个冬天的晚上,9时许,美国西点军校一位军官交代给他的学生一个任务:把军官的脏手套洗干净,次日要用。学生立刻回宿舍帮军官清洗手套,洗手套不难,难的是如何让手套在第二天变干。学生先是把手套拧干,再拿干毛巾把手套卷起来吸干水分。到了第二天凌晨3点,学生就把手套靠在窗口,晃动双手,让风把手套吹干,吹了一晚上,到了早上6点,学生终于把晾干的手套交到了军官手上。

据《美国商业年鉴》统计,第二次世界大战后,在世界500强企业中,经过西点军校培养的董事长有1000多名,副董事长有2000多名,总经理、董事一级的有5000多名。任何商学院都没有培养出这么多优秀的经营管理人才。上面的案例告诉我们,在我们接受上司指令时,不要推诿责任,不要逃避挑战,用心地完成上级交给你的任务,这是一个员工执行力的基本表现。

德国全社会都把遵守规则看成是很平常的事情。在一个企业中,创造一种被大家共同认可的主流价值是非常重要的,这就是企业的执行理念和执行文化。在城市轨道交通行业中,执行力是地铁安全运营的强力保证。规章制度、安全生产的执行是非常重要的,管理层的各种精神传达,与中下级的认真执行是一个相互依赖的整体。管理者高瞻远瞩、全面谋划、通盘考虑,执行者领会通透、精心实施,所有这些都是执行力的全部展现。

3. 绝不拖延,马上行动

执行最大的窃贼是拖延。很多事情没有做好,大部分原因是拖延,当你想拖延时总是找很多理由,等有足够的压力才能干得更好,不到最后期限灵感激发不出来。

仔细思考一下:拖延的事情迟早要做,为什么要等一下再做?现在就做,等下可以休息,有什么不好?现在休息,也许待会要付出更大的代价。

杜绝拖延的最好办法是:立即行动,做自己不敢做的事;强化奖励与处罚手段;把要做的事记下来提醒自己;想到就做。马上行动就是今天的事今天毕,此时的事绝不到彼时。

案例

不可泡时间,而要抢时间

有两个人,到非洲去考察。他们突然迷路了,正当他们在想怎么办时,突然看到一只非常凶猛的狮子朝着他们跑过来,其中一人马上从自己的旅行袋里拿出运动鞋穿上。另外一人看到同伴在穿运动鞋就摇摇头说:“没用啊,你怎么跑也没有狮子跑得快。”同伴说:“嗨,你当然不知道,在这个紧要关头最重要的是我要跑得比你快。”

4. 分清轻重缓急,做最有生产力的事

案例

时间管理专家的故事

时间管理专家为一群商学院的学生讲课。他现场做了演示,给学生们留下了一生都难以磨灭的印象。站在那些高智、商高学历的学生前面,他说:“我们来做个小测验。”他拿出一个广口瓶放在他面前的桌上。随后,他取出一堆拳头大小的石块,仔细地一块放进玻璃瓶。直到石块高出瓶口,再也放不下了,他问道:“瓶子满了?”所有学生回应道:“满了!”

时间管理专家反问:“真的?”他伸手从桌下拿出一桶砾石,倒了一些进去,并敲击玻璃瓶壁使砾石填满下面石块的间隙。“现在瓶子满了吗?”他第二次问道。“没满!”学生们再次回答。

“很好!”专家说。他伸手从桌下拿出一桶沙子,开始慢慢倒进玻璃瓶。沙子填满了石块和砾石的所有间隙。他又一次问学生:“瓶子满了吗?”“没满!”学生们大声说。他再一次说:“很好!”然后他拿过一壶水倒进玻璃瓶直到水面与瓶口相平。随后,他抬头看着学生,问道:“这个例子说明什么?”

一个心急的学生举手发言:“无论你的时间表多么紧凑,如果你确实努力,你可以做更多的事情!”“不!”时间管理专家说,“那不是它真正的意思。这个例子告诉我们:如果你不是先放大石块,那你就再也不能把它放进瓶子了。那么,什么是你生命中的大石块呢?与你爱的人共渡时光,你的信仰、教育、梦想?切记得先去处理这些“大石块”,否则,一辈子你都不能做!”

企业中什么是最有生产力的事,“培养核心竞争力,确保竞争优势;企业文化建设;改进客户关系等”可以说是也可以说不是,应根据各企业情况确定。唯一决定取舍标准:是否给企业带来利润及利润大小,这个参数就是80/20原理,做最有生产力的事是确保执行效率的前提。

5. 善于授权,人人参与执行

通用电器总裁、世界第一CEO杰克韦尔奇说:“以前在通用,我们通常习惯于告诉别人做些什么,甚至怎么做,而对方也照单全收,不多不少。但自从我们授权员工自主管理后,却惊讶地发现,他们做了很多主管没叫他们的事情。授权的作用在于它是一种开发员工潜能的方法,过去改善生产力是管理者的责任,现在变成全体员工的责任,而且企业动作更快,更具有生产力和执行力。”难怪有人说:在企业里,公司付钱购买我的劳动力,其实完全可以使用我的大脑,而且不用支付任何工钱。

如果下属提出方案,马上问他问题:“处理这件事按照你的方法,时间、人员、设备等有问题吗?”如果没有问题了,让他马上去办。切记,当下属提出方案,主管人员千万别说:好!我同意你的方法,没有问题。这样下属会认为你都认可了,有问题不怪我了。只有当下属自己许诺没有问题了,下属须承担所有责任,才授权,同样他会全力以赴认真完成。

授权时注意事项:

(1)明确工作目的及要求,说明“做什么”而非“怎么做”;

(2)经常定期评估检查;

(3)注重结果,掌控过程;

(4)不能姑息“倒授权”;

(5)你仍然要承担责任。

6. 自动自发

一个人会做是远远不够的,除了会做,还要愿意做,有工作的意愿(动机),即要自动自发。所谓自动自发,不是一个口号、一个动作,而是要充分发挥人的主观能动性与责任性,在接受工作后想尽一切办法把工作做好。“自动自发”就是一种可以帮助你扫平挫折的积极向上的人生态度。自动自发就是没有人要求你、勉强你,自觉而出色地做好自己的事情,做到对工作勤奋、对公司敬业、对老板忠诚、对自己自信。

老板不在身边却更加卖力工作的人,将会获得更多奖赏。如果只在别人注意时才有好的表现,那么你永远无法达到成功的巅峰。最严格的表现标准应该是由自己设定的,而不是别人要求的。自动自发地做事,同样还要为自己的所作所为承担责任。那些成就大业和凡是得过且过的人之间的最根本的区别在于,成功者懂得为自己的行为负责。

案例

在一家服装公司,老板吩咐三个员工去做同一件事:调查供应商的材料数量、价格、质量情况。第一个员工花了5分钟就回来了,他并没有亲自去调查,而是向下属打听了一下情况就回来报告;30分钟后,第二个员工回来报告,他亲自去供应商那里了解情况;90分钟后第三个员工回来报告,他亲自了解供应商的价格、质量情况,并与销售经理详细了解公司最有价值的材料情况,一一作了记录,回来的路上又去另外两家作了一些比较,向老板作了一份详细的报告。

第一个员工完成任务敷衍了事;第二个员工只能算是被动听命;第三个员工才是自动自发、尽职尽责。如果您是老板你会选择谁?谁应该晋升加薪呢?

7. 认真做事,不找借口

没有任何借口是执行力的表现,无论做什么事情,都要牢记自己的责任,无论在什么样的工作岗位,都要对自己的工作负责。成功者不善于也不需要编织任何借口,因为他们能为自己的行为和目标负责,也能享受自己努力工作成果。缺少机会,则往往是不愿意付出努力工作的人用来原谅自己的借口。

在极其平凡的职业中,在极其普通的岗位上,也时常蕴藏着巨大的机会。只要调动自己全部的智力,全力以赴,加强自我职业素养,做到自动自发、不找任何借口,只要勤勤恳恳地把自己的工作做得比别人更完美,就能发现机遇,推开通往成功的大门。

工作就是我们生命的舞台,只有我们像珍惜生命一样珍惜自己的工作,我们才会把工作做得最好,我们才能获得人生中的最高成就。其实工作就是奋斗和收获,人生是短暂的,我们应该有合适的目标,无论做什么事情,总是要有所作为,工作就应该全力以赴,认真执行每个环节,不断求索,不断追求,不断奋斗,才会不断进步。

单元5.4 沟 通 力

美国企业管理咨询公司调查指出沟通技巧是成功人士必备的基本技能之一。一个职业人士所需要的三个最基本的技能依次是沟通的技巧、管理的技巧和团队合作的技巧。这是一门职业人士所需要具备的入门级基本课程。世界上很多著名的公司都把其当作员工最基本的三个技能。在实际的工作中,达不到预期的沟通效果,就不能保证工作的正常运转。而沟通技巧(Skill)就是教我们如何去做,而不是如何去说。

一、高效沟通概述

从出生到成长,我们无时无刻不在和他人进行着沟通。那么沟通是什么?每个人对沟通的理解是不一样的。对沟通的不同理解就造成了沟通困难和障碍,最终导致沟通的失败。在实际工作过程中,不能有效沟通确实是最大的一个障碍,是造成工作效率低下的一个非常重要的原因。

1.沟通的含义

沟通是为了一个设定的目标,把信息、思想和情感在个人或群体间传递,并且达成共同协议的过程。

2.沟通的三大要素

在沟通的定义里,需要学习和明确沟通的重要内容,即沟通的三大要素:

(1)一定要有一个明确的目标

只有明确的目标才叫沟通。如果没有目标,那就不是沟通,是什么呢?是闲聊。而人们以前常常没有区分出闲聊和沟通的差异,经常有同事或经理都会过来说:某某,咱们出去随便沟通沟通。随便沟通沟通,本身就是一对矛盾。沟通就要有一个明确的目标,这是沟通最重要的前提。所以,理解了这个内容之后,你在和别人沟通的时候,见面的第一句话应该说:“这次我找你的目的是……”沟通时说的第一句话要说出你要达到的目的,这是非常重要的,也是你的沟通技巧在行为上的一个表现。

(2)达成共同的协议

沟通结束以后一定要形成一个双方或者多方都共同承认的一个协议,只有形成了这个协议才叫作完成了一次沟通。如果没有达成协议,那么这次不能称之为沟通。沟通是否结束的标志就是:是否达成了一个协议。在实际工作过程中,人们往往一起沟通过,但是最后没有形成一个明确的协议,大家就各自去工作了。由于对沟通的内容理解不同,又没有达成协议,最终造成工作效率低下,双方又增添了很多矛盾。因此,当你和别人沟通结束的时候,一定要用这样的话来总结:非常感谢你,通过刚才交流我们现在达成这样的协议,你看是这样的一个协议吗?这是沟通技巧的一个非常重要的体现,就是在沟通结束的时候一定要有人来做总结,这是一个非常好的沟通行为。

(3)沟通信息、思想和情感

沟通的内容不仅仅是信息,还包括更加重要的思想和情感。那么信息、思想和情感哪一个更容易沟通呢?是信息。

例如:今天几点钟起床?现在是几点了?几点钟开会?往前走多少米?

这样的信息是非常容易沟通的。而思想和情感是不太容易沟通的。在人们工作过程中,很多障碍使思想和情感无法得到一个很好的沟通。事实上在沟通过程中,传递更多的是彼此之间的思想,而信息的内容并不是主要的内容。

3. 沟通的方式

在工作和生活中,人们会采用不同的沟通模式,可能用得最多的是语言。这是人类特有的一个非常好的沟通模式。实际上在工作和生活中除了使用语言沟通,有时候还会用书面语言和肢体语言去沟通,如用眼神、面部表情和手势去沟通。归纳起来,沟通方式有两种,即语言的沟通和肢体语言的沟通。通过这两种不同模式的沟通,可以把沟通的三个内容,即信息、思想和情感传递给对方,并达成协议。

(1)语言的沟通

语言是人类特有的一种非常好的、有效的沟通方式。语言的沟通包括口头语言、书面语言、图片或者图形。

口头语言包括我们面对面的谈话、会议等。书面语言包括我们的信函、广告和传真,甚至现在用得很多的E-mail等。图片包括一些幻灯片和电影等,这些都统称为语言的沟通。

在沟通过程中,语言沟通对于信息的传递、思想的传递和情感的传递而言,更擅长于传递的是信息。

语言的沟通渠道见表5-1。

语言的沟通渠道 表5-1

语言的沟通渠道	书　　面	图　　片
模式 一对一(面对面) 小组会 讲话 电影 电视、录像 电话(一对一、联网) 无线电 录像会议	信件 用户电报 发行量大的出版物 发行量小的出版物 传真 广告 计算机 报表 电子邮件	幻灯片 电影 电视、录像 投影 照片、图表、曲线图、画片等 与书面模式相关的媒介定量数据

(2)肢体语言的沟通

肢体语言包含的信息非常丰富,包括我们的动作、表情、眼神。实际上,在人们的声音里也包含着非常丰富的肢体语言。人们在说每一句话的时候,用什么样的音色去说,用什么样的抑扬顿挫去说等,这都是肢体语言的一部分。

肢体语言的沟通渠道见表5-2。

肢体语言的沟通渠道 表5-2

肢体语言表述	行为含义
手势	柔和的手势表示友好、商量,强硬的手势则意味着:"我是对的,你必须听我的。"
脸部表情	微笑表示友善礼貌,皱眉表示怀疑和不满意
眼神	盯着看意味着不礼貌,但也可能表示感兴趣,寻求支持
姿态	双臂环抱表示防御,开会时独坐一隅意味着傲慢或不感兴趣
声音	演说时抑扬顿挫,表明热情;突然停顿是为了造成悬念,吸引注意力

沟通的模式有语言和肢体语言这两种,语言更擅长沟通的是信息,肢体语言更善于沟通的是人与人之间的思想和情感。

4. 沟通的双向性

人们在工作和生活的过程中,常把单向的通知当成了沟通。当你在与别人沟通的过程中是一方说而另一方听,这样的效果非常不好。换句话说,只有双向的交流才叫作沟通,任何单向的交流都不叫沟通。因此沟通的另外一个非常重要的特征是:沟通一定是一个双向交流的过程。

5. 沟通的三个行为:说、听、问

要形成一个双向的沟通,必须包含三个行为,即说的行为、听的行为和问的行为。一个有效的沟通技巧就是由这三种行为组成的。换句话说,考核一个人是否具备沟通技巧,要看他这三种行为是否都出现。当我们每一个人在沟通的时候,一定要养成一个良好的沟通技巧习惯:说、听、问三种行为都要出现,并且这三者之间的比例要协调,如果具备了这些,将是一个良好的沟通。

案例

一家著名的公司在面试员工的过程中,经常会让10个应聘者在一个空荡的会议室里一起做一个小游戏,很多应聘者在这个时候都感到不知所措。在一起做游戏的时候主考官就在旁边看,他不在乎你说的是什么,也不在乎你说的是否正确,他是看你这三种行为是否都出现,并且这种三种行为是按一定比例出现的。如果一个人要表现自己,他的话会非常多,始终在喋喋不休地说,可想而知,这个人将是第一个被请出考场或者淘汰的一个人。如果你坐在那儿只是听,不说也不问,那么,也将很快被淘汰。只有在游戏过程中你说你听,同时你会问,这样就意味着你具备一个良好的沟通技巧。

二、高效沟通的三个原则

1. 谈论行为不谈论个性

谈论行为就是讨论一个人所做的某一件事情或者说的某一句话。个性就是对某一个人品性的评价,即通常说的这个人是好人还是坏人。在工作中,有些职场人士在沟通的时候严格遵循了这个原则,就事论事地和你沟通,显得有一丝冷淡。其实这恰恰是一个专业沟通的表现。员工们经常在私下里议论:某某同事非常热情,某某同事非常冷淡或者某某同事非常大方等,这个都不是在沟通中要谈论的。

2. 要明确沟通

明确就是在沟通的过程中,你说的话一定要非常明确,让对方有一个准确的唯一的理解。在沟通过程中有人经常会说一些模棱两可的话,就像经理会拍着你的肩膀说:"某某,你今年的成绩非常好,工作非常努力。"好像是在表扬你,但是接下去他还说一句:"希望你明年更加努力"。这句话好像又在鞭策你,说你不够努力。这就使人不太明白:沟通传达给我的到底是什么意思呢?所以,沟通中一定要明确,努力了就是努力了,缺乏努力就是缺乏努力,明确沟通。

3. 积极聆听

本部分内容在"五、沟通技巧"部分将详细讲述。

三、沟通失败的原因

在平时的工作和生活中,不好的沟通给人们带来的伤害是非常大的,它比任何一种不好的习惯给我们带来的伤害都会大。如果在工作中你欠缺沟通技巧,那么就无法和同事正常地去完成一项工作,工作效率降低,同时也会影响个人的职业生涯的发展。在家庭中不好的沟通会造成家庭破裂。所以,沟通是一个非常重要的基本技巧。

导致沟通失败的原因有:

(1)缺乏信息或知识。

(2)没有说明重要性。当我们在沟通的过程中,没有优先顺序,没有说明这件事情的重要性。

(3)只注重了表达,而没有注重倾听。

(4)没有完全理解对方的话,以致询问不当。

(5)时间不够。

(6)不良的情绪。人是会受到情绪影响的,特别是在沟通的过程中,情绪也会影响效果。

(7)没有注重反馈。

(8)没有理解他人的需求。

(9)职位的差距、文化的差距也会造成很多沟通的失败。

四、完整的沟通过程

沟通的过程是一个完整的双向沟通的过程(图5-4):发送者要把想表达的信息、思想和情感,通过语言发送给接收者。当接收者接到信息、思想和情感以后,会提出一些问题给对方一个反馈,这就形成一个完整的双向沟通的过程。在发送、接收和反馈的过程中,需要注意的问题是:怎样做才能达到最好的沟通效果。

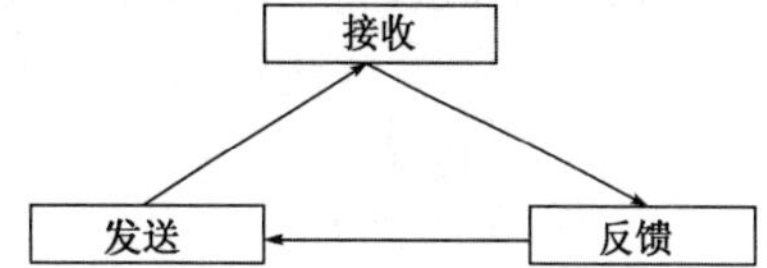

图5-4 沟通过程图

五、沟通技巧

1.有效发送信息的技巧

在沟通过程中,首先,看一看信息的发送。请注意,这里的信息包括信息、思想和情感。在沟通中,发送的不仅仅是信息,还有思想和情感。在发送信息的时候,需要注意以下几个问题:

(1)选择有效的信息发送方式(How)

当你在工作中要发送一个信息,首先要考虑到用什么方法去发送,主要的方法有电话、E-mail、传真,也有面对面的会议沟通等方式。而这些发送方法是在工作中经常用到的方法。

发送信息首先要考虑应选择正确的方法。在沟通的过程中,为了完成一个良好的沟通效果,首先要选择正确的方法,因为不同方法之间的差距是非常大的。在任何一次沟通的过程中,沟通者都会发送信息、思想和情感。

发送方式要根据沟通内容偏重度来选择。例如,你的一份报告传给你的同事或交给你的上级,更多的是一种信息的沟通;在和客户一起沟通的过程中,更重要的是为了增加你和客户之间的感情和信任,这个时候,信息是次要的,情感是主要的。所以说,在选择方法的过程中,首先要考虑到内容本身是以信息为主,还是以思想和情感为主,根据这两个不同内容来选择合适的方法。

案例

一家著名的公司为了增进员工之间的相互信任和情感交流,规定在公司内部200米之内不允许用电话进行沟通,只允许面对面沟通,结果产生了非常好的效果,公司所有员工之间的感情非常融洽。同时,我们也看到,很多的IT公司和一些网站公司,它有非常好的沟通渠道,如E-mail、电话、因特网,但忽略了最好的沟通方式(面谈)。在电子化沟通方式日益普及的今天,人和人之间的了解、信任和感情已非常非常的淡化了。所以,不论作为一个沟通者或者作为一个管理者,你一定不要忘记使用面谈这种方式进行沟通。

(2)何时发送信息(When)

在发送信息时要选择合适的时间,应充分考虑对方的情绪。

(3)确定信息内容(What)

所发送的传递信息内容有两种方式,一种是语言,另一种是肢体语言。在同别人沟通的时候,你所说的话是很重要的,但只有加入相应的肢体语言,你所要传递的信息内容才会更加确切。只注重语言却不注重肢体语言,沟通效果会非常不好,就像我们每一个人每天都会听到很多口号,如欢迎光临,是否让你感觉到真正的欢迎光临了呢?很少感觉到。我们接受到的仅仅是“欢迎光临”这四个字带给我们的信息,喊这句话口号的服务人员的肢体语言却没有传递给我们情感。所以说,在选择具体内容的时候,我们一定要确定要说哪些话,用什么样的语气、什么样的动作去说,这些在沟通中非常重要。

(4)谁该接受信息(Who)

在发送信息的时候还需要考虑以下问题:

①谁是你的信息接受对象?

②先获得接受者的注意;

③接受者的观念;

④接受者的需要;

⑤接受者的情绪。

(5)何处发送信息(Where)

发送信息时,还需要考虑在什么样的环境和场合下发送给对方。

现在对场地的选择已经越来越引起人们的重视。在实践中很多管理者已经越来越认识到:环境对沟通效果的影响非常大。但在我们工作中,特别是上下级之间的沟通,通常是在上级主管的办公室内进行,在这样的环境下进行沟通达不到好的效果。

案例

一家网站公司由于受全球经济危机的影响,公司经营受到严重打击,最后公司决定裁员。第一次裁员,地点选在公司的会议室,通知全部被裁人员到会议室开会,在会议上宣布被裁员工,并且每一个人立即要拿走自己的东西离开办公室,公司所有被裁员工都感到非常沮丧,甚至包括很多留下的人也感到沮丧不已,极大地影响了公司的士气。第二次裁员的时候,公司接受上次的教训,不是把大家叫到会议室里,而是选择了另外一种方式:单独约见被裁人员到星巴克咖啡厅。在这样的环境里说出公司的决策:由于公司的原因致使他暂时失去了这份工作,请他谅解,并给他一个月的时间寻找下一份工作。这次裁员的效果和上一次相比有天壤之别,基本上所有的员工得知这个消息后,都会欣然接受,并且表示,如果公司需要他的时候随时可以通知,他会毫不犹豫地再回到公司。那么,这样一种方式无论对被裁者还是仍然留在公司的员工而言,他们得到的不仅仅是裁员这个信息,而是感受到公司对每一位员工的情谊。两次裁员,由于选择了不同环境,所得到的效果是截然不同的。

2. 积极聆听的技巧

发送完信息后,对方就要去接收信息,即聆听。发送信息和聆听信息哪一个更重要呢?冷静思考后你会发现,其实在沟通中听比说更重要,平时听别人说了很多的话,却没有认真去聆听对方传递的真实信息,导致沟通失败的例子非常多。所以说聆听是一种重要的非语言性沟通技巧。

(1)聆听的原则

在聆听的过程中,需要注意以下聆听原则:

①聆听者要适应讲话者的风格。每个人发送信息的时候,他说话的音量和语速是不一样的,聆听者要尽可能适应讲话者的风格,尽可能接收讲话者更多、更全面、更准确的信息。

②眼耳并用。聆听不仅仅用耳朵在听,还应该用你的眼睛去看。你耳朵听到的仅仅是一些信息,而眼睛看到的是他传递给你更多的一种思想和情感,因为这需要更多的肢体语言去传递,所以耳朵和眼睛共同工作,可起到更好的聆听效果。

③首先寻求理解他人的途径,然后再被他人理解。首先是要理解对方。听的过程中一定要注意站在对方的角度去想问题,而不是去评论对方。

④鼓励对方。在听的过程中,看着对方保持目光交流,并且适当地去点头示意,表现出有兴趣的聆听。

(2)有效聆听的四个步骤

①准备聆听

首先,就是你给讲话者一个信号,说我做好准备了,给讲话者以充分的注意。其次,准备聆听与你不同的意见,从对方的角度想问题。

②发出准备聆听的信息

通常在听之前会和讲话者有一个眼神上的交流,显示你给予发出信息者的充分注意,这就告诉对方:我准备好了,你可以说了。要经常用眼神交流,不要东张西望,应该看着对方。

③采取积极的行动

积极的行为包括我们刚才说的频繁点头,鼓励对方去说。那么,在听的过程中,也可以身体略微地前倾而不是后仰,这样是一种积极的姿态,这种积极的姿态表示你愿意去听,努力在听。同时,对方也会有更多的信息发送给你。

④理解对方全部的信息

聆听的目的是为了理解对方全部的信息。在沟通的过程中你没有听清楚、没有理解时,应该及时告诉对方,请对方重复或者是解释,这一点是我们在沟通过程中常犯的错误。所以在沟通时,如果发生这样的情况要及时通知对方。

(3)聆听的五个层次

在沟通聆听的过程中,因为我们每个人的聆听技巧不一样,所以看似普通的聆听却又分为五种不同层次的聆听效果。

①听而不闻

所谓听而不闻,简而言之,可以说是不做任何努力去听。

听而不闻的表现是不做任何努力,你可以从他的肢体语言看出,他的眼神没有和你交流,他可能会左顾右盼,他的身体也可能会倒向一边。听而不闻,意味着不可能有一个好的沟通结果,当然更不可能达成一个协议。

②假装聆听

假装聆听就是要做出聆听的样子让对方看到,当然假装聆听也没有用心在听。在工作中常有假装聆听现象的发生。例如:你和客户之间交谈的时候,客户有另外一种想法,出于礼貌他在假装聆听,其实他根本没有听进去;上下级在沟通的过程中,下级惧怕上级的权力,所以做出聆听的样子,实际上没有在听。假装聆听的人会努力做出聆听的样子,他的身体大幅度的前倾,甚至用手托着下巴,实际上是没有听。

③选择性的聆听

选择性的聆听,就是只听一部分内容,倾向于聆听所期望或想听到的内容,这也不是一个好的聆听方式。

④专注的聆听

专注的聆听就是认真地听讲话的内容,同时与自己的亲身经历做比较。

⑤设身处地的聆听

不仅是听,而且努力在理解讲话者所说的内容,所以用心和脑,站在对方的利益上去听,去理解他,这才是真正的、设身处地的聆听。设身处地的聆听是为了理解对方,多从对方的角度着想:他为什么要这么说,他这么说是为了表达什么样的信息、思想和情感。如果你的上级和你说话的过程中,他的身体却向后仰过去,那就证明他没有认真与你沟通,不愿意与你沟通。所以要设身处地的聆听。当对方和你沟通的过程中,频繁地看表也说明他现在想赶快结束这次沟通,你必须去理解对方:是否对方有急事?可以约好时间下次再谈。对方会非常感激你的通情达理,这样做将为你们的合作奠定基础。

3. 有效反馈的技巧

(1)反馈的含义

在沟通过程中,最后一个步骤是信息反馈。什么是反馈?反馈就是沟通双方期望得到一种信息的回流。我给你信息,你也要给我信息反馈。反馈信息,是人所做的事,所说的话,这一信息旨在使行为有所改变或加强。在沟通过程中,没有反馈的信息,沟通就不完善,因为信息过去了却没有回来,是一种单向的行为。所以说,没有反馈就不能称之为完整的沟通。反馈,就是给对方一个建议,目的是为了帮助对方,把工作做得更好。

(2)反馈的类型

反馈的类型有两种,一种是正面的反馈,另一种是建设性的反馈。正面的反馈就是对对方做得好的事情予以表彰,希望好的行为再次出现;建设性的反馈,就是在别人做得不足的地方,你给他一个建议。请大家注意建设性的反馈是一种建议,而不是一种批评,这是非常重要的。

在反馈的过程中,我们一定要注意有的情况并不是反馈:一是,指出对方做得正确的或者是错误的地方。因为反馈是你给对方的建议,为了使他做得更好。二是,对于他人的言行的解释,也不是反馈。例如:我明白你的意思,你的意思是什么、什么、什么——这也不是反馈,这是聆听的一种。三是,对于将来的建议。对于未来和将来的建议也不是反馈。反馈就是对刚才你接受到的这些信息给对方一个建议,目的是为了使他做得更好。

4. 有效利用肢体语言进行沟通的技巧

好的第一印象会赢得对方一定的信任,愿意以合作的态度与你沟通。当我们与别人进行沟通的时候,多长时间会形成别人对我们的一个印象或者准确地说是第一印象呢?科学测试证明,当我们出现在别人面前的时候,7 秒钟就形成了别人对自己的第一印象。所以在沟通过程前 7 秒钟要给对方留下一个良好的第一印象。

对方的表情、眼神、衣着，对方的一两句简单的问候语还有简单的动作，这些形成了第一印象。在沟通过程中，我们的表情、眼神是形成对方对你有一个良好印象、产生对你信任、合作态度的一个非常重要的因素。这就需要我们在沟通之前，要做一个必要的准备，以便给对方能够留下一个很好的第一印象。

信任是沟通的基础。在我们平时工作和生活中，如果双方之间缺乏信任，那么沟通肯定是无效的、失败的。在工作中与同事接触时，有些人沟通起来非常顺畅，而有些人就很难沟通。一个重要的因素，就是你和不同人之间的信任度不一样。如果缺乏信任，沟通效果就不好，难以解决问题。信任是沟通的基础。任何一个人可能都说过，在公司里我和某某人好，我们相互信任，好沟通。如何赢得这种信任？在沟通的过程中，有效的肢体语言可以赢得别人对你的信任。下面重点要探讨的是在沟通中如何运用你的肢体语言，以到更好的沟通效果。

(1)有效沟通的五种态度

每个人在沟通过程中，由于信任的程度不同，所采取的态度也不一样。如果你的态度不是一个端正、良好的态度，那么沟通的效果肯定是不好的。在沟通过程中，根据果敢性和合作性的不同，可分为五种不同的态度（图 5-5）。请你注意，态度决定一切。如果态度问题没有解决，沟通的效果就不好。

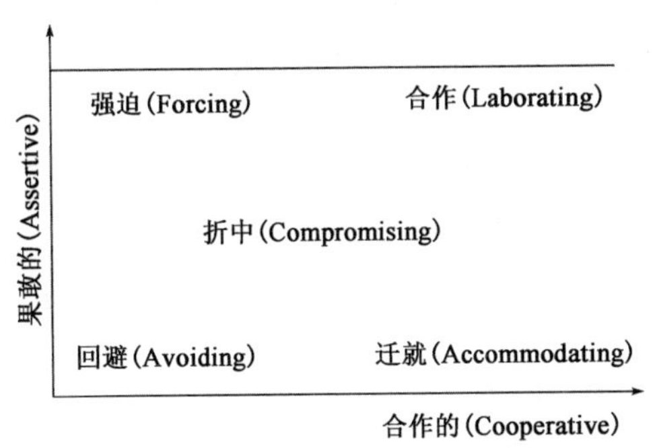

图 5-5　有效沟通的五种态度

①强迫性的态度

强迫性态度，虽然果敢性非常强，但缺乏合作的精神。在工作和生活中，确实有这样的情况，如父母对小孩子、上级对下级，在这种强迫的态度下，沟通实际是不容易达成一个共同的协议。

②回避性的态度

在沟通中既不果断地下决定，也不和你主动去合作，那么这样一种态度被称为回避的态度。他总是回避着你，不愿意与你沟通，不愿意下决定，所以得不到一个良好的沟通结果。

③迁就性的态度

具有迁就态度的人虽然果敢性非常弱，但是他同意与你合作，你说什么他都会表示同意，那么在平时工作生活中，你有没有遇到对方采取的是一种迁就的态度？通常下级对上级往往采取一种迁就态度。当你与下级沟通的时候,你要注意:他的态度是否发生了问题,采取的是不是迁就态度。如果是,那么沟通就失去了意义,得不到一个正确的反馈。

在父母和孩子沟通的时候,孩子也可能迁就的说好、行,因为一方有权力,一方没有权力。

④折中性态度

折中性的态度果敢性有一些,合作性也有一些。

⑤合作性态度

合作性在沟通过程中,需要有一个正确的态度:既要有一定的果敢性勇于承担责任、下决定,同时又要有合作性,这样的态度才是合作性的态度,才能产生共同的协议。

(2)建立合作态度的技巧

①合作态度具体的表象

第一个合作态度的表象,是双方都能够说明各自所担心的问题。你认为这个地方有问题,他也认为这个地方有问题,双方都能够毫无保留地说明自己所担心的问题和所遇到的困难。只有他是合作的态度,他才会说出所有他的问题。合作的态度表现为双方都愿意说出所有的顾虑和担心的问题。

第二个合作态度的表象,双方都积极地去解决这个问题,而不是去推卸责任。

第三个合作态度的表象,就是说双方共同研究解决方案。共同研究不是一方告诉另一方,更不是一方命令另一方,而是双方共同研究一个很好的解决问题的方法。

第四个合作态度的表象,就是大家在沟通的过程中,是论事不对人,就是谈论行为而不谈论个性。

第五个合作态度的表象,是双方最后达成一个双赢的协议,一定是一个考虑到双方利益的协议。

实际上在沟通的过程中,要想达到一个合作的态度是非常困难的。在平时的工作中,我们经常会和不同的人沟通,那么只有我们的态度问题解决了,沟通才有可能成功。

②上下级之间要建立合作态度

作为公司的领导,如何使沟通中的所有参与者都保持一个良好的合作态度,尤为重要。如果对方的态度不是合作的,很有可能达不到预期的沟通效果。当我们遇到客户、遇到供应商,如果你的态度不停地改变,那么沟通效果肯定是不好的,同时也会让你感觉到工作中有非常大的压力,因为你在不断地调整你的态度。怎样使自己有一个良好的合作态度,这是沟通中非常重要的一点。

(3)沟通视窗的运用技巧

肢体语言沟通过程中,一个循环的过程中包括两个非常重要的因素,即:说和问的行为。介绍一个非常著名的理论叫“沟通视窗”(图5-6)。这个视窗说明,当我们处于说和问的不同对象的时候,即说得多或者是问得多,那么就会让别人对你产生不同的印象,影响别人对你的信任。

“沟通视窗”把关于你的所有信息分为四个区间:

①公开区:就是你自己知道,同时别人也知道的一些信息。公开区的信息,就是一些个人的信息,如姓名、性格、居住地、工作单位。

②盲区:经常是关于自己的某些缺点,可能是自己意识不到自己的缺点,但是别人能够看

到你的缺点。就是你自己也不知道的关于你的信息,但是别人知道。盲区的信息,如性格上的弱点或者是平时自己不在意的一些不好的行为。

③隐藏区:就是关于你的某些信息,你自己知道,但是别人不知道。还有一种隐藏区的信息,别人不知道,只有你自己知道。如阴谋、秘密。

④未知区:就是关于你的某一些信息,你自己不知道,别人也不知道。

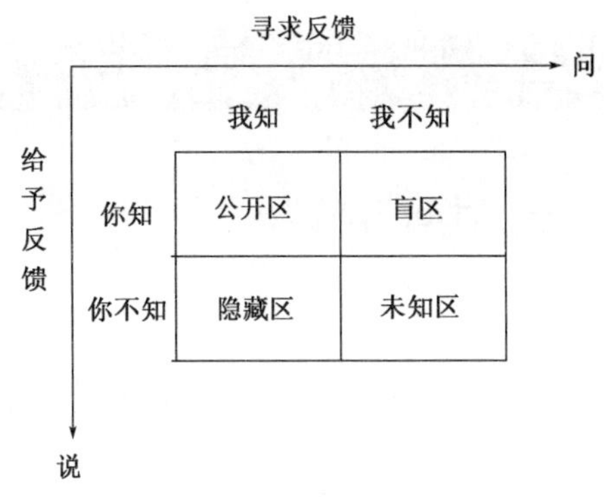

图5-6　沟通视窗

任何一个人都有上述四种信息,在他人看来每一个人的这四种信息的多少是不一样的。沟通视窗的运用技巧如下。

①在公开区的运用技巧。如果一个人,自己所掌握的一些信息,别人也都知道,这样的人我们感觉会是什么样的一种人?善于交往的人、非常随和的人,这样的人容易赢得我们的信任,容易与他进行合作、沟通。要想使你的公开区变大,就要多说、多询问,询问别人对你的一些建议和反馈,这从另一个侧面告诉我们:多说、多问不仅是一种沟通的技巧,同时还能赢得别人信任,是使别人以一个合作的态度与你沟通的重要保证。在沟通的过程中我们一定要注意沟通是一种技巧,这个技巧就是你在沟通中表现出来的行为。如果要想赢得别人对你的信任,你要多说,同时要去多提问,这两种行为就意味着一个良好的沟通的技巧。

②在盲区的运用技巧。如果一个人盲区的信息最大,会是什么样的一种人?是一些不拘小节、夸夸其谈的人,他有很多不足之处,别人都看得见,而他自己看不到。造成盲区大的原因是他说的太多,问的太少,他不去询问别人对他的反馈。所以,在沟通过程中,你不仅要多说,而且要多问,避免造成盲区大。

③在隐藏区的运用技巧。如果一个人隐藏区最大,那么关于他的信息,往往会只有他自己知道,别人都不知道。这是内心很封闭的人或者说是很神秘的人。这样的人我们对他的信任低。我们在和他沟通的过程中,可能合作的态度就会少一些,因为他很神秘、很封闭。我们说为什么造成了在别人看来他的隐藏区最大?是他问的多,但是说的少。关于他的信息,他不擅长主动告诉别人,所以说如果别人觉得你是隐藏区很大的人或者别人觉得你是一个非常神秘的人,原因就是你说得太少了。

④在未知区的运用技巧。未知区大,就是关于一个人的信息,他不说别人都不知道,换句话说,未知区大的一个现象就是他不说也不去问,可能是一些非常封闭的人。这种人,关于他自己的信息,他不去问别人,也不去告诉别人。封闭很可能会使他失去很多机会,能够胜任的工作就会失去,可能别人不了解他能做这件事情,他也不知道自己能做这件事情。我们说现在竞争变得越来越激烈,每个人都要努力去争取更多的工作机会,争取更多的机会来成就自己的事业,那么这种未知区很大的人,就很可能失去很多的机会。当竞争越来越激烈的时候,失去了机会就意味着要落后,甚至要被社会淘汰,所以每一个人一定要尽可能缩小自己的未知区,主动地通过别人去了解自己,主动地去告诉别人我能做什么。

单元5.5 精力分配能力

一、时间与精力

1. 时间

时间是一个较为抽象的概念,是物质运动变化的持续性、顺序性的表现,时间包含时刻和时段两个概念。时间是人类用以描述物质运动过程或事件发生过程的一个参数,确定的时间是不受外界影响的物质周期变化的规律,例如月球绕地球周期、地球绕太阳周期、地球自转周期、原子震荡周期等。

知识拓展

时间管理的十三个原则

时间管理和其他管理一样,是一个计划、监督、经常评估的过程。全面的时间管理必须做到消除时间浪费现象,根据事情的重要程度分配时间,长期性的事情不能被忽视,每天都要有效计划,要做好每周的计划。时间管理的原则是:

(1)有计划地使用时间。不会计划时间的人,往往计划容易失败。

(2)目标明确。目标要具体,将目标明确为可以实现的事件。

(3)将要做的事情根据重要程度赋予优先权。80%的事情只需要20%的努力,而20%的事情却恰恰有着无可比拟的重要性,应当享有优先权,努力去做好。因此要善于区分这20%的有价值的事情,然后根据价值和重要度,分配好时间,即花好80%的时间做好20%的最重要的事情。

(4)将安排从早到晚要做的一天事情进行罗列。

(5)要具有灵活性。一般来说,只将时间的50%计划好,其余的50%应当属于灵活时间,用来应对各种打扰和无法预期的事情。

(6)遵循你的生物钟。你办事效率最佳的时间是什么时候,将优先办的事情就放在最佳时间里。

(7)做正确的事情要比把事情做正确更重要。

(8)区分紧急事情与重要事情。紧急事情往往是短期性的,重要事情往往是长期性的,给所有罗列出来的事情定一个完成期限。

(9)对所有没有意义的事情采用有意忽略的技巧。将所罗列的事情中没有任何意义的事情删除掉。

(10)不要想成为完美主义者。不要追求完美,而要追求办事效果。

(11)巧妙地拖延。如果一件事情不重要,你可以将这件事情细分为很小的部分,只做其中一个小的部分就可以了。

(12)学会说“不”。一旦确定了那些事情是重要的,对那些不重要的事情就应当说“不”。

(13)奖赏自己。即使一个小小的成功,也应该庆祝一下。可以事先给自己许下一个奖赏诺言,事情成功之后一定要履行诺言。

2. 精力

(1)精力的概念

精力是指精神和体力,精神气力,专心竭力。语出《汉书·匡衡传》:"衡好学,家贫,庸作以供资用,尤精力过绝人。"可以理解为一个人的精神状态、兴奋度,做事情的投入度、注度、持续时间等。

(2)精力产生的四个维度

"精力"的产生主要来源于四个维度,即身体(Physical)、情绪(Emotional)、心理(Mental)和精神(Spiritual),它们各自独立存在,却又相互关联和影响。

①精神层面的精力(Spiritual Energy):是与个人的价值观、信仰和使命紧密相连的,是我们做人、做事投入激情和承诺的动力源泉,它能解释我们为什么要做我们在做的事情。相信每个人都有自己的人生目标,可是当我们落笔去描绘它时,就会发现我们心中的目标往往并非如我们想象的那样清晰,我们投入的精力也往往与我们的精神追求和价值观不完全相符。比如说,如果家人是我们精神动力的源泉,那么,在忙忙碌碌地工作之后,我们是不是常常把最疲惫的身躯、最焦虑的情绪和最不专注的精力留给了自己的家人呢。

如果想清晰地勾勒出什么是自己的精神动力源泉,并了解是不是自己在这方面得到充分的能量,可以试着问自己一些问题:"我的人生目标是什么?""在这些目标里,对我最重要的是健康、财富、事业、快乐、家庭、社会责任、友谊、亲情、家庭,还是社会地位?""我是不是把时间和精力真正投入到对我最重要的目标上了?"做这样的练习可以帮助我们整理思路,并清楚地了解做什么事会给我们带来精神上的动力和源泉。

②心理层面的精力(Mental Energy):指的是我们的专注能力,可以理解为"活在当下"的能力。培养这样的能力常常可以让我们提高效率,并将自己全身心地投入,将最好一面表现出来。

③情绪层面的精力(Emotional Energy):代表了我们精力的质量。我们每一天都会遇到不同的情形,管理好自己的情绪,创造并保持积极的心态,摒弃那些负面的情绪非常重要。创造和带动积极的情绪对管理者也非常重要,因为它可以激励团队,为大家带来宝贵的正能量。

④身体层面的精力(Physical Energy):代表了精力的数量。它是由我们的饮食营养、身体健康状况、睡眠及休息状况来决定的,也是其他所有精力的重要基础,会直接影响其他三个维度的精力。试想,当你在办公室里结束了忙碌的一天后,你的身体是不是会感觉非常疲惫?在回家的路上如果再碰到堵车,你情绪上会不会感觉焦虑、不耐烦?如果晚上睡眠再不好,第二天是否会很难让自己的思想聚焦、完全集中精力?如果这样的状况一直在重复进行,也许你会开始质疑自己为什么每天要这么疲于奔命地做你现在正在做的事情,你甚至会怀疑自己是否在事业和生活上做对了选择,走对了路。

3. 时间与精力的关系

我们大多数人都学习过时间管理,但时间毕竟是有限的,真正帮助我们成功的关键因素并非我们在一件事上投入了多少时间,而是在有限的时间内,如何投入最有效的精力。时间只有在和高质量的精力交汇时才能产生最大效率。

二、合理分配时间和精力

1. 合理规划

众所周知,人的时间和精力是有限的,不制定一个顺序表,我们会对突然涌来的大量事务手足无措。当我们接到一份工作任务时,首先要弄清楚自己所要做的是什么,分出轻重缓急来。根据工作的轻重缓急,合理安排自己的精力来完成工作。有些事情是我们非做不可的,而有些事情并不一定必须要亲自去做,我们可以委派别人去做。在确定了应该做哪几件事情之后,我们必须按它们的轻重缓急开始行动,不要一味地被眼前紧急而又不重要的琐事牵着鼻子走,而是要分清真正重要的事情。养成这样一个良好的习惯,会使我们每做一件事情都向着目标靠近一步。心智成熟的人,做事前如果确定了至少三种以上的目标,那么他一定最先要完成的不是最绚丽、最诱人的那一个,而是离自己最近的那一个。

案例

有一位大富翁,生前拥有数不尽的财富,他的地窖里堆满了金银珠宝,庄园里养着成群的牛马,农场里还有一望无际的粮食。有一天,富翁病重了,身边只有一个仆人,他知道自己不行了,但是唯一的儿子还在外地,他担心自己的财产被贪婪的仆人得到。他想了想,写下了一份遗嘱"我所有的遗产之中,儿子只能得到其中的一样,其他的全部留给仆人"这位仆人一看,大喜过望,不用自己想办法了,富翁自己就把大部分财产留给他了!富翁的儿子只能选择一样,能选什么呢?不论是庄园还是农场、房子,都只是富翁财产中很小的一部分。

仆人已经想象着自己成为富翁的幸福情景了。仆人迫不及待地找到了富翁的儿子,扬扬得意地把遗嘱给他看,没想到富翁的儿子看了之后,说:"好的,我选择你,你还是做我的仆人吧。"这位聪明的儿子还是继承了富翁的所有遗产。是呀,虽然一切都是仆人的,但仆人却为富翁儿子服务一辈子。这就是解决了主要问题,抓住了事情的关键。

具体该怎么做到这一点?需要我们在开始做事情的时候,先花费几分钟的时间来思考,对于我们来说什么才是最重要的事,有了好的规划,才能引导我们做得更出色。那么,什么样的事才算是重要的事呢?面对每天大大小小、纷繁复杂的事情,如何分清主次,把时间用在最值得做的事情上,有两个判断标准:第一,我必须做什么?第二,什么能给我最高回报,给我最大的满足感?当我们知道事情的轻重缓急后,以重要性为优先排序,并坚持按这一原则去做,就会发现,再没有比这个办法更能合理地利用时间了。

小故事

巴黎一家杂志社曾经刊登过一道竞答题目:如果有一天卢浮宫突然起了大火,而当时的条件只允许从宫内众多艺术珍品中抢救出一件,你会选择哪一件?在数以万计的读者来信中,一位年轻画家的答案被认为是最好的选择——离门最近的那一件。这是一个令人拍案叫绝的答案,因为卢浮宫内的收藏品每一件都是举世无双的瑰宝,所以与其浪费时间选择,不如抓紧时间抢救一件算一件。

2. 有效的精力管理方法

“每天努力工作,拼命干活,抢时间。”这是我们最喜欢挂在嘴边的一句话,“我要疯了”“太过分了”“忙死掉了”,这也是我们形容自己时常用的三组词汇。我们对时间进行了有效的管理,却不能保证自己拥有充沛的精力,结果却是疲于奔命。一天24小时,无论自律与否,都不会改变,但是,我们每天可用精力的数量和质量是可以支配和掌控的,这就是精力管理,如何进行高效的精力管理呢?

(1)平衡使用四种精力,并能适时补充

我们对时间的掌控近乎疯狂,对精力的使用却不大在乎,仿佛精力是取之不竭,用之不尽的,其实,精力随着年龄的增长在渐渐衰退。丰富、快乐、有效的人生需要不时地“偷个懒”,补充精力。人生就像一场没有尽头的马拉松,一些人在不停地透支健康,不停歇地往前赶,透支的尽头,就是疾病缠身或者过早走到生命的尽头。我们要把人生的马拉松化为一次次的短跑冲刺,全身心地投入搏一次之后,回归常态,放松,补充体能,然后,再一次地投入下一个短跑冲刺。

(2)突破极限,提高精力承受力,要不停地训练

压力是朋友,而非敌人。就像提高肌体承受力一样,我们要锻炼情感、思想和精神的承受力。就如尼采所言:那些所不能摧毁我们的,终将让我们更加强大。

(3)遵循内心的呼唤,不在不必要的地方浪费精力

内心深处,价值观推动之下,长久的自发行为是我们积极的精力模式,遵循内心的呼唤,不在不必要的地方浪费精力。

3. 恢复精力的妙方

观察那些一直精力充沛的人,会发现精力充沛的人们都有一套不断恢复精力的妙方。生活在继续,压力在增长,精力的需求越来越大,我们要遵循以下三个步骤,有效管理精力。

(1)确定目标

快节奏的生活,让我们把大把的时间和精力花在应付紧急事务和完成别人交给的任务上。我们忽略了,要根据“什么对自己最重要”来安排自己的工作和生活,要把有限的精力,花在符合内心深处价值观的事情上。个人外在目标和内在价值取向保持一致,精力才有可能无穷无尽。

(2)面对现实

想要高效管理精力,就要正确认知自己,必须明白,时间和精力都花在什么事情上了?我们时间管理到位,却依旧疲于奔命的原因是什么?找到自己不能全身心投入工作和生活的原因之后,我们才能着手改变。

(3)采取行动

为知道自己是什么样子,明白自己想成为什么样子,就需要行动这个桥梁。行动起来,改变习惯,坏习惯可以破坏生活,好习惯能挽救生活。真正的自律达人,是高效管理精力的人,他

们遵循内心价值观的驱使,什么时间做什么事。身体、情感、思想、精神这一体四面的精力,无时不在消耗,也无时不在补充。为了长远的未来,忍受暂时的不适,改变习惯,管理精力。我们要做的,不是被动的感知随着年龄的增长精力在下降,而是,伴随着好习惯的确立,保持并增强我们在各个层面的精力。

当你热爱你的工作和生活时,你就会热爱每一分钟。对每天宝贵的分分秒秒的误用和浪费,你都应尽量避免。效率高的人总是紧凑地计划自己的时间,他们以十到十五分钟为一单元进行考虑,提前对每一天进行详细计划,分秒必争。当你更仔细地管理你的工作和生活时,你就开始对每一分钟和每一小时赋予更高的时间价值了。同时,你也开始给自己的工作和生活赋予更高的价值。你把自己的精力分配得越好,你就会越满意自己、尊重自己;而你越满意自己、尊重自己,你对自己的精力分配就会越好,这两个方面是互相促进的。

单元5.6 信息处理能力与问题解决能力

一、信息处理能力

关于信息处理能力的界定,目前还没有一个统一的、比较权威的观点。有人认为信息处理能力和信息能力是一致的;也有学者根据不同的角度(如技术学),将信息素养定位于信息处理能力。但从严格意义上来说,信息处理能力和信息能力是有区别的,从两者的关系上看,信息处理能力是构成信息能力、信息素养的一部分。迄今为止,关于信息处理能力的论述相对较少,关于信息能力的研究则很多。“信息能力”一词的出现与时代有着很大的关系,事实上,信息能力是一种一直都存在的能力,只是早期没有学者对其概念做专门的论述。日本一位学者指出,信息能力从人类产生之初就已经出现,因为人类无时无刻不在进行着信息的获取、加工、传递和运用,这些都是信息能力的功能表现。人类若不具有基本的信心能力,就无法生存,人类社会也就不会发展,人类文明也将不复存在。我国信息能力的概念最早来源于情报能力,发展到后来就用“信息能力”一词代替“情报能力”,主要包括能充分利用新的信息技术去获取以及处理所需要价值的能力,能探求与个人兴趣有关的信息,能够精确、创造性地使用信息等。

关于信息处理能力的论述,乔以斯、韦尔在《信息处理教学模式》一书中指出,信息处理指的是个体接收外界环境的刺激,进而组织材料、发现问题、形成概念和解决问题的一系列过程,以及运用言语和非言语符号的方式。根据学者们对信息处理的界定,我们将信息处理能力定义为:个体能够从各种性质的材料、信息中提取出关键、有效的信息,对提取出的有效信息进行加工处理、整合,应用于解决实际问题,并能完成对信息的评价与创新的能力,具体可以从以下四个方面去理解其含义。

(1)信息的提取。信息的提取是指根据一定的目标,能够采取一定的方法、手段,从众多的信息源中搜集到符合目标的信息,为能够全面地提取所需信息,必须了解和掌握各种信息源,判断所需信息的信息源范围。信息提取能力是信息处理能力的基础,只有能够有效提取所需信息,才能进行对信息的加工处理、利用以及表达交流。

(2)信息的加工和整合。即对所提取的信息进行分析整理,去粗取精,去伪存真,筛选出有效信息,用各种方法手段对信息进行加工处理,使信息有序化、系统化,形成一个统一的知识网络,以便读懂、理解其中隐含的有意义的信息。信息的整合是指通过对信息的提取、鉴别、加工处理后,把自身的信息和所获取的信息进行系统综合,并表达交流。

(3)信息的应用。应用信息是将经过分析、加工、整合后的新信息,用来解决实际问题,目的是实现知识的升华。信息的提取和加工处理的目的就是为了能够有效利用信息,只有有效利用信息来解决问题,信息的价值才能真正得以体现。

(4)信息的评价创新。对所需信息进行提取、加工、整理和应用后,还要对信息进行评价,以便创新信息,并进一步应用于实际工作和生活中。

二、解决问题能力

如果说发现问题能力在于洞察力,在于如实认知,那么解决问题能力则涉及更多的方面。一般而言,发现问题是前提,虽然发现问题有助于解决问题解决,但发现问题并不等于解决问题。职业工作中常见的现象是,知道问题所在,但没有办法。一个广泛存在的例子是,大家都知道身体重要,但身体不够健康的人比比皆是。因此,解决问题能力的培养尤其需要重视。

1. 解决问题能力的概念

问题是指在目标确定的情况下却不明确达到目标的途径或手段。解决问题是指在问题空间中进行搜索,以便使问题的初始状态达到目标状态的思维过程,是个体对问题情境的适当的反应过程。心理学对解决问题的解释是:由一定的情境引起的,按照一定的目标,应用各种认知活动、技能等,经过一系列的思维操作,使问题得以解决的过程。例如,证明几何题就是一个典型的解决问题的过程。几何题中的已知条件和求证结果构成了解决问题的情境,而要证明结果,必须应用已知的条件进行一系列的认知操作,操作成功,问题得以解决。

解决问题能力就是一种面对问题的习惯和处理问题的能力。这种能力体现在一个人在遇到问题时,能自主、主动地谋求解决问题的途径,能有规划、有方法、有步骤地处理问题,并能适宜、合理、有效地解决问题。

解决问题能力是数学能力的基本组成成分之一。因此,解决问题能力的培养可以通过发展数学思维能力来提高。解决问题能力的培养是复杂的,涉及多种能力的培育,如培养预测能力就是一种有效的方式。我们每天都要面临如何解决问题的困境,在这种情况下,无论在时间上还是在资源上都不允许调查完所有情况后再做出解答。如果你能在限定的时间内只用很少的信息就能找到最佳解答,这就意味着你的解决问题能力已经实实在在地提高了。这里,如果预测能力不足,你是很难高效地选择信息的,一旦信息过多,就会延误做决策的时机,影响决策效率和效果,最终影响问题的解决。

2. “解决问题”的主要步骤

(1)拟定问题的解决计划

问题的解决计划可以理解为解决问题的总体思路或者总体方案,总的思路包括问题的指向、解决的计划等。制定解决问题的计划要坚持如下原则:“解决途径应当或是分析性的,或是启发性的,或者二者的结合。二者都必须首先确定以前的经验、原先的知识和解决方式能被用在当前场合的程度”。分析就是将研究对象的整体分为各个部分、方面、因素和层次,并分别加以考察的认识活动。“分析的意义在于细致的寻找能够解决问题的主线,并以此解决问题。”这就需要分析问题的性质,问题的性质不同,相应的解决途径也不同,解决的步骤、计划也不一样,选择方式也不同。自我启发式解决问题的起步阶段,也是提出推测性解决步骤的最初设想。

在解决问题的过程中,要根据任务需要和个体学习的客观规律,结合问题的实际情况,采用多种思维方式,如发散性思维,达到启发思维并调动个体的主动性和积极性的目的。两者要引发个体对以前是否遇到类似的问题和此类问题解决方法的联想,并对相关内容进行再现。这就需要个体对信息有一定的储备,再根据具体情况,进行有效选择。“在问题情境中,总是存在三个基本情境因素,即主体已掌握的信息、掌握过程、要掌握的信息。”这三个基本情境因素往往会影响个体的解决问题程序,影响个体知觉所需的知识和技能。大脑内的和书面的解决问题的计划,是由分析上述诸情境因素以后形成的,解决问题计划中,可能涉及集中解决方法,但是拟定的计划必须确定方法中的优选方案。

(2)提出推测和论证假想

提出推测是在前一个步骤的基础上进行的。解决计划的拟定靠的是预见,也就是下一步规划的技能及经验。个体会根据解决一般问题的经验和现有储备的知识,确定自己行动的先后顺序,思维进行必要的加工,模糊地想象问题的解决方式。或者采用直觉思维,通过猜测来达到问题的部分或者完全解决。经过这种尝试、这种思维加工运作,最终产生如何解决问题的想法并做出推测。

要获得推测,可以通过两条途径:一是从已知的理论、观念、原则和准备中引出;二是根据工作和生活经验中已知的,或由经过观察或进行试验而获取的那些事实和现象,并对这些事实和现象进行必要的归纳而得出。这一过程既是问题性学习的特征,也是一般形态上的科学性研究的特征。这些推测是在最初的、不确切的概念和观念上做出的,因而这些推测或假设有合理的成分,也有不合理的成分,这就需要思维进行下一步活动,即从多种可能推测中选择较为合理的一种假想。例如,“是什么力量推动着大洋里的水运动?”这个问题,可以有四种推测:①大洋的底部不平,水从浅处往深处流;②大海连接陆地,因而大海高于大洋,故水从大海流向大洋;③流入大海和大洋中的河水引起海洋中水的运动;④风引起海洋中水的运动。经过进一步分析,第①、②、③三个推测都不成立,只有第④个推测似乎成立,从而成为假想。可见,不是所有推测都能成为假想,只有那些经过论证的那个推测才能成为假想。那么下一步的任务就是证明(证实)假想。

(3)证明假想

有这样一个逻辑行为,即在证明某一问题过程中,某一思想的真理性可以用“实践已证明的另一种思想”来论证,这种逻辑行为就称作证明。同时证明也有其相应的结构:“论题——它的真理性需用别的判断来论证;论据——借助它们来论证论题的真理性;论证过程本身——论据与论题的逻辑联结,即一连串推理,其中一个推论跟另一个推论紧密相连。”这里的“别的判断”是指经过实践检验或者事实验证的结论,也就是现有的重要概念、事实和各种方法以及确立的那些原则,用他们来做证明的论据。

这意味着个体要善于分析和把握信息,分清主要成分和次要成分,沿着推理的思路,对目标进行分析论证,在这个过程中,个体的思路要指向分析、比较和结论等方面,利用事实对假想进行论证。

(4) 检验问题的解决结果

问题的解决是否有效？这需要检验，也就是说，问题的解决过程通过"检验解决结果是否正确"而告一段落。在一般情况下，已解决的问题是否能立即得到检验，取决于问题的性质，因为不同问题所需要的时间是不同的。对于即时性问题，可以立即检验，而对于需要时间来检验的问题，判断问题解决的效果是困难的事。不过，对于需要时间来验证的"解决问题"，重温和分析解决过程是必要的步骤，它有助于问题未来的真正解决。

(5) 重温和分析解决过程

为了进一步解决问题，或者为了牢固掌握问题解决的方法，重温和分析解决过程显得尤为必要。清楚地重温解决过程的步骤和方法，尤其是分析过程中的错误，认清所出现错误和不正确推测及假想的原因，可以帮助个体认知哪些逻辑方式和操作是合理的，哪些是错误的。重温和分析解决过程可以让个体反思：是不是有更为准确的、更为清晰的问题概述方法？有没有更为合理的解决途径？实际上，重温和分析问题解决过程是解决问题的必要步骤，有助于经验的积累，有助于解决问题能力的提高。

总之，解决问题的五个步骤，其实就是强调过程的重要性。而在现实问题解决中，一些职业人过分依赖上级和同事的指导，这对培养自己的问题解决能力是不利的。问题的解决过程，实质是通过解决问题来达到掌握知识、技能的过程，所以职业人需要经常独立自主地解决问题。因为只有在行动本身的过程中才能真正掌握任何一种行动方式。

单元 5.7　团队合作能力

一、团队

1. 团队的内涵

团队是由员工和管理层组成的一个共同体，该共同体合理利用每一名成员的知识和技能协同工作，解决问题，达到共同的目标。

2. 团队的主要构成要素

(1) 目标。团队应该有一个既定的目标，为团队成员导航，知道要向何处去，没有目标的团队就没有存在的价值。

(2) 人。人是构成团队最核心的力量。三个(包含三个)以上的人就可以构成团队。目标是通过人员具体实现的，所以人员的选择是团队中非常重要的一个部分。在一个团队中可能需要有人出主意，有人定计划，有人实施，有人协调不同的人一起去工作，还有人去监督团队工作的进展，评价团队最终的贡献。不同的人通过分工来共同完成团队的目标，在人员选择方面要考虑人员的能力如何，技能是否互补，人员的经验如何。

(3) 定位。团队的定位包含两层含义：团队的定位，团队在企业中处于什么位置，由谁选择和决定团队的成员，团队最终应对谁负责，团队采取什么方式激励下属。个体的定位：作为成员在团队中扮演什么角色,是订计划还是具体实施或评估。

(4)权限。团队当中领导人的权利大小跟团队的发展阶段相关,一般来说,团队越成熟领导者所拥有的权利相应越小,在团队发展的初期阶段领导权相对比较集中。

(5)计划。计划有两个层面的含义:一是目标最终的实现,需要一系列具体的行动方案,可以把计划理解成目标的具体工作的程序。二是提前按计划进行,可以保证团队的顺利进行。只有在计划的操作下,团队才会一步一步地贴近目标,从而最终实现目标。

协作是指劳动协作,即许多人在同一生产过程中,或在不同的但相互联系的生产过程中,有计划地协同劳动。在一个企业里,协作是指为实现预期的目标而用来协调员工之间、工作之间以及员工与工作之间关系的一种手段。协作能创造出一种比单个战略业务单元收益更大的收益,即实现协同效应。协作的优点是可以充分有效地利用组织资源,扩大企业经营空间范围,缩短产品的生产时间,便于集中力量在短时间内完成个人难以完成的任务。

3. 团队的类型

根据团队存在的目的和拥有自主权的大小,可将团队分成三种类型。

(1)问题解决型团队

问题解决型团队的核心是提高生产质量、提高生产效率、改善企业工作环境等。在这样的团队中成员就如何改变工作程序和工作方法相互交流,提出一些建议。成员几乎没有什么实际权利来根据建议采取行动。

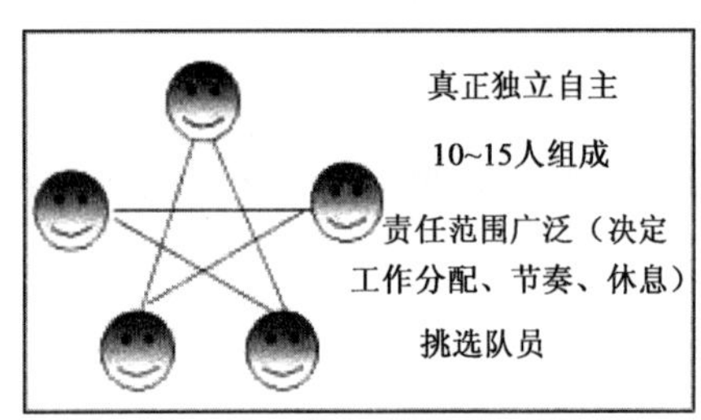

图5-7 自我管理型团队

(2)自我管理型团队

企业总是希望能建立独立自主、自我管理的团队——自我管理型团队(图5-7)。

但推行自我管理团队并不总能带来积极的效果,虽然有时员工的满意度随着权利的下放而提升,但同时缺勤率、流动率也在增加。所以首先要看企业目前的成熟度如何,员工的责任感如何,然后再来确定自我管理团队发展的趋势和目标。

案例

美国得克萨斯州一汽车公司因推行自我管理型团队而获得国家质量奖。美国最大的金融和保险机构——路得教友互动会,因为推行自我管理型团队在4年的时间中减员15%,而业务量增加了50%,主要的原因是提高了员工的满意度。麦当劳成立了一个能源管理小组,成员来自于各连锁店的不同部门,他们对怎样节约能源提出自己鉴定的方法,解决这一环节对企业的成本控制非常有帮助。能源管理小组把所有的电源开关用红、蓝、黄等不同颜色标出。例如,红色是开店的时候开,关店的时候关;蓝色是开店的时候开直到最后完全打烊后关掉。通过这种色点系统他们就可以确定,什么时候开关最能节约能源,同时又能满足顾客的需要。这种能源小队其实也是一个自我管理型团队,能够真正起到降低运营成本的作用。

(3)多功能型团队

多功能型团队(图5-8)是由来自同一等级、不同领域的员工组成,成员之间交换信息,激发新的观点,解决所面临的一些问题。

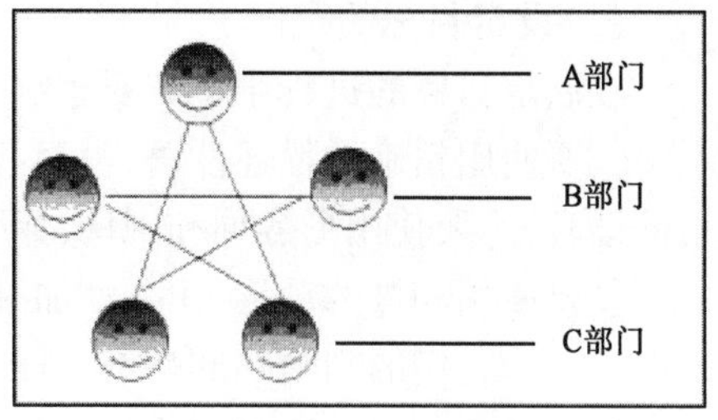

图5-8 多功能型团队

案例

麦当劳有一个危机管理队伍,责任就是应对重大危机,由来自于麦当劳营运部、训练部、采购部、政府关系部等部门的一些资深人员组成,他们平时在共同接受关于危机管理的训练,甚至模拟当危机到来时该怎样快速应对,比如广告牌被风吹倒,砸伤了行人,这时该怎样处理?一些人员考虑是否把被砸伤的人送到医院,如何回答新闻媒体的采访,当家属询问或提出质疑时如何对待?另外一些人要考虑的是如何对伤者负责,保险谁来出,怎样确定保险?所有这些都要求团队成员能够在复杂问题面前做出快速行动,并且进行一些专业化的处理。

虽然这种危机管理团队究竟在一年当中有多少时候能用得上还是个问题,但对于跨国公司来说是"养兵千日,用兵一时",因为一旦问题发生就不是一个小问题。在面临危机的时候,如果做出快速而且专业的反应,危机会变成生机,问题会得到解决,而且还会给顾客及周围的人留下很专业的印象。

4.团队目标

(1)团队目标的作用

建立高绩效团队首要的任务就是确立目标,目标是团队存在的基础,也是团队运作的核心动力,是团队决策的前提。团队目标的实现是一个动态执行的过程,领导者需要随时进行决策,没有目标的团队只会走一步看一步,处于投机和侥幸的不确定状态中,风险系数加大,就像汪洋中的一条船,不仅会迷失方向,也很容易触礁。目标是发展团队合作的一面旗帜。团队目标的实现关系全体成员的利益,自然也是鼓舞大家斗志、协调大家行动的关键因素。

(2)确定团队目标的原则

①了解是谁确定团队的目标。团队目标的确定需要几个方面的成员,首先领导者必须参加;团队的核心成员,也可能团队的全体成员参与。

②团队的目标必须跟团队的远景相连接。目标是与远景目标的方向相一致的,它是达成远景目标的一部分,所以目标必须跟团队的远景目标相连接。

③必须发展一套目标运行程序来随时纠偏或修正目标。目标定下来以后不见得就一定准确,还需要根据监督、检查的情形随时向正确的路上引导。

④实施有效目标的分解。目标来自于远景目标,远景目标又来源于组织的大目标,而个人的目标来自于团队的目标,它对团队目标起支持性作用。

⑤必须有效地把目标传达给所有的成员和相关的人。相关的人可能是团队外部的成员,比如相关的团队、有业务关系的团队,也可能是团队的领导者。

(3)设定目标的窍门

在制定目标的过程中还需要了解一些设定目标的窍门,其归纳为“四要、四不要”。

①要使用精确的描述性语言。“我们要在三天内回答客户的问题”,这就是一个精确描述性的语言;不要使用形容词和副词,如“我们对待客户要表现尽量专业些”。

②要使用积极的动词,比如增加、提升、取得等;不要使用被动词了解、熟悉等词语,因为不同的人对于它们的判断标准是不一样的。

③要具体、明确,比如,“人力资源部要求每三天更换一次人头报告”,这就是一个具体、明确的说法;不要泛泛而谈,如“在团队中增强客户意识”。

④要使用简单而有意义的衡量标准。比如,“团队今年的预算要比去年同期减少15%”,这就是个相对比较简单而有意义的衡量标准;不要使用一些模糊的衡量标准,比如,“把部门的预算控制在去年的水平内”。

为了让目标尽可能符合SMART标准,让人感觉是一个好目标,必须按照一定的衡量标准来确定。

(4)制定目标的过程中应该避免一些陷阱

①不要确定高不可攀的目标。高不可攀的目标将没有办法激励员工的士气,反而会使员工泄气。目标的最佳位置是适当偏高,好的目标就像跳起来能够摘到树上的柿子,使劲努力一把力就能够得着。

②不要低估你的团队,也不要低估团队成员的潜力,他们有能力完成得比现在更好。同理,如果目标定位太低,不需要怎么努力就能实现,这也不是一个有挑战性的目标。

③不要使用过多的文字或数字,这让人感觉很难记住。一个好的目标应该简洁可操作,并且需要集中到关键的领域。

④不要保密。目标定出来以后,一定要通过各种渠道,如会议、个别沟通、张贴公告等让所有的成员都知道。

二、团队精神

1. 团队精神的含义

团队精神有两层含义:一是与别人沟通、交流的能力;二是与人合作的能力。

员工个人的工作能力和团队精神对企业而言是同等重要的,如果说个人工作能力是推动企业发展的纵向动力,团队精神则是横向动力。

(1)团队精神的基础——挥洒个性

团队业绩来自于哪里?从根本上说,首先来自于团队成员个人的成果;其次来自于集体成果。一句话,团队所依靠的是个体成员所形成的共同贡献而得到的实实在在的集体成果。团队精神的形成,其基础是尊重个人的爱好和成就。设置不同的岗位,选拔不同的人才,给予不同的待遇、培养和肯定,让每一个成员都拥有特长,都表现特长。

(2)团队精神的核心——协同合作

团队的一大特色:团队成员在才能上是互补的。

共同完成目标任务的保证就在于充分发挥每个人的特长,并注重流程,使之产生协同效应。

(3)团队精神的最高境界——凝聚力

全体成员的向心力、凝聚力是从松散的个人集合走向团队的最重要的标志。在这里,有着一个共同的目标并鼓励所有成员为之奋斗固然是重要的。但是,向心力、凝聚力来自于团队成员自觉内心动力,来自于共识的价值观,很难想象在没有展示自我机会的团队里能形成真正的向心力;同样也很难想象,在没有明确的协作意愿和协作方式下能形成真正的凝聚力。

2. 团队精神的作用

(1)目标导向功能

团队精神的培养,使企业员工齐心协力,拧成一股绳,朝着一个目标努力,对单个员工来说,团队要达到的目标即是自己所努力的方向,团队整体的目标顺势分解成各个小目标,在每个员工身上得到落实。

(2)凝聚功能

任何组织群体都需要一种凝聚力,传统的管理方法是通过组织系统自上而下的行政指令,淡化了个人感情和社会心理等方面的需求,而团队精神则通过对群体意识的培养,通过员工在长期的实践中形成的习惯、信仰、动机、兴趣等文化心理,来沟通人们的思想,引导人们产生共同的使命感、归属感和认同感,反过来逐渐强化团队精神,产生一种强大的凝聚力。

(3)激励功能

团队精神要靠员工自觉地要求进步,力争与团队中最优秀的员工看齐。通过员工之间正常的竞争可以实现激励功能,而且这种激励不是单纯停留在物质的基础上,还能得到团队的认可,获得团队中其他员工的尊敬。

(4)控制功能

员工的个体行为需要控制,群体行为也需要协调。团队精神所产生的控制功能,是通过团队内部所形成的一种观念的力量、氛围的影响,去约束、规范、控制职工的个体行为。这种控制不是自上而下的硬性强制力量,而是由硬性控制向软性内化控制;由控制职工行为,转向控制职工的意识;由控制职工的短期行为,转向对其价值观和长期目标的控制。因此,这种控制更具持久意义,容易深入人心。

三、团队合作

团队合作是指一群有能力、有信念的人在特定的团队中,为了一个共同的目标而相互支持、合作奋斗的过程。它可以调动团队成员的所有资源和才智,并且会自动驱除所有不和谐和不公正现象,同时会给予那些诚心、大公无私的奉献者适当的回报。如果团队合作是出于自觉自愿时,它必将会产生一股强大而持久的力量。

案例

大 雁 飞 行

大雁飞行时自动地呈 V 字形排列。这些大雁飞行时定期变换领导者,因为为首的大雁在前面开路,能帮助它两边的雁队形成局部的真空。科学家发现,大雁以这种形式飞行,要比单独飞行节省12%的能量。

这则案例说明了一个道理,正如富兰克林·罗斯福说:"团队行动者可以完成单个行动者永远也不敢奢望的事情。"

1. 团队合作的四大基础

(1)建立信任

要建设一个具有凝聚力并且高效的团队,第一个且最为重要的一个步骤,就是建立信任。这不是任何种类的信任,而是坚定地以人性脆弱为基础的信任。这意味着一个有凝聚力、高效的团队成员必须学会自如、迅速、心平气和地承认自己的错误、弱点、失败、求助。他们还要乐于认可别人的长处,即使这些长处超过自己。

以人性脆弱为基础的信任在实际行为中到底是什么样的?像团队成员之间彼此说出"我办砸了""我错了""我需要帮助""我很抱歉""你在这方面比我强"这样的话,就是明显的特征。以人性脆弱为基础的信任是不可或缺的,离开它,一个团队不可能,或许也不应该产生直率的建设性冲突。

(2)团队良性的冲突

团队合作一个最大的阻碍,就是对于冲突的畏惧。这来自于两种不同的担忧:一方面,很多管理者采取各种措施避免团队中的冲突,因为他们担心丧失对团队的控制,以及有些人的自尊心会在冲突过程中受到伤害;另一方面,一些人则是把冲突当作是浪费时间,他们更愿意缩短会议和讨论时间,果断做出自己看来早晚会被采纳的决定,留出更多时间来实施决策,以及实施他们认为是"真正的"工作。

无论是上述哪一种情况,CEO们都相信:他们在通过避免破坏性的意见分歧来巩固自己的团队。这很可笑,因为他们的做法其实是扼杀建设性的冲突,将需要解决的重大问题掩盖起来,久而久之,这些未解决的问题会变得更加棘手,而管理者也会因为这些不断重复发生的问题而越来越恼火。CEO和他的团队需要做的是学会识别虚假的和谐,引导和鼓励适当的、建设性的冲突。这是一个杂乱的、费时的过程,但这是不能避免的。否则,一个团队建立真正的承诺就是不可能完成的任务。

(3)坚定不移地行动

要成为一个具有凝聚力的团队,领导必须学会在没有完善的信息、没有统一的意见时做出决策。而正因为完善的信息和绝对的一致非常罕见,决策能力就成为一个团队最为关键的行为之一。

但如果一个团队没有鼓励建设性的冲突和没有戒备的冲突,就不可能学会决策。这是因为只有当团队成员彼此之间热烈、不设防地争论,直率地说出自己的想法,领导才可能有信心做出充分体现集体智慧的决策。不能就不同意见而争论、交换未经过滤的坦率意见的团队,往往会发现自己总是在一遍遍地面对同样的问题。实际上,在外人看来机制不良、总是争论不休的团队,往往是能够做出和坚守艰难决策的团队。需要再次强调的是:如果没有信任,行动和冲突都不可能存在。如果团队成员总是想要在同伴面前保护自己,他们就不可能彼此争论,这又会造成其他问题,如不愿意对彼此负责。

(4)无怨无悔,才有彼此负责

卓越的团队不需要领导提醒团队成员竭尽全力工作,因为他们很清楚地知道需要做什么,他们会彼此提醒注意那些无助于成功的行为和活动。而不够优秀的团队,一般对于不可接受的行为采取向领导汇报的方式,甚至更恶劣,在背后说闲话。这些行为不仅破坏团队的士气,而且让那些本来容易解决的问题迟迟得不到办理。

2. 团队合作七项要求

(1)愿意接受并遵守团队决定

作为一个团队人的首要特征,就是相信团队所作出的决议有其优点及必要性。也许你不是完全满意每一次的团队决议,甚至有时还可能觉得自身的权益受损,但是优质的团队人深知,在团体中并不是每一次都能找到完美的解决方案。

因此若要发挥团队的整体力量,一旦作出决议后,每个人就该抛弃个人的主观想法,告诉自己"已经尽力,别太在意",因而接受并且确实遵守大家的共识。万一仍有不同观点,也应该在下一次团体讨论中提出,试着说服大家,使之成为新的共识,而不是消极抵制或我行我素。

(2)主动表达高度合作意愿

合作,是团队运作的基础。身为优质团队人的你,必定有着与人合作的高度诚意,即使有些时候,自己一个人做事似乎远比跟大家一起做来得有效率,但为了团体的长远利益,你仍会极乐意地跟大家分享专业知识:"这是我对这件事的想法",并耐心询问每个人是否有其他的看法,如说"不知道各位有没有更好的点子?"

(3)重视其他成员的利益

一个好的团队人之所以能受到大家的喜欢,是因为他拥有良好的同理心。换句话说,他有能力了解并重视每个人的想法及感受。在这方面,一个很漂亮的做法可以是,在讨论中提出自己的建议后,主动问问大家:"我这个想法是否会对任何人造成不便呢?"或是:"不晓得我这个建议如何能放进你原先的构想中?"

(4)肯定其他成员的成就

团队动力是需要相互激发的,因此请别忘对团队中其他成员的杰出表现给予真诚、大方的赞美。适当的称赞,才会发挥真正的激励效果。

(5)提出建设性的批评

在团体中一不小心,就很可能会因为相互批评而扼杀了好不容易建立起来的"革命情感",所以在提出不同意见时,应当发挥超高的情商技巧,给予对方建设性的批评。

实际的做法是批评对方的做法,而不是对方本身,也就是所谓的"对事不对人"。因此"你忘了把报告中这两项资料互调了!"换个说法会更好:"这两项数据在报告中的顺序颠倒了!"

另外,不论你多会给善意的批评,请别忘了永远要做个"赞美比批评多"的团队人。

(6)主动承担解决问题的责任

真正的团队人绝对不是光说不练的意见发表者,而是一个脚踏实地的实际行动者。有问题,大家坐下来讨论该如何处理,一旦有了结论,优质的团队人就会衡量状况,主动承担责任:"有道理,我们的确该检讨客服的流程,如果大家同意的话,我很乐意先拟个修正方案,然后在下星期开会时提出来作为讨论的参考,如何?"

这个做法的重点在“主动”二字,在别人未开口要求前,率先表达乐于做工作的意愿,就是团队精神淋漓尽致的完美呈现。

(7)帮助其他成员完成工作

在工作进行当中,别忘了关心一下其他成员的工作状况,如果有任何帮得上忙的地方,赶快主动地表示你愿意出手相助,并且说到做到:“我刚好手上有这些资料,要不要我顺便 copy 一份给你?”人人都喜欢乐于助人的同事,更何况在一个团体中帮助小组成员成功,就是等于帮助自己成功,何乐而不为呢?

3. 团队合作的三重误区

(1)“冲突”会毁了整个团队

团队的管理者往往会对冲突讳莫如深,他们会采取种种措施来避免团队中的冲突,而无论这种冲突是良性还是恶性的。管理者们的担忧不外乎三个方面:一些管理者把冲突视为对领导权威的挑战,因为担心失去对团队的控制,对于决策和讨论,他们往往会果断地选择前者;另外,过于激烈的冲突往往会引发团队内部的分裂,带来不和谐音符;还有,在冲突中受打击的一方不仅会伤及自尊,同时也会对成员的自信心造成很大的影响,不利于团队整体工作效率的保持和提升。

要成为一个高效、统一的团队,领导就必须学会在缺乏足够的信息和统一意见的情况下及时做出决定,果断的决策机制往往是以牺牲民主和不同意见为代价而获得的。对于团队领导而言,最难做到的莫过于避免被团队内部虚伪的和谐气氛所误导,并采取种种措施,努力引导和鼓励适当的、有建设性的良性冲突。将被掩盖的问题和不同意见摆到桌面上,通过讨论和合理决策将其加以解决,否则的话,隐患迟早有一天会爆发的!

(2)1+1一定大于或等于2

在通常情况下,团队工作的绩效往往大于个人的绩效,但也不是那么绝对,这取决于团队工作的性质:如果团队的任务是要搬运一件重物,单凭其中一个成员的力量绝对搬不动,必须要两个或两个以上的成员才能够搬动,这时团队的绩效要大于个人绩效,1+1的结果会大于或等于2;但如果换成是体操比赛中的团体项目,最后的成绩往往会因为某名成员的失误而名落孙山,这时,团队的绩效还不如其中优秀成员的个人成绩,1+1的结果反而会小于2。

在工作团队的组建过程中,管理层往往竭力在每一个工作岗位上都安排最优秀的员工,期望能够通过团队的整合使其实现个人能力简单叠加所无法达到的成就。然而,在实际操作过程中,众多的精英分子共处一个团队之中反而会产生太多的冲突和内耗,最终的效果还不如个人的单打独斗。明星员工的内耗和冲突往往会使整个团队变得平庸,在这种情况下,1+1不仅不会大于或等于2,甚至还会小于2。

案例

2004年6月,拥有NBA历史上最豪华阵容的湖人队在总决赛中的对手是14年来第一次闯入总决赛的东部球队活塞队。赛前,很少有人会相信活塞队能够坚持到第七场。从球队的人员组成结构来看,有科比、奥尼尔、马龙、佩顿,湖人队是一个由巨星组成的“超级团队”,每一个位置上的成员几乎都是全联盟最优秀的,再加上由传奇教练菲尔·杰克逊对其进行整合,在许多人眼中，这是20年来NBA历史上最强大的一支球队，要在总决赛中将其战胜只存在理论上的可能性，更何况对手是一支缺乏大牌明星的平民球队。

然而，最终的结果却出乎所有人的意料，湖人几乎没有做多少抵抗便以1∶4败下阵来。湖人的失败有其理由："OK组合"相互争风吃醋，都觉得自己才是球队的领袖，在比赛中单打独斗，全然没有配合；而马龙和佩顿只是冲着总冠军戒指而来的，根本无法融入整个团队，也无法完全发挥其作用，缺乏凝聚力的团队如同一盘散沙，其战斗力自然也就会大打折扣。

(3)"个性"是团队的天敌

每个团队成员都会有个性，这是无法改变也无须改变的，而团队的艺术就在于如何发掘组织成员的优缺点，根据其个性和特长合理安排工作岗位，使其达到互补的效果。

GE公司前执行总裁杰克·韦尔奇曾经提出一个"运动团队"的概念，其中很重要的一点就是团队的每一个成员都干着与别的成员不同的事情，团队要区别对待每一个成员，通过精心设计和相应的培训，使每一个成员的个性、特长能够不断地得到发展并发挥出来。高效的团队是由一群有能力的成员所组成，他们具备实现理想目标所必需的技术和能力，而且有相互之间能够良好合作的个性品质，进而出色地完成任务。

但遗憾的是，多数团队的管理者并不乐于鼓励其成员彰显个性；相反，他们会要求属下削弱自我意识，尽量与团队达成一致，在个体适应团队的过程中所丧失的不仅仅是个体的独立性，同时也失去了创造力，许多天才和有创意的想法就这样被抹杀，而这恰恰是企业是否不能获得成功的关键所在！

如果仔细研究那些成功的创业团队，我们会发现这些团队的个体无一例外都具有非常鲜明的人格个性，他们各自发挥自己的才华，相互结合，从而有力地推动着创业进程。

4. 团队合作的六个原则

(1)平等友善

与同事相处的第一步便是平等。不管你是资深的老员工，还是新进的员工，都需要丢掉不平等的关系，无论是心存自大或心存自卑都是同事相处的大忌。同事之间相处具有相近性、长期性、固定性，彼此都有较为全面深刻的了解。要特别注意的是真诚相待，才可以赢得同事的信任。信任是联结同事间友谊的纽带，真诚是同事间相处共事的基础。即使你在各方面都很优秀，即使你认为自己以一个人的力量就能应对眼前的工作，也不要显得太张狂。要知道还有以后，以后你并不一定能完成一切，还是平等友善地对待对方吧。

(2)善于交流

同在一个公司、办公室里工作，你与同事之间会存在某些差异，知识、能力、经历造成你们在对待和处理工作时，会产生不同的想法。交流是协调的开始，把自己的想法说出来，听对方的想法，你要经常说这样一句话："你看这事该怎么办，我想听听你的看法。"

(3)谦虚谨慎

法国哲学家罗西法古曾说过："如果你要得到仇人，就表现得比你的朋友优越；如果你要得到朋友，就要让你的朋友表现得比你优越。"当我们让朋友表现得比自己还优越时，他们就会有一种被肯定的感觉；但是当我们表现得比他们还优越时，他们就会产生一种自卑感，甚至对我们产生敌视情绪。因为谁都在自觉不自觉地强烈维护着自己的形象和尊严。所以,对自己要轻描淡写,要学会谦虚谨慎,只有这样,我们才会永远受到别人的欢迎。

(4)化解矛盾

一般而言,与同事有点小想法、小摩擦、小隔阂,是很正常的事。但千万不要把这种“小不快”演变成“大对立”,甚至成为敌对关系。对别人的行动和成就表示真正的关心,是一种表达尊重与欣赏的方式,也是化敌为友的纽带。

(5)接受批评

从批评中寻找积极成分。如果同事对你的错误大加抨击,即使带有强烈的感情色彩,也不要与之争论不休,而是从积极方面来理解他的抨击。这样,不但对你改正错误有帮助,也避免了语言敌对场面的出现。

(6)创造能力

培养自己的创造能力,不要安于现状,试着发掘自己的潜力。一个有不凡表现的人,除了能保持与人合作以外,还需要所有人乐意与你合作。

总之,作为一名员工应该以你的思想感情、学识修养、道德品质、处世态度、举止风度,做到坦诚而不轻率,谨慎而不拘泥,活泼而不轻浮,豪爽而不粗俗,一定可以和其他同事融洽相处,提高自己所在团队的工作能力。

5. 团队合作的重要性

(1)团队合作的作用

当今社会,随着知识经济时代的到来,各种知识、技术不断推陈出新,竞争日趋紧张激烈,社会需求越来越多样化,使人们在工作学习中所面临的情况和环境极其复杂。在很多情况下,单靠个人能力已很难完全处理各种错综复杂的问题,须采取切实高效的行动。所有这些都需要人们组成团体,并要求组织成员之间进一步相互依赖、相互关联、共同合作,建立合作团队来解决错综复杂的问题,并进行必要的行动协调,开发团队应变能力和持续的创新能力,依靠团队合作的力量创造奇迹。

案例

两只鸟的故事

一只鸟看到另一只鸟可以自由地在鳄鱼嘴里钻进钻出,就非常羡慕那只鸟,而且感到很奇怪:一只小鸟竟然可以自由地在鳄鱼这样凶猛的动物嘴里钻进钻出!于是它也钻到鳄鱼嘴里,结果被鳄鱼吃掉了。直到临死它也不知道为什么。

原来那只鸟叫鳄鸟,鳄鸟跟鳄鱼之间是一种合作伙伴关系。当鳄鱼吃饱之后,懒洋洋地待在那里的时候,鳄鸟就会飞下来,进到鳄鱼的嘴里,帮助鳄鱼清扫它的口腔,得到的回报就是鳄鱼牙缝里边的碎肉。鳄鱼当然也很高兴,它美餐之后,如果口腔卫生处理不好的话,可能会得蛀牙或其他疾病,正是因为有了鳄鸟的帮助,它才能保持口腔的清洁和健康。鳄鸟和鳄鱼之间由于存在这样一种合作关系,所以鳄鸟才可以自由地在鳄鱼嘴里钻进钻出。

(2)不合作的后果

①如果不合作,自我价值就得不到淋漓尽致的发挥。

当一个人处于不合作的状态时,这个人是不可能融入团队的,也不可能去设身处地为团队多付出、多奉献。在工作中所表现出来的就是明哲保身、怕担责任、爱发牢骚等。不合作的人没有团队意识,眼里只有自己。他们恃才傲物,自命不凡,遇到问题只会抱怨,不思解决。因为他觉得事情不一定要由自己来做,所以他遇事与人相抵触,没有团队合作的意识。不相信别人,对团队工作三心二意,有时还怀恨在心,伺机报复。没有合作精神的人得不到团队的感召和协作,也得不到其一线领导的协助和"辅导",这个人在行动上可能就不是那么理直气壮。

很多人有极强的阿 Q 精神,觉得得了大便宜,只为企业付出了 10% ~30%,结果薪水按照原先商定好的,一分不少给。其实这背后蕴含的是:他贡献给企业的能力是他自身能力的 10% ~30%,换句话说,他处处有所保留的同时,这 10% ~30% 其实也就是他贡献给自己的人生价值。所以很多人会在若干年后发现,以前和自己同时起步的人,会有一种阶梯性的成长,而且很快就得到重用,得到提拔,但自己最终什么都没有。毋庸置疑,如果一个人没有合作精神,这个人的自我价值一定不会得到淋漓尽致的发挥。

②如果不合作,将会造成与组织关系的不和谐。

西方的工业文明出现得较早,企业人数不多的时候,经营很顺畅,很赚钱。但是随着规模的壮大,利润却不成正比。西方的工业家们通过拉绳实验的数据深刻地了解到,人是有惰性的,人会自觉不自觉地偷懒。因此雇佣与被雇佣关系的矛盾的症结是:如果雇员已经贡献全力了,老板会很开心;但老板如果知道这个雇员本身很有能力,却不发挥出来,就会与之产生矛盾,继而会造成组织关系不和谐。所以,西方国家的生产线故意分成很多段,这一段由你来做,那一段由他来做,这样就从某种程度上避免了偷懒,也是企业为了规避偷懒所进行的探索。目前,国内的企业一定要外求经营,内求管理。管理就是要使每个人都发挥其价值。

案例

拉 绳 实 验

每 8 个人为一组,分若干组,每个人都拼尽全力去拉同一根绳子,而且每个人都要拼尽全力。然后记录下每个人用的力,也就是 100% 能力的时候,所施加给这个绳子的力。若干人都做同样的实验,分别记录下每个人所贡献给这根绳子的力。

然后将 8 个人进行自然组合。首先,每 2 个人为一组,同时用力。1 个人施加给绳子 1 份的力,2 个人就是 2 份力。每个人的情况有所不同,但是实验结果是,当 2 个人去拉这根绳子的时候,产生的力是应该有的 2 份力的 95%。接着往下做,每 3 个人为一组,再去拉绳子,3 个人都要用尽全力,最终得到的力是 3 份力的 85%。如果 8 个人全上,最终得出来的结果是 8 份力的 49%。

点评:当组织的人数增加到一定规模时,组织成员都在自觉或不自觉地保留实力,或者说没有贡献出自己的全力,甚至一半的力都没有用出来。

6. 团队合作方法

(1)植入正确的团队合作观念

有些事情当制度管不了、文化也管不了的时候,实际上就是管不了人心了。也就是说制度和文化能约束人的行动,却管不了人心。例如"拉绳实验"的背后是人心在作祟,导致没有用尽全力去拉绳子。所以对人心的训练,不是别人能训练的,而是要靠自己训练。

一个人要给自己植入正确的团队合作观念。观念很重要,有没有这样的观念将会直接影响这个人的行动。团队合作观念深入骨髓时,就会影响行动。否则,只是简单知道或了解,对行动的影响不大。

(2)合作需要勇气

合作是智慧,同时合作也是勇气的一种体现。也就是说一个人敢不敢有团队精神,是一种勇气的体现。人往往做不到的是与不如自己的人合作。

(3)合作需要奉献

雁千百为群,有一雁不眠,它在做哨兵。在白天,当别的大雁在休息或在进食的时候,站岗的大雁则不吃不喝。没有听说过哪个值班的人可以不吃不喝,但是大雁就可以做到这一点。值班放哨的大雁为什么要这么做?为了保障别的大雁的安全,它需要尽职尽责地守护群雁的安全。

为团队付出时间、精力、热情和智慧,有时可能是一种默默的付出,在当时别人不会觉得这个人为团队做出特别的努力,但是愿意吃亏的人最后得到的也最多。企业表达对一个人的高度信任时,就可能交付给他更富有挑战性的工作。

目前在中国,很多西方的管理观念、理念和做法正慢慢地渗透进来。中国企业的管理者也会这么想:最终能够得到机会的人,是在岗位上更多付出的人。如果没有奉献的观念,就不可能多付出。所以在看到以前同一部门的人得到发展时,不要吃惊,因为他背后是默默的付出。

案例

BNS的故事

爱迪生是一个伟大的发明家,同时也是一个工业家。他有自己的企业,经营得非常成功,所以很多人慕名而来,愿意给他打工,BNS就是其中的一个人。BNS找到了企业的相关部门,表达了自己的愿望,说我一定要跟爱迪生一起工作,我要做爱迪生的合伙人。对方认为他要做爱迪生的合伙人,是想一步登天,觉得BNS太不踏实了,所以拒绝了他。但BNS很执着,坚持要求到这个企业工作。对方就说,你想进来工作,做合伙人肯定不行,我们现在正好缺一个打扫卫生的,你干不干?这样BNS就在爱迪生的公司做了很多年,从打扫卫生开始,到后来成为维修机器的工人,但他始终还想着他的目标,这个目标的实现过程很艰难。

在他干了很多年后,有一天终于有了机会,爱迪生发明了留声机,正发愁怎么把它卖出去。即便是伟大发明家发明出来的东西,在产品面世初期,打开市场仍然是很艰难的。当时很多销售人员回到公司后就开始发牢骚,埋怨这个产品不好卖。牢骚、埋怨是从业人员的特质,这就意味着他们只能贡献60% ~80%的力量,但这并不意味着别人也只贡献这些。BNS就想贡献

100%的力量，他在卖留声机的过程中，始终在思考我到底怎么卖，我到底怎么在全美卖。于是一个月之后，他给爱迪生呈交了一份策划书，爱迪生看完后，终于答应让 BNS 成为留声机项目的合伙人。

爱迪生是怎么看待 BNS 这件事的呢？给我打工的人，在全球有千千万万，但是 BNS 是我看到的最好的员工之一，他是能够在他本职工作以外多做事的一个人。这样他才会有实现目标的机会。

(4)合作需要改变

大雁随季节的改变而迁徙，春分后飞回北方繁殖，秋分后飞往南方过冬。同理，在团队中，每个人都应该在变革中调整和改变自己，并对自己固有的观念、习惯等进行修正。

在企业发展初期时，门槛是最低的，能够很轻易地进入企业。当企业处于上升阶段时，出于对人才的需求，会吸收到更优秀的人才加入。当有幸进入这样的企业，并跟随它发展到一个比较壮大的阶段时，企业的发展还需要新员工的加入。这时一部分人的心态就变得复杂了，不愿意让真正有能力的人、能够超过自己的人进入公司，甚至给新员工设置障碍或不配合，让新员工很难融入团队中。

但是，一个人真正的成长，是要向前走。与高手对比，才能实现真正意义上的快速成长。这个环境是谁创造的呢？是企业创造的。当比自己优秀的人进入公司时，需要迅速调整自己，配合他的工作。你会发现，他是高手，在他的周围，自己的能力也会相应地提升。

当有优秀人才加入时，越快进行改变，越能适应新环境的变化，自己才可能水到渠成地成长。否则，在给新人设置障碍的同时，也阻碍了自己进步的速度。

(5)合作需要爱与被爱

两情相悦的大雁在飞行过程中彼此照顾，共同承担哺育子女的责任。在企业中爱与被爱是指为团队着想。只有为团队着想的时候，一个人做事情的方法才会有创建性。

在现实中，人做事有以下两个层面：第一个层面，是在能力层面上做事，当一个人的积极性不高的时候，他只是驾驭了自己的能力，去完成一件事；第二个层面，是在潜力层面上做事，当一个人的积极性高的时候，他会上升到潜力层面，过去以自身能力达不到的“高度”，现在可能会创造性地完成一件事。

所谓创新，就是做一件事情时能找到更好的方法。以前为团队创新做事情，好像不是每个人的职责，而是企划部或研发部的职责。实际上，创新是每个人都可以做到的。从科学的角度上来讲，做任何事情至少有两种方法，这两种方法肯定是有一个比另一个更好。在能力层面上，可能就把这件事情按部就班地做完了。但创新的观念表明，做事情都有更好的方法，当对自己有这样一个要求时，就已经上升到潜力层面做事了。

(6)合作需要忠诚

一只大雁被猎人打死，另一只大雁通常就会在不胜其悲的情形下，从高空直冲而下，一头撞在旁边的大石头上，气绝身亡。这是一个很现实的情形，因为大雁是终身配偶，所以能够牺牲到这种程度。同样，如何来忠诚于团队，如何来忠诚于企业呢？这就是远离诱惑。

现在的诱惑确实越来越多。如果一个人在企业中，尤其是发展到一定阶段，成为一个真正意义上的人才的时候，可能来找他的人会很多，这就要做到远离诱惑。当远离诱惑的时候，事实上得到的是更多的机会。经受住了诱惑，会得到被磨炼的机会；经受住了诱惑，会得到被培养的机会;经受住了诱惑,还会得到驾驭资源的机会。

(7)合作需要坚忍

漫长的迁徙过程中,总有一只大雁带头搏击茫茫苍穹,领头雁始终保持明确的方向。这给团队的启示是,每个人都应该努力承担责任,竭尽全力。一个人能够长期做到勇敢、乐观和坚持是不容易的,但这种坚韧的精神是可以被训练出来的。

案例

在加拿大有这样一个地方,中间隔着一条山谷,两边的景观却是截然不同。很多人慕名参观,很多自然科学家也在进行研究,但始终没有找到景观迥异的原因。最后发现原因的是一对夫妻。这对夫妻的感情生活遭遇了压力,于是他们就通过旅游的方式浪漫一下,希望能找回昔日的爱情。他们到达山谷后就搭起帐篷,这时天下起了雪。

妻子比丈夫观察得仔细。她说,由于风向的原因,这边的雪比较厚,雪落到松树上,松树的枝叶受力承重到一定程度,雪就掉地上了。雪继续下,枝叶继续承重然后雪又掉到地上。因为其他的树没有松树这种韧性,所以被淘汰了,因此与山谷那边的景观有了差别。丈夫觉得妻子的话有道理,他想,原来生活中所面临的压力,就像这里的松树承受的雪的重量一样。当有这种坚忍的情绪来控制自己的时候,就会意识到有些东西是可以化解的,随着时间的推移,就真的化解了。丈夫理解了妻子真正的用意的时候,两个人就紧紧地拥抱在一起了。

(8)合作需要沟通

飞行中的大雁会利用叫声,鼓励飞行在前面的同伴,这提升了它们战胜困难的勇气和信心。同样,在团队中,也需要正面积极的沟通,不要说消极的话。在团队当中,沟通的前提是不要让团队的成员抵触自己。要让自己说的话不受团队其他成员的抵触,就要进行换位思考。这种沟通不仅仅是体现在说话上,还体现在做事情的方式上。

案例

不同教育方式的后果

两个孩子考试同样得了80分。其中一个孩子的父母说:“你怎么这么笨,离100分还差20分!”孩子一听,20分确实挺多的,他可能就会有畏难情绪,也就不追分或不敢追分了。

而另一个小孩的父母沟通的方法就不一样。他们对孩子说:“真不错,你的同桌才考了83分,你跟他只差3分,肯定能追上。”这个孩子一想,3分好像是没多少,追上没问题。这样,他的行动就完全不一样了。等得到了83分,父母就会说,孩子真努力,要是得了90分,就更优秀了。孩子一想,就差7分,问题也不大。所以,这个孩子就不会有抵触的情绪。

(9)合作需要学习

年幼的大雁在迁徙的漫漫征程中受到互相协助、团队合作、坚忍、忠诚等大雁精神的熏陶,从而逐渐成长、成熟。大雁的精神也得以一代一代地传承下去。同理,在团队中,学习是一种能力,是使得团队里的成员进步,并得以成长和成熟的能力,反之则谓之为衰老。

每个人都知道学习很重要,但不知道学什么。现在是知识爆炸的年代,未知的领域太多了,不可能什么都要学,所以一定要找到该学的东西、学以致用的东西。今天学的东西,可能会影响明天的结果。所以,学习的时机要把握好。

案例

犹太人的教育方式

犹太人很有智慧,很富有,犹太人在教育小孩子的时候,是从观念上进行教育的。小孩子出生后,没有认知和识字的能力,看不了书。犹太人会在书本上抹上蜂蜜,然后让小孩子去舔。这样小孩子从小就知道书本是甜的,他就慢慢地越来越爱书,长大后就会越来越爱读书,所以就越来越有智慧,然后就越来越富有。

四、个人在团队中生存

让我们通过幸存者游戏中的十条启示来分析个人如何在团队中生存。

(1)在一个团队中,第一批被淘汰的通常是这样一些人,他们要么是有明显的缺陷,要么是刚开始就成了众人厌恶的说谎者。

(2)在一个团队中,第二批被淘汰的人,通常是那些不愿与团队中的成员充分沟通和交流的人,由于大家不知道这些人的想法,所以对与这些"不合群"的人合作没有信心。

完全可以预见的是,如果你的做事能力差,但你愿意和其他团队成员充分沟通,你就有可能在与大家的沟通中"碰撞"出"灵感的火花",从而为整个团队找到"好办法",这样大家就知道你是有用的人,虽然可能做具体事不太行,但你的地位至少在初期是稳固的。

(3)当不合群的人被淘汰后,接下来就是那些有能力为团队工作而又不肯工作,终日懒散而妄图坐享其成的"鸡贼"分子。

(4)居功自傲、藐视同僚的人将是团队初期的最后一批被淘汰者。这种人认为自己有过出色的成绩,于是藐视同僚,把整个团队的竞赛看成是个人英雄的表演。显然,作为团队的竞赛,这种人在初期是有用的,是不可能被淘汰的,而当整个团队开始进一步发展的时候,这种人便会成为整个团队的桎梏。

(5)一个公司初期和中期的发展,也是以真正的团队领导的出现来划分的。

此前,团队的发展方向是由整个群体做出的,通常也会是公正的。而当团队领导出现后,团队的发展方向将会受到群体意见的影响,也会受到团队领导个人意见的左右,换言之,团队的发展将是这两个"分力"的"合力"。

(6)在一个团队里总有一些不会做事,只会"耍嘴皮子"的"甜言蜜语"制造者,而且这些人的地位通常会比人们想象的稳固得多,或者说,一旦当整个团队出现问题时,这种人反而不会被淘汰。这种例子古今中外颇为多见。

(7)当两个已经走过初创期,并开始步入发展期的团队合并时,双方会面临很多差异、分歧和碰撞,而当面对一个共同的竞争时,这种碰撞将尤为激烈,而且表现方式是多种多样的,甚至是不择手段的,而一种暗地里的,被称作"阴谋"的东西通常就在这个时候应运而生了。

(8)在激烈的团队竞赛中,个人的生存只有两条道路:支持和反对,如果你想走第三条路,一定会失败。很多公司的内部斗争都被简称为“站队”,结果通常是如果你不站在我这一队里,你就是我的敌人,我不仅要防着你,而且迟早要“铲除”你。

(9)在一个高度竞争的团队中,必须有敏锐的洞察力,并时刻警惕危险的出现,对于哪怕是潜在的危机,也必须充分估计并制订有效的对策。而如果动作慢了,或者犹豫了,可能面临危险,虽然也许不会马上被淘汰,但这种危险将使你陷入被动,最终导致无法逆转的后果。充分估计和快速应对,符合孙子兵法中所说:“多算胜,少算负,而况于无算乎”。

(10)在这种竞争中,最终的“幸存者”会是什么人呢?很好判定,这种人应该具有三个特点:年富力强、善于把握机会、在一次最关键的竞争中有极好的“运气”。

个人在团队中生存的总结:

①做一个诚实的人。

②和团队的其他成员充分沟通,让别人了解你。

③尽自己的力量为团队做事,尤其是在你比较擅长的方面。

④取得成绩后可以适当表现,但不要过分张扬,更不要藐视他人。

⑤虽然你不搞“阴谋”,但不等于“阴谋”不会找上你,所以你还必须保持高度的警惕,对潜在的危机有充分的估计,并且尽快制订出对策。

⑥“站队”别站错了!“有志者”站错了队是不会被原谅的,而“小蚂蚁”“站错了队”是仍然会被接纳的。

⑦当你开始实施你的“计划”时,别忘了祈求造物主在关键时刻给你好运。

复习与思考题

1. 什么是学习力?学习力三要素指的是什么?
2. 良好的思维力主要体现在哪些方面?
3. 简述个人生涯发展与终生学习的历程。
4. 如何提高记忆力?
5. 什么是思想力?如何提升城市轨道交通企业职工的思想力?
6. 什么是执行力?企业执行力的关键是什么?
7. 如何提高城市轨道交通企业职工的执行力?
8. 什么是沟通?沟通的三大要素指的是什么?
9. 沟通的技巧有哪些?
10. 什么叫沟通视窗?如何运用?
11. 如何正确理解信息处理能力?
12. “解决问题”的主要步骤有哪些?
13. 什么叫团队精神?团队精神有什么作用?
14. 团队合作的基础、原则及要求各是什么?

模 块 6

城市轨道交通职业化员工培养

 教学目标

1. 了解城市轨道交通员工职业化观念；
2. 理解职业化员工转变理论；
3. 掌握职业化员工转变关键。

 建议学时

6 学时

单元 6.1　城市轨道交通员工职业化观念

职业化是现代化过程中的必然产物，其主要作用是提高劳动生产率，保证企业工作的品质达到一定的标准。企业应对所有员工的职业化素养进行培养和引导，帮助员工在良好的氛围下逐渐形成良好的职业化素养。要成为职业化的员工，除了发扬良好的职业道德、培育敏锐的职业意识、修炼积极的职业心态外，还必须树立十二种职业观念。

一、理念至上

理念至上，全面制胜。把正确的工作理念放在第一位，那么不管遇到什么样的困难都能够克服，不管面对什么样的挫折都能够战胜。一个人的理念就像是黑暗中永远不会熄灭的光亮，一个人的理念就像是荆棘路上握在手中的一把利剑，只要你为自己树立正确的职业理念，那么成功一定属于你。

把公司看作自己开的，把自己当作公司的领导。激励他人完成任务，培养合作的关系，以公司的成败为己任，为自己所属的部门规划远景目标。个人要明确怎样做才能够削减成本、改善生产力、减少浪费、提升对客户的服务品质，并且让公司的工作气氛更加和谐。因此，除了自己分内的工作之外，尽量找机会为公司做出更大的贡献。这是一个合格员工应具备的重要条件。使自己的能力得到提升的最好办法就是多做一点。在做好分内事的同时，尽量为公司多

做一点,这不但可以表现你勤奋的品德,还可以培养你的工作能力,增强你的生存能力。

二、火热激情

热情不仅是促进团队作用的润滑剂,还是一个人品质的另一种体现、是一种幸福的差事,可是在公司中为什么有的员工却把它当作苦差事呢?绝大多数的员工都会回答工作太枯燥了。然而实际上问题往往出在员工对待公司的态度上,最主要的还是出在员工自己身上。如果员工本身不能热情地对待自己的工作的话,那么即使让他做他喜欢的事情,一个月后他依然觉得工作乏味至极。大多数公司中的员工已经有过这样的经历。

每一个上级领导会自然而然地觉得兢兢业业、神情专注、充满热情的员工更加值得信任,每一次对员工的提升都是莫大的鼓励。这些员工的积极心态也往往会感染他的上级领导,上级领导也知道,这样的下属在竭尽全力帮助自己,并且对那些散漫拖沓的员工也是一种激励。另一方面,在那些冷漠、马虎、懒惰的员工的影响下,管理者的工作态度也会改变很多,存在一种随遇而安的心理。所以,他会自觉地与有良好心态的员工在一起,关心他们的生活,对那些不专心工作,逃避责任,不注重实绩的员工,有一种本能的排斥心理。

【名人名言】

热忱是一种力量,它可以融化一切;热忱源自内心,它不是虚伪的表象。热忱使人充满了魅力和感染力。在一个积极有力的人面前,纵然是坚冰也不再冷漠。

——美林 & 埃德加投资公司总裁 埃德加·爱伦·坡

三、敬业为魂

西点军校人把敬业也作为军校军规的一条,是希望所有的西点军校人都能对军人职业的热爱,转化为学习、训练不断前进的动力。西点军校深知敬业对于一个人的重要,没有敬业的思想,便不会热爱自己的工作,就缺乏了在工作中前进的动力,久而久之便养成了倦怠的习惯,职责也就不能得到保证。

工作敬业,表面上看是为了老板,其实是为了自己,因为敬业的人能从工作中学习到比别人更多的经验,而这些经验正是你向上发展的基石,就算你以后换了单位,进入另外一个行业,你的敬业精神也会为你带来帮助。因此,把敬业变成一种习惯的人,从事任何职业都容易成功。如果你自认为敬业精神不够,那就趁年轻的时候强迫自己敬业——以认真的态度做任何事情!

案例

有一位名叫艾伦的女生大学毕业后被分到英国大使馆做接线员。一个小小的接线员,是很多人觉得很没出息的工作,但她却在这个普通工作上做出了成绩。她将使馆所有人的名字、电话、工作范围甚至他们的家属名字都背得滚瓜烂熟。有些电话打进来,有时不知道该找谁,她就会尽量帮他准确地找到人。慢慢地,使馆人员有事要外出,并不是告诉他们的翻译,而是给她打电话,告诉她会有谁来电话,请转告哪些事,有很多公事、私事也委托她通知,艾伦逐渐成了大使馆全面负责的留言中心秘书。

一天,大使竟然跑到电话间,笑眯眯地表扬她,这是破天荒的事。结果没多久,她就因工作出色而破格调去给英国某大报记者处做翻译。该报的首席记者是个名气很大的老太太,得过战地勋章,被授过勋爵,本事大,脾气也大,她把前任翻译给赶跑后,刚开始也不要艾伦,后来才勉强同意一试。一年后,工作出色的艾伦被破格升调到外交部,她干得又同样出色,之后获得外交部嘉奖。

四、荣誉为先

在公司中,优秀员工应该具有的基本道德规范是以公司为荣,经常保持诚实和公正的态度。并保持高标准的道德,不断进取,保持个人的尊严和公司的荣誉。员工必须具有职业道德,具有优良品德的员工总能恪尽职守。他们根据自己的志向和公司的发展规划,忠实地履行职责,尽可能以最完美的方式,根据有关法律规定来完成所赋予的职责,保护和维护公司的财产,通过与同事和有关部门的公开交流与合作,竭力提高他们的工作效率。在自我发展方面,优秀的员工各自拥有楷模雇员的理想形象,通过持续的自我完善,坚持不懈地改善自我形象,他们在诚实和力求完美的基础上完成自己的工作,努力创造一种更好的 工作环境。

案例

在西点军校,从军官到士官生,言必称“荣誉法则”,“军校学员不说谎、不欺骗、不偷窃,也不容忍有此恶行的人”。诚信、正直、讲真话,是每个学员必须遵守的原则和品格,是领导者取得追随者信任的重要素质。西点军校在四年中,对士官生反复灌输诚信理念,在生活中、课堂上、宿舍里、训练场上,以及在与同学、家人交往中,严格监督,要求学生不说谎,不欺骗,讲真话,讲实话。通过成就创造荣誉,通过荣誉感取得更大成就,西点军校对此坚信不疑,始终把荣誉教育优先予以考虑。

五、挑战自我

挑战自我,就是勇于向自己的弱点和缺点宣战。谁能做到这一点,谁就能不断地完善自我。然而,向别人挑战易,向自己挑战难。一个伟大的人就是能够自觉地向自己的弱点和缺点挑战,就是向自己心中的“怕”和“懒”二字宣战,就是要有跳起来去摘取胜利果实的勇气。

案例

很多成功企业都有一个共同的特点,这就是都十分重视职工的学习。IBM公司的大楼上写着“学无止境”,公司每年投入20多亿美元进行130万人次的培训,不仅创建了各类培训学院,还建立了网上大学,采取“自助餐式培训”的方式,为员工的自选培训提供了更多的便利,由此造就了众多优秀人才;摩托罗拉公司每年用于员工的教育培训费用超过10亿美元,其著名的大学已有14个校区,分布于世界各地。

美国排名前25位的企业,80%是学习型企业。全世界排名前10位的企业,100%是学习型企业。可以说,重视员工的学习培训,积极创建学习型企业,正是这些企业成功的关键所在。

六、勇争第一

西点军校的文化是一种残忍而又公正的文化,学员们尤其了解自己在组织中所处的等级,在合理的时间范围内,西点军校学员力求晋升。西点军校曾经向新学员提出挑战:"你们具备少数令人骄傲的军官所具有的素质和能力吗?"在西点军校不存在平级调动,他们要么晋升,要么出局,留下来的全都是成功且积极进取的学员。只有第一是目标,更是信念,希望在你的字典里将没有第二,只有第一。

案例

有人问,登上美洲大陆的第一名探险者是谁?没有人犹豫,那是哥伦布;又有人问,世界第一高峰是什么峰?也没有人犹豫,那是珠穆朗玛峰。那么如果有人问,第二个踏上美洲大陆的人是谁?世界第二大高峰又在哪里?你还能回答自如吗?

没有人刻意追寻那第二、第三,虽然只一位之差,但已距离得太远太远。

谁也不会反驳这种说法:只有想当将军的士兵才是一个真正的士兵。

专业第一就是专业顶级,叫品牌。就像奔驰汽车得到世人赞许。

行业第一就是行业旗帜,叫标志。就像聊起足球就使人想到贝利。

产业第一就是产业龙头,叫引领。就像火车头牵引着车厢前进。

七、自动自发

工作需要热情和行动,工作需要努力和勤奋,工作需要一种积极主动、自动自发的精神。只有以这样的态度对待工作,我们才可能获得工作所给予的更多的奖赏。对每一个企业家和老板而言,他们需要的绝不是那种仅仅遵守纪律、循规蹈矩,却缺乏热情和责任感,不能积极主动、自动自发工作的员工。

八、立即行动

拖延会侵蚀人的意志和心灵,消耗人的能量,阻碍人的潜能的发挥!处于拖延状态的人,常常陷于一种恶性循环之中,这种恶性循环就是:"拖延—低效能+情绪困扰—拖延"。

小故事

有一位老农的农田当中,多年以来横亘着一块大石头。老农的好几把犁头被这块石头碰断,还损坏了他的耕种机,老农对此无可奈何,巨石成了他种田时挥之不去的心病。

一天在又一把犁头被打坏之后,想起巨石给他带来的无尽麻烦,老农终于下决心要移走这块巨石。于是，他找来撬棍伸进巨石底下，他惊讶地发现，石头埋在地里并没有想象的那么深，那么厚，稍微使劲就可以把石头撬起来，再用大锤打碎，清出地里，老人脑海里闪过多年来被巨石困扰的情景，再想到可以更早些把这桩头疼事处理掉，禁不住一脸的苦笑。

从这则寓言故事中，我们会领悟出一个道理：遇到问题应立即弄清根源，有问题更需要立即处理，绝不拖延。平时的工作中，往往会遇到反复出现的问题或不良现象，如若讳疾忌医或拖延了事，积压下来，就必然给工作造成困难。所以，对工作中出现频率较多的问题，不应回避，而应抓住苗头，及时调查，追根溯源，找出解决问题的途径和办法。

九、全力以赴

全力以赴奋斗是指引命运之舟的灯塔，是积极的心态，是打开成功之门的钥匙，是巨大的潜能，是自动自发的动力源泉，是开拓的精神，是积极进取的人生理念，是综合的素质，是成功人士必备的条件。人本来是有很多潜能的，但是我们往往会对自己或对他人找借口 ："管他呢，我们已经尽力而为了。"事实上尽力而为是远远不够的，尤其是在这个竞争激烈的年代。

小故事

兔子与猎狗

一天，猎人带着猎狗去打猎。猎人一枪击中兔子的后腿，受伤的兔子拼命奔跑。猎狗在猎人的指示下也是拼命追赶兔子。可是追着追着，兔子跑不见了，猎狗只好悻悻地回到猎人身边。猎人开始骂猎狗了 ："你真没用，连一只受伤的兔子都追不到。猎狗听了很不服气地说我尽力而为了呀。"

再说兔子带伤终于跑回洞里，它的兄弟们都围过来惊讶地问他："那只猎狗很凶呀，你又带了伤，怎么跑得过它的？""他是尽力而为，我是全力以赴呀，它没追上我，最多挨一顿骂，而我若不全力以赴的话就没命了呀。"

成功是没有止境的，成功背后还会有更大的挑战，接受挑战意味着更大的成功，经验在人生的旅途上会让你少走许多弯路，获得心灵的浇灌和抚慰，一旦你的理想逐渐实现，你将会获得真正的成就感，将会拥有一种新的自信，发现自己的价值，让我们全力以赴，一起走向成功。

十、无条件执行

在西点军校，一个根深蒂固的观念是：学不会服从，也就学不会管理。将服从训练成习惯，就会水到渠成地走向成功。在公司，每一名员工也必须学会服从上级领导的安排，执行是最重要的，执行力就是竞争力和生产力。无条件执行是员工的第一要务，没有服从理念的员工就不是优秀的员工，并且也无法向自己的人生目标迈进。无条件执行不是盲目地遵从，而是睁大眼睛，审时度势，利用丰富的想象力和首创精神设法规避障碍，寻找解决办法，直到完成一切指定的工作，甚至包括那些不很重要的细节。

城市轨道交通系统指挥架构中，要求司机服从行车调度命令，尤其是在发生故障时，要以行车调度指令为动车依据,就是要求司机在无条件执行的要求下,尽力配合指挥者完成突发状况的调整,使得对乘客的影响降到最低。作为城市轨道交通司机,他要为一列车上千人的安全负责,因此有效的执行命令,以敬业的精神服从命令,以无条件执行的精神站好每一班岗,是每一个城市轨道交通司机的必备理念。

十一、工作无借口

借口总是在人们的耳旁窃窃私语,告诉自己因为某原因而不能做某事,久而久之,我们甚至会潜意识地认为这是"理智的声音"。只要细心去找,借口总会有的,有许多员工不再是想方设法去争取成功,而是把大量的时间和精力放在如何寻找一个更合适的借口上。那些喜欢发牢骚、抱怨不幸的员工曾经都有梦想,却始终无法实现。为什么呢?因为他们有找借口的毛病。那些认为自己缺乏机会的员工,往往是在为自己的失败寻找借口。成功的管理者不善于也不需要编制任何借口,因为他们能为自己的行为和目标负责,也能承受自己努力的成果。

每当你使用"理由"一词时,请用"借口 "来替代它,也许你会发现自己再也无法心安理得了。事实上,把事情"太困难、太无头绪、太麻烦、太花费时间"等种种理由合理化,确实要比相信"只要我们足够努力、勤奋就能完成任何事"的信念要容易多了,但如果你经常为自己找借口,你就不能完成任何事,这对你以后的职业生涯也是极为不利的。

【谚语】

如果你真的想做一件事,你一定会找到一个方法;如果你不想做一件事,你一定会找到一个借口。

——阿拉伯谚语

十二、为自己奋斗

不管你从事什么领域的工作,都要全心全意地投入其中,这就是西点军校为学员树立的人生理念和工作态度。不要只是因为必须工作才拖着深重的脚步去上班,你应该抱着开创新局面的期待去工作。不要抱怨找不到自己喜欢的工作,应该专心于自己的这份工作,调整自己的想法,并且发挥创造力,规划出可行的策略,提高自己对工作的贡献。

案例

齐瓦勃是伯利恒钢铁公司——美国第三大钢铁公司的创始人。他出生在美国乡村,只受过短暂的学校教育。15岁那年,家中一贫如洗的他到一个山村做了马夫。然而雄心勃勃的齐瓦勃无时无刻不在寻找着发展的机遇。3年后,齐瓦勃来到钢铁大王卡内基所属的一个建筑工地打工,一踏进建筑工地,齐瓦勃就表现出高度的自我规划和自我管理的能力。当其他人都在抱怨工作辛苦、薪水低并因此而怠工的时候,齐瓦勃却一丝不苟地工作着,并且为以后的发展而开始自学建筑知识。

一天晚上,同伴们都在闲聊,唯独齐瓦勃躲在角落里看书。那天恰巧公司经理到工地检查工作，经理看了看齐瓦勃手中的书，又翻了翻他的笔记本，什么也没说就走了。第二天，公司经理把齐瓦勃叫到办公室，问："你学那些东西干什么？"齐瓦勃说："我想，我们公司并不缺少打工者，缺少的是既有工作经验，又有专业知识的技术人员或管理者，对吗？"经理点了点头。不久，齐瓦勃就被升任为技师。打工者中，有些人讽刺挖苦齐瓦勃，他回答说："我不光是在为老板打工，更不单纯是为了赚钱，我是在为自己的梦想打工，为自己的远大前途打工。我们只能在认认真真的工作中不断提升自己。我要使自己工作所产生的价值，远远超过所得的薪水，只有这样我才能得到重用，才能获得发展的机遇。"抱着这样的信念，齐瓦勃一步步升到了总工程师的职位上。25 岁那年，齐瓦勃做了这家建筑公司的总经理。后来，齐瓦勃终于独立建立了属于自己的伯利恒钢铁公司，并创下了非凡的业绩，真正完成了从一个打工者到创业者的飞跃，成就了自己的事业。

单元 6.2　城市轨道交通员工职业化理论

一、PDCA 循环

1. PDCA 循环的概念

PDCA 循环又称质量环，是管理学中的一个通用模型，最早由休哈特（Walter A. Shewhart）博士于 1930 年构想而来，后来被美国质量管理专家戴明（Edwards Deming）博士在 1950 年再度挖掘出来，并加以广泛宣传和运用于持续改善产品质量的过程中。它是全面质量管理所应遵循的科学程序。全面质量管理活动的全部过程，就是质量计划的制订和组织实现的过程，这个过程就是按照 PDCA 循环（图 6-1），不停顿地周而复始地运转的。PDCA 循环实际上是有效进行任何一项工作的合乎逻辑的工作程序。在质量管理中，有人也称其为质量管理的基本方法。

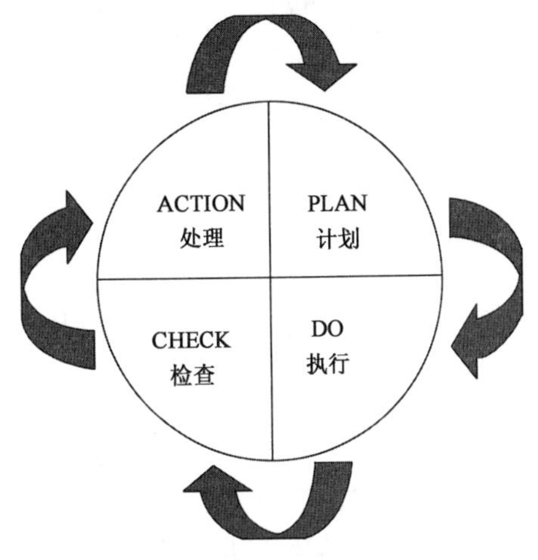

图 6-1　PDCA 循环模型

2. PDCA 的含义

PDCA 最早是由美国质量统计控制之父休哈特提出的 PDS（Plan Do See）演化而来，后由美国质量管理专家戴明改进成为 PDCA 模型，所以又称为"戴明环"。PDCA 是英语单词 Plan（计划）、Do（执行）、Check（检查）和 Action（行动）的第一个字母，P、D、C、A 四个英文字母所代表的意义如下：

P（Plan）——计划。计划包括方针和目标的确定以及活动计划的制定。

D（Do）——执行。执行就是具体运作，实现计划中的内容。

C（Check）——检查。就是要总结执行计划的结果，分清哪些对了，哪些错了，明确效果，找出问题。

A(Action)——行动(或处理)。对总结检查的结果进行处理,成功的经验加以肯定,并予以标准化,或制定作业指导书,便于以后工作时遵循;对于失败的教训也要总结,以免重现。对于没有解决的问题,应提到下一个PDCA循环去解决。

以上四个过程不是运行一次就结束的,而是周而复始的进行,一个循环完了,解决一些问题,未解决的问题进入下一个循环,这样阶梯式上升。

3. PDCA循环分析说明

PDCA循环作为全面质量管理体系运转的基本方法,其实施需要搜集大量数据资料,并综合运用各种管理技术和方法。全面质量管理活动的运转,离不开管理循环的转动,这就是说,改进与解决质量问题,赶超先进水平的各项工作,都要运用PDCA循环的科学程序。不论是提高产品质量,还是减少不合格品,都要先提出目标,即质量提高到什么程度,不合格品率降低多少,就要有个计划;这个计划不仅包括目标,而且还包括实现这个目标需要采取的措施;计划制定之后,就要按照计划进行检查,看是否实现了预期效果,有没有达到预期的目标;通过检查找出问题和原因;最后就要进行处理,将经验和教训制订成标准,形成制度。

戴明环的最初目的是为了解决生产中的质量问题,并且它的确可以有效解决各种质量问题。随着其理论的不断发展,此方法逐渐运用于生产管理及服务的各个环节之中。甚至我们生活中的很多问题也同样可以用这种方法来思考并予以解决。下面我们说明这个循环的过程(图6-2):

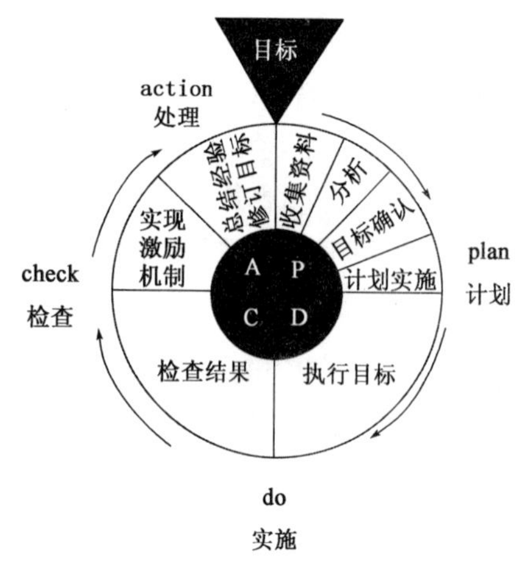

图6-2 PDCA循环过程分析

计划制订阶段——P阶段。这一阶段的总体任务是根据生产异常情况确定改进目标,制定改进计划,拟定实施措施。其实这是在C、A阶段分析的基础上进行的。

计划执行阶段——D阶段。按照计划执行相应的处理措施,开展改善工作。

计划检查阶段——C阶段。在计划执行过程中及其后要不断进行查核,判断其结果。

计划处理阶段——A阶段。此阶段的工作有两个步骤:一是把执行措施计划成功的经验总结并整理成标准,以便巩固提高;二是把本项工作循环之中尚未解决的问题以及出现的新问题提交到下一工作过程中去解决。

4. PDCA循环特点

处理阶段是PDCA循环的关键。因为处理阶段就是解决存在问题,总结经验和吸取教训的阶段。该阶段的重点又在于修订标准,包括技术标准和管理制度。没有标准化和制度化,就不可能使PDCA循环转动向前。PDCA循环可以使我们的思想方法和工作步骤更加富有条理化、系统化、图像化和科学化。它具有如下特点(图6-3):

(1)大环套小环,小环保大环,推动大循环

PDCA循环作为质量管理的基本方法,不仅适用于整个工程项目,也适应于整个企业和企业内的科室、工段、班组以至个人。各级部门根据企业的方针目标,都有自己的PDCA循环,层

层循环,形成大环套小环,小环里面又套更小的环。大环是小环的母体和依据,小环是大环的分解和保证。各级部门的小环都围绕着企业的总目标朝着同一方向转动。通过循环把企业上下或工程项目的各项工作有机地联系起来,彼此协同,互相促进。在 PDCA 循环中,一般来说,上一级的循环是下一级循环的依据,下一级的循环是上一级循环的落实和具体化。

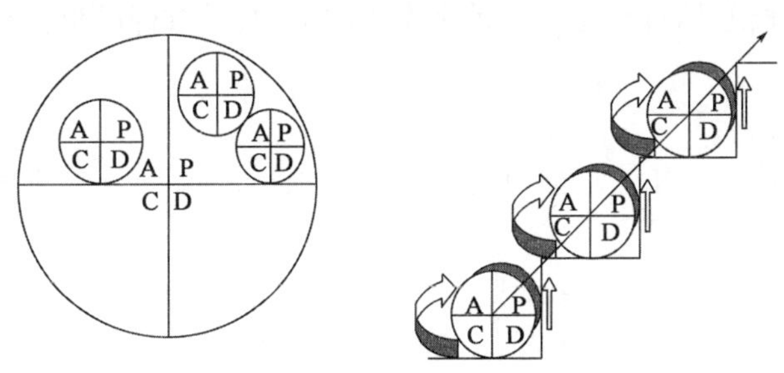

图 6-3　PDCA 循环特点分析

(2)不断前进,不断提高

每个 PDCA 循环,都不是在原地周而复始运转,而是像爬楼梯那样,每一循环都有新的目标和内容,这意味着质量管理,经过一次循环,解决了一批问题,质量水平有了新的提高。

(3)门路式上升

PDCA 循环不是在同一水平上循环,每循环一次,就解决一部分问题,取得一部分成果,工作就前进一步,水平就进步一步。每通过一次 PDCA 循环,都要进行总结,提出新目标,再进行第二次 PDCA 循环,使品质治理的车轮滚滚向前。PDCA 每循环一次,品质水平和治理水平均前进一步。

5. PDCA 循环步骤

步骤一:分析现状,找出题目

重要的是对现状的把握和发现题目的意识、能力。发现题目是解决题目的第一步,是分析题目的条件。

步骤二:分析产生题目的原因

找准题目后分析产生题目的原因至关重要,运用头脑风暴法等多种集思广益的科学方法,把导致题目产生的所有原因全部找出来。

步骤三:要因确认

区分主因和次因是最有效解决题目的关键。

步骤四:拟定措施,制订计划

5W1H,即:为什么制定该措施(Why)? 达到什么目标(What)? 在何处执行(Where)? 由谁负责完成(Who)? 什么时间完成(When)? 如何完成(How)? 措施和计划是执行力的基础,尽可能使其具有可操性。

步骤五:执行措施,执行计划

高效的执行力是组织完成目标的重要一环。

步骤六:检查验证、评估效果

“下属只做你检查的工作,不做你希望的工作”IBM的前CEO郭士纳的这句话将检查验证、评估效果的重要性一语道破。

步骤七:标准化,固定成绩

标准化是维持企业治理现状不下滑,积累、沉淀经验的最好方法,也是企业治理水平不断提升的基础。可以这样说,标准化是企业治理系统的动力,没有标准化,企业就不会进步,甚至下滑。

步骤八:处理遗留题目

所有题目不可能在一个PDCA循环中全部解决,遗留的题目会自动转进下一个PDCA循环中,如此,周而复始,螺旋上升。

PDCA传播一种持续改进的文化,到现在为止已经惠及全世界。PDCA循环在现代社会中得到了广泛的应用,并取得了良好的效果,因此PDCA循环是班组管理的基本方法之一。

二、5W2H分析法

5W2H分析法又称七要素分析法,是第二次世界大战中美国陆军兵器修理部首创。“5W2H分析法”简单、方便,易于理解、使用,富有启发意义,广泛用于企业管理和技术活动中,对于决策和执行性的活动措施也非常有帮助,也有助于弥补考虑问题的疏漏。下面说明5W2H分析法的应用程序。

(1)Why——为什么?为什么要这么做?理由何在?原因是什么?

(2)What ——是什么?目标是什么?做什么工作?

(3)Where——何处?在哪里做?从哪里入手?

(4)When——何时?什么时间完成?什么时机做最适宜?

(5)Who——谁?由谁来承担?谁来完成?谁负责?

(6)How——怎么做?如何提高效率?如何实施?方法怎样?

(7)How much——多少?多少程度?数量多少?质量如何?费用产出?

发明者用五个以W开头的英语单词和两个以H开头的英语单词进行设问,发现解决问题的线索,寻找思路,进行构思,这就叫作5W2H分析法。用5W2H分析法提出疑问,以用于发现问题和解决问题是极其重要的。创造力高的人,都具有善于提问题的能力,众所周知,提出一个好的问题,就意味着问题解决了一半,提问题的技巧高,可以发挥人的想象力。“5W2H分析法”的思维方式,换种说法就是管理的精确化、数字化,不只限于对执行工作指令时有用,还可以运用到管理的一切方面。在你做任何事情的时候,头脑中都有如此精确化、数字化的概念,能避免在工作中的盲目冲动或感情用事。

三、鱼刺图

1. 鱼刺图分析

“鱼刺图”是一种寻找产品质量问题产生的原因,即分析原因与结果之间关系的图解(图6-4)。在生产过程中影响产品质量的要素,不外乎人、机器、材料、工艺、环境五个方面,每个方面都有许多具体因素，这些因素又是其他因素的结果。在分析影响产品的原因时，要把对产品的质量发生的各种因素条理化，把原因和结果关系搞清楚。原因部分由大枝（大原因、分类项目，如人、机器、工艺、材料、环境等），中枝（中原因），小枝（小原因），细枝（更小原因）等组成。通过对原因的依次展开，即把对结果有影响的因素加以分类和分析，并由大到小，由粗到细，直到能直接、具体地采取有效的措施解决问题为止。

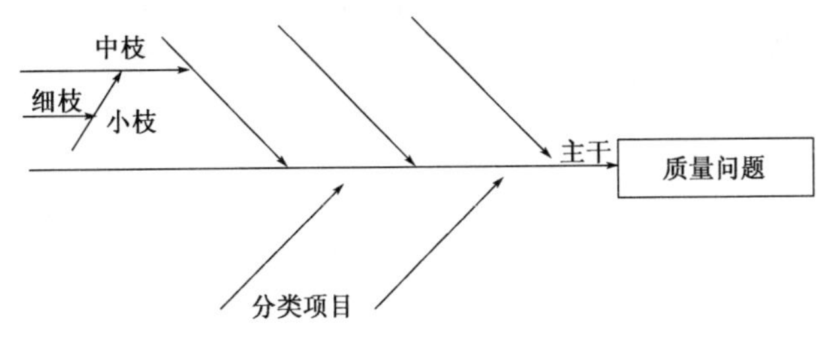

图6-4　鱼刺图

2. 因果分析图绘制的一般步骤

(1)确定要分析的问题

将质量问题写在原因的右边，画出主干，箭头指向右边。

(2)确定造成质量问题的因素分类项目

例如，分析制造过程中的质量问题，可按影响工序质量的因素——人、机器、材料、工艺、环境等分类，也可按工艺的先后顺序等分类。画大枝箭头指向主干，在箭头尾端记上因素分类的项目。

(3)将上述项目分别展开

中枝表示对应的项目中造成质量问题的一个或几个原因，一个原因画一个枝，箭头平行于主干指向大枝，将原因记在中枝线的上下。

(4)将上述原因再展开，分别画小枝

小枝为造成中枝的原因。如此展开下去，一直到能够提出有效的解决措施为止。

(5)注明因果图的名称、绘制者、绘制时间、参加分析的人员等

因果分析图的图形比较简单，图的质量与追问深度有关，追问越深，探索的原因因素也越细。如果没有一定的技术水平和生产经验，没有对生产过程比较全面、深入的了解，是难以针对存在的问题提出其根源的。因此，这种图最好是集体讨论绘制。各人工作岗位不同，对于影响质量的原因都能根据自己的经验，提出不同的认识，集思广益，把影响质量的各种主次因素都统一到因果图上来，这样画出的图比较完整，既能群组化，又具有连续性，逻辑关系强，能够恰到好处地表达事物内在的原因结构。画好一张因果图，还应注意：原因分析尽可能深入细致，细致到可以直接采取措施为止，原因表达简练、明确；画出因果图，确定主要原因后应到现场去进行调查核实，并落实主要原因的项目，然后制订对策，加以解决。“鱼刺图”同样可用来分析其他问题。

案例

某市轨道交通志愿者引发的投诉原因分析鱼刺图如图6-5所示。

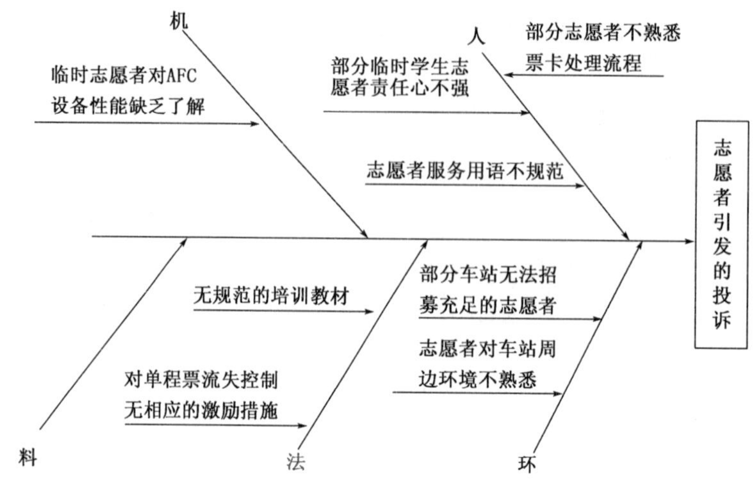

图6-5　原因分析鱼刺图

四、AAR行动后反思

行动后学习机制又称行动后反思(After Action Review,AAR)或事后回顾。AAR的定义为:对一事件的专业性讨论,着重于表现标准,使参加者自行发现发生了什么、为何发生及如何维持优点,并改掉缺点。AAR的目的不是在评定对错、成败与奖惩,而是在于学习,人们需要相信他们的谈话是导向于学习,而非作为惩罚之用,AAR与检讨会不可彼此替代,因为二者各有不同的功能。

具体而言,开展AAR这样的活动,其有两个层面:一是设定层面,谁、在何时、何地、讨论什么、进行多久;二是历程层面,讨论如何进行程序、促进者(Facilitator)如何辅助AAR讨论的进行。

AAR具体步骤和问题设置:

步骤一:讨论当初行动的意图是什么(What was the intent)。

当初行动的意图或目的是什么?当初行动时尝试要达成什么?是怎样达成的?

步骤二:讨论发生了什么(What happened)。

实际上发生了什么事?为什么?怎么发生的?真实地重现过去所发生的事,并不是容易的,人类的知觉与推论历程是有很多偏误的,而且不同人所看到的常是不同的。有两个方法是常被使用的:依时间顺序重组事件;成员回忆他们所认为的关键事件,并优先进行分析。

步骤三:讨论从中学到什么(What have we learned)。

我们从过程中学到了什么新东西?如果有人要进行同样的行动,我会给他什么建议?

步骤四:讨论如何将学习转化为行动(What do we do now)。

接下来我们该做些什么?哪些是我们可直接行动的?哪些是其他层级才能处理的?是否要向上呈报?

步骤五:采取行动(Take action)。

知识存在于行动中,知识必须透过应用才会发挥效用,必须产生某些改变的行为才是学习。

步骤六:分享给别人(Tell someone else)。

谁需要知道我们生产的这些知识?他们需要知道什么?杠杆性地把"有用知识"有效传递给组织其他"有用的人"。

五、WBS工作分解结构

前文已述,所谓WBS(Work Breakdown Structure)意为工作任务分解。其原理就是把一个项目,按一定的原则进行分解,项目分解成任务,任务再分解成一项项工作,再把一项项工作分配到每个人的日常活动中,直到分解不下去为止,即项目—任务—工作—日常活动。工作分解结构是以可交付成果为导向对项目要素进行的分组,它归纳和定义了项目的整个工作范围,每下降一层代表对项目工作的更详细定义(图6-6)。

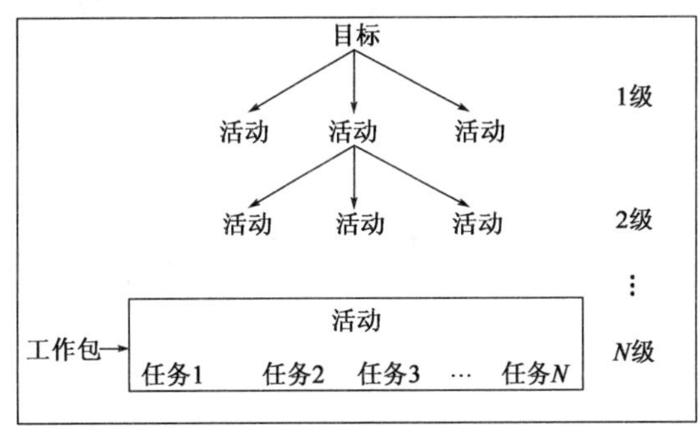

图6-6 工作分解结构示意图

WBS可以由树形的层次结构图或者清单(图6-7)表示。树型的层次结构图的层次清晰,非常直观,结构性很强,但不容易修改,对于大的、复杂的项目也很难表示出项目的全景。由于其主观性,一般在小的,适中的项目中的使用较多。

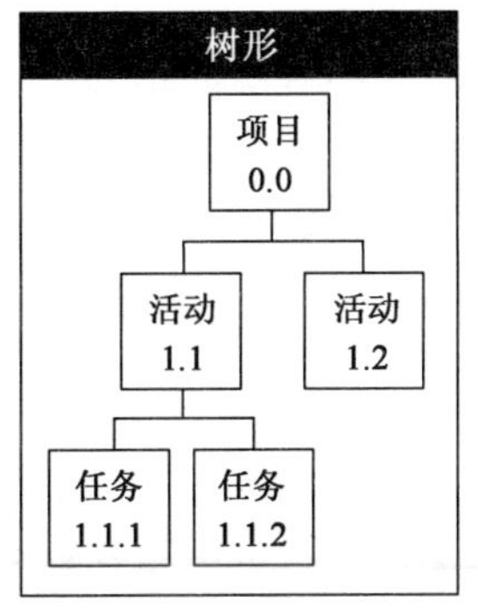

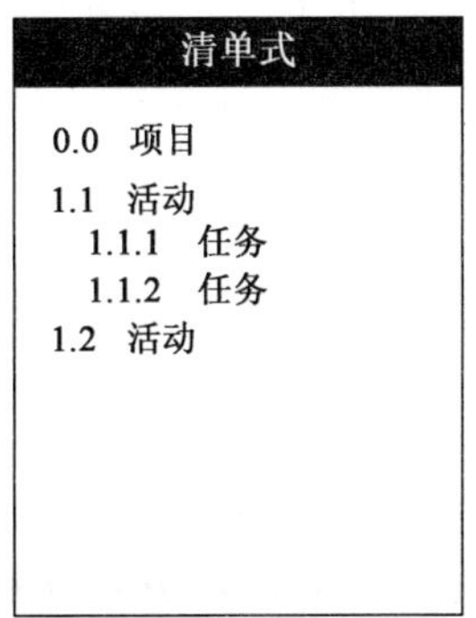

图6-7 工作任务分解的形式

创建WBS过程的五个步骤如下(以打扫房间为例,如图6-8所示)。

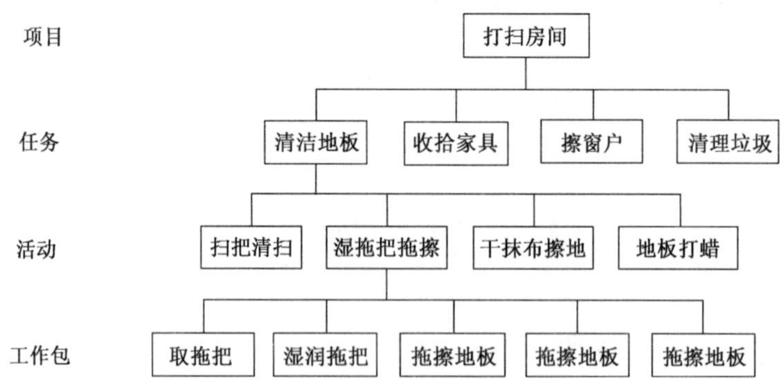

图6-8 WBS的创建步骤

(1)先问:需要干什么?打扫房间——项目。

(2)再问:打扫房间需要做什么?清洁地板、收拾家具、擦窗户、清理垃圾——任务。

(3)接着问:如何清洁地板?扫帚清扫、湿拖把拖地、干抹布擦地、打蜡——完成任务的活动。

(4)然后问:如何用湿拖把拖地?取拖把、湿润拖把、顺序拖擦地板、洗净拖把、晾晒拖把——湿拖把拖地这项活动的工作包。

(5)最后问:是否正确和完整?有无遗漏?是否易于分配责任和角色?资源是否很容易确定?工期是否容易估计?任务完成的衡量标准是否清楚?——检验工作分解结构的正确性。

单元6.3 城市轨道交通员工职业化理念

职业化是企业发展的核心竞争力,企业要培育员工养成良好的职业化素养,应重点引导员工树立六个关键理念。

一、方向比努力重要

目标的作用不仅是界定追求的最终结果,它在整个人生旅途中都起着重要作用。可以说,目标是成功路上的里程碑。目标的选择比努力重要,确定方向比出力流汗重要。可以说,如果方向错误,你越努力,你离成功越远,离失败越近。

要发挥潜能,你必须全神贯注于自己有优势并且会有高回报的方面,目标能助你集中精力。另外,当你不停地在自己有优势的方面努力时,这些优势会进一步发展。最终,在实现目标时,你自己成为什么样的人比你得到什么东西重要得多。

案例

1970年,美国哈佛大学对当年毕业的天之骄子们进行了一次关于人生目标的调查:27%的人没有目标,60%的人目标模糊,10%的人有清晰但比较短期的目标,3%的人有清晰而长远的目标。1995年,即25年后,哈佛大学再次对这一批1970年毕业的学生进行了跟踪调查,结果是这样的:25 年间有 3% 的人朝着一个既定的方向不懈努力,现在几乎都成为社会各界的成功人士,其中不乏行业领袖、社会精英;10% 的人的短期目标不断实现,成为各个行业、各个领域中的专业人士,大都生活在社会的中上层;60% 的人安稳地生活与工作,但都没什么特别突出的成绩,他们几乎都生活在社会的中下层;还有 27% 的人,他们的生活没有目标,过得很不如意,并且常常在抱怨他人、抱怨社会、抱怨这个"不肯给他们机会"的世界。其实,他们之间的差别仅仅在于:25 年前,他们中的一些人知道自己的人生目标,而另一些人不清楚或不是很清楚自己的人生目标。

现实生活中,我们没有方向或者跑错方向的人大有人在。很多人都坚信"天道酬勤""一分耕耘、一分收获""勤奋 + 汗水 = 成功""世上无难事,只要肯登攀""笨鸟先飞"等成功的格言,殊不知,这些必定成功道理是建立在一个基本前提之上,那就是有正确的方向。

二、态度比能力重要

态度是内心的一种潜在意志,是个人的能力、意愿、想法、感情、价值观等在工作中所体现出来的外在表现。要做好一件事,需要具有一定的能力,而更重要的是必须具备端正、认真的态度。不管你在什么地方工作,你的态度都决定了你成就的高度。那些有能力而态度不好的人,我们随处可见,而他们说得最多的就是公司没有给他们机会。他们根本不知道,态度其实比能力更重要。

美国西北大学理事会主席、心理学博士史各特说:"决定成功与失败的原因,态度比能力更重要。"哈佛大学的一项研究表明:成功、成就、升迁等原因的 85% 是因为我们的态度,而仅有 15% 是由于我们的专门技术。然而,现实中我们往往花费 90% 的时间、精力、金钱来学习那 15% 的成功因素,而对于占 85% 的成功因素却从未意识到。

我们常常发现,同样一起到一个公司工作的人,同样的起点,但是,几年之后却发生了巨大的变化,有的人成为公司里的核心员工,受到上司的器重;有的人一直碌碌无为;有些人牢骚满腹,总认为与众不同,而到头来仍一无是处……众所周知,除了少数天才,大多数人的禀赋相差无几。那么是什么在造就我们,改变我们? 是"态度"! 有些慵懒怠懈、态度上不具备竞争力的人只注重事物的表象,无法看透事物的本质,他们只相信运气、机缘、天命之类的东西。看到他人工作出色,他们就说:"那是天分。"看到人家屡次加薪,他们就说:"那是幸运!"发现有人被领导所重用,他们就说:"那是机缘。"

案例

在 35 岁前,乔·吉拉德患有严重口吃,曾做过洗碗工、送货员、电炉装配工等 40 多种工作,在生活和职业发展中,他是个极度失败者。

屋漏偏逢连夜雨。乔·吉拉德通过朋友介绍,在底特律承包了一个修建私人住宅的项目,刚启动没多久,项目就泡汤了,这使得他的短期信贷转为长期信贷,债主纷纷上门催讨。他情绪低落,但不消极。银行想扣押他的汽车,他就把车停在离家几个街区之外,然后穿小巷爬后墙溜回家。他总是在主动地寻找机会。乔·吉拉德的一个朋友是汽车销售员,他便请求这位朋友帮他找份销售工作,但他的朋友总是拒绝他,还打击他。最后,乔·吉拉德对他说:只要给他在汽车店的背后摆张桌子和电话就行。朋友终被其执着的态度所打动,乔·吉拉德从此进入汽车销售业,从那以后,再也没有让妻子和家人失望。

1978年1月1日,49岁的乔·吉拉德退休了。到目前为止,他的销售业绩无人打破。乔·吉拉德那种不怕失败,敢于面对压力,追求事业成功的态度,成就了他的职业生涯。

三、能力比薪酬重要

每个职业人士在进行自己的职业生涯规划时,一般有三个导向:一是薪酬导向,就是以薪酬为中心,谁给的钱多就跟谁干;二是成长导向,就是把自己的能力提升和成长空间放在职业选择的首位,工资待遇差不多就行了;三是兴趣导向,就是把兴趣、爱好作为自己职业选择的主要标准。应该说,这三种导向没有对错之分,但是,作为一个想在职业道路上有大发展的人来说,恐怕能力导向应该是第一位的。因为有了能力的依托,你的薪酬不用你担心,你才有选择发展兴趣的更大空间。眼里只盯着工资高低的人往往忽视了自己能力的提升,这种舍本逐末的行为,最终在频繁的跳槽之中荒废了自己的能力,也得不到自己获取高薪的砝码。

案例

著名银行家克拉斯年轻时也在不断地变动工作,但是他始终抱有一个梦想——想管理一家大银行。他曾经做过交易所的职员、木料公司的统计员、簿记员、收账员、折扣计算员、簿记主任、出纳员、收银员等,换了一个又一个的工作岗位,最后才接近自己的目标。在谈到他年轻时为什么频繁换工作时,他说:"一个人可以有几条不同路径达到自己的目的地。如果我换工作仅仅是为了每周多赚几块钱,恐怕我的将来早因现在而牺牲了……我之所以换工作,完全是因为现在的岗位、公司或老板无法再给我带来更多的教益了。所以,你必须懂得自己想做什么,为什么要这样做。"

在职业生涯的初始阶段,懂得投资自己比得到更有意义。我们始终要记得:我们是在为自己工作,而不是在为公司打工。无论何时何地,你都要把自己的职业成长和能力提升当成第一位的事情,只要在成长方面有所收获,至于工资待遇方面的事要学会看得淡一些、忍耐一些。如果在良好的发展环境下,你斤斤计较工资福利,你就是在与自己的职业未来斤斤计较,你必定不会达到更高的职业境界。如果这家公司能够让我提升能力,即使工资再少,待遇再低,甚至是不发工资,我也要坚持干下去。所以我们要懂得以自己的能力为根本,任何时候都不要忘记提高自己,这样才是真正地为自己积累财富。

案例

很多轨道交通运营公司目前处于发展阶段,每年都会有很多新人到岗,每年也会因为不同的原因产生很多新的岗位,而在竞聘这些岗位的同事中,尤其是在生产部门,会发现每次竞聘成功的人员都是大家公认的在技术上、专业上比较出类拔萃的人员,无论他们是生产岗还是管理岗。因为他们之前积累了经验,提高了自己的能力,没有把着眼点放在薪酬上,而当他们竞聘成功以后,薪酬也自然会随之增加。

职业人士的价值不是老板或别人施舍的，而是由市场需求和自己的能力决定的。如果一个职业人缺乏业绩的支持，他随时都面临被市场抛弃的可能。因此市场价值是职业人的生命，失去了职位，没有关系，但是失去了市场价值，就意味着职业生涯的终结。所以，你必须树立一个最基本也是最重要的理念"个人成长第一，工资待遇第二。"一定要珍惜企业为你搭建的平台，把工作真正当成愉快的带薪学习过程，抓住一切可能的机会，创造一切可能的条件，在职业实践中提高自己。试想一下，一般情况下，人生在世，除了父母和少量的慈善家花钱供自己学习之外，还有第二个人花钱供你学习吗？如果有，那这第二个人就是你的老板，老板给你开着工资，免费让你在他的"企业实验场"里学习锻炼自己，而所有的风险则由他独自承担。难道我们不应该珍惜这样难得的机会吗？

案例

前程无忧工作网CEO甄荣辉先生是这样判断职业人价值的：假如明天我离开了公司，我对公司有什么影响？假如能随便找一个人代替我，那我的价值就非常有限；但反过来，我的价值就高。要立志成为公司和老板不可替代的人。

四、团队比个人重要

一撇一捺两笔相互依靠和支撑在一起便组成了"人"这个字，由"人"字组成的成语也是多不胜数，比如"人才辈出""人单势孤""人多势众""人而无信，不知其可""人各有志"，等等。随着人生经验的丰富，则对这个字的含义产生更多、更深刻的理解与诠释。"人"字有两笔，其中一笔是你自己，而另一笔则是你身边的人。一个人成功了，除了自身的努力外，更离不开周围的人的支持、帮助和辅佐。中华五千年，从历史上看，无论哪一代的君主成就伟业都无不有一群人在其身边支持、辅佐。从企业上来看，一个成功部门离不开各下属默默无闻地努力付出；一个成功的团队背后有着多少不为人知的团队成员在尽自己的心力默默耕耘；对于个人而言正是因为有家人、朋友默默地支持与帮助，我们才能够安心地投入，实现个人的理想。

团队是由单个个体所组成的。在工作中，我们每个员工在端正态度、掌握专业技能的同时，更需要具备的是团队精神，要和团队中所有的人积极协调配合，这样才能把工作做到出色。没有完美的个人，只有完美的团队。曾经有人问一位哲学家："一滴水怎么样才能够不干？"哲学家回答说："把它放到大海里去。"这简短的对话也揭示了一个深刻的道理：个人与他人之间就是相互支撑的，只有得到团队或者他人的支持，才会有无穷的力量。如果没有他人对你的支持，没有团队每个成员的群策力量，我们就无法克服重重障碍，闯过道道险关。离开了团队，即使你在困难面前使出了浑身的力量，也终究会有枯竭的一天。个人在一个团队中的重要性在于服从团队的决定，以团队的目标为个人目标、宗旨，进行分工配合来完成团队的工作目标。

案例

众所周知，在我们自然界中团队配合性最强的动物是狼。提到狼这种动物大家都会认为它是凶残动物的代表，但在自然界中生存的狼绝大多数是以团体的方式来生存的，单独的狼是很难在自然界中生存的。就以狼猎食为例来说,在狼群中有严格分工,如侦察、战斗、保护幼狼、指挥等。在猎取食物或战斗中,在狼王下达攻击的命令后所有参加的狼都会竭尽全力地战斗,直到战斗结束。甚至在战斗的过程中狼会把受重伤的狼吃掉来保持现有狼群的体力,也正是狼有这样的团队精神,才能使狼这种动物在自然界中没有被生存法则淘汰。

五、第一比第二重要

一个健全的公司最好的征兆是员工在努力工作时得到乐趣。职业化引导人们务实的职业态度,包括勤奋工作、业务熟练,忠于职守、爱岗敬业,诚实守信、公平公正,顾全大局、勇于让步,认真专注,懂得责任比职责更重要,有职业信誉,并能够积极进行自我开发,不断提高职业能力。敬业是职业化的品格,是职场从业者最基本的素质。对敬业者而言,工作是事业而非生计,工作就是娱乐,工作是人生的一种享受,没有工作的人生是灰色的。“工作着”是美丽和愉快的,不用强迫,也无须监督,员工的主动、自觉和热情投入是最好的秩序。要做好手头的工作,就必须有源源不断的热情、兴致,要有苦中作乐的本事。

拿破仑将军说:“不想当将军的士兵不是好士兵”,一名优秀的员工不仅要有坚定的理想追求和言行一致的德行,还应有勇争第一的精神。其实第一与第二的比较就是一种心态的比较,谁更积极要求上进,谁就是第一。如果没有一个积极上进的心态同样很难在自己的岗位上有所作为和发展。要不断地告诉自己第一比第二重要,其实我们可以做得更好,不断地去超越自己,相信在不远的将来我们的工作、生活都会发生根本性的变化,曾经的理想将不再遥远。

六、情商比智商重要

情商(Emotional Quotient,EQ)又称情绪智力,是表示认识、控制和调节自身情感的能力。情商主要反映一个人感受、理解、运用、表达、控制和调节自己情感的能力,以及处理自己与他人之间的情感关系的能力。情商所反映的是个体把握与处理情感问题的能力。情感常常走在理智的前面,它是非理性的,其物质基础主要与脑干系统相联系,大脑额叶对情感有控制作用。美国心理学家认为,情商包括以下几个方面的内容:一是认识自身的情绪,因为只有认识自己,才能成为自己生活的主宰;二是能妥善管理自己的情绪,即能调控自己;三是自我激励,它能够使人走出生命中的低潮,重新出发;四是认知他人的情绪,这是与他人正常交往,实现顺利沟通的基础;五是人际关系的管理,即领导和管理能力。关于情商,创新工场董事长兼首席执行官李开复更多地谈到要善于与人交流,富有自觉心和同理心。自觉心就是中国人常说的“有自知之明”,对自己的素质、潜能、特长、缺陷、经验等有一个清醒的认识,对自己在社会工作生活中可能扮演的角色有一个明确的定位,而同理心就是将心比心。

智商(Intelligence Quotient,简写IQ)是用以表示智力水平的工具,也是测量智力水平常用的方法,智商的高低反映着智力水平的高低。智商主要反映人的认知能力、思维能力、语言能力、观察能力、计算能力、律动能力等。也就是说它主要表现为人的理性的能力。它可能是大脑皮层,特别是主管抽象思维和分析思维的左半球大脑的功能。

美国一家很有名的研究机构调查了188个公司,测试了每个公司的高级主管的智商和情商与工作表现之间的联系,结果发现:情商的影响力是智商的9倍,智商略逊的人如果拥有更高的情商指数也一样能成功。李开复说，情商意味着有足够的勇气面对可以克服的挑战，有足够的度量接受不可克服的挑战，有足够的智慧来分辨两者的不同。他十分认同“要建立由品德、知识、能力等要素构成的各类人才评价指标体系”。

管理者的情商比智商更重要。长期以来，人们习惯于将智商作为衡量人才的标准，而现代研究表明，人才成功的决定因素不仅仅是智商，还有情商。概括来说，管理者的能力主要来自情商和智商，而且基本上情商比智商更重要。

案例

比尔·盖茨是一个非常谦虚的人。很多年前，在Windows操作系统还不存在时，他去请一位软件高手加盟微软，那位高手一直不予理睬，最后禁不住比尔·盖茨的“死缠烂打”，同意见上一面，但一见面，就讥笑比尔·盖茨说：“我从没见过比微软做得更烂的操作系统。”

比尔·盖茨没有丝毫的恼怒，反而诚恳地说：“正是因为我们做得不好，才请您加盟。”那位高手愣住了。比尔·盖茨的谦虚把高手拉进了微软的阵营，这位高手成为Windows操作系统的负责人，终于开发出了世界上应用最为普遍的操作系统。

中国很多年轻人包括大学生正在创业。李开复希望青年创业者应该读读《从优秀到卓越》这本书，该书提出，一个从优秀跨入卓越的公司都有一位“第五级领袖”。第五级领袖的特征是谦虚、勇敢、执着。他们不自我膨胀、不吹嘘自己、不霸占大权，而总是以公司为重，放权给能干的人。

“史蒂夫·鲍尔默——微软的CEO是近年来对我影响最深的人。”李开复说，“几年前的鲍尔默就像个果断的老板，凡事喜欢一手抓，而且总是在最前台鼓舞士气。做了CEO后，他放权给公司七大部门的负责人，不再做每件大事的最后决定人，而更加支持七个部门负责人的成长。他不再做一个最有煽动力的啦啦队员，而是做一个幕后的教练，他把自己对竞争对手的研究转换成对人才的研究。

复习与思考题

1. 什么是PDCA循环？它有哪些特点？
2. 5W2H的内容有哪些？
3. 鱼刺图的绘制步骤是什么？
4. 如何开展AAR活动？
5. 职业化员工应树立哪些观念？
6. 职业化员工转变的关键有哪些？
7. 如何理解情商比智商重要。
8. 如何理解团队比个人重要。

附录　城市轨道交通员工职业素养课程标准

一、课程基本信息

建议学时:54

先修课程:城市轨道交通概论、城市轨道交通运营管理等。

后续课程:职业资格考证、顶岗实习、毕业设计(或毕业论文)等。

二、课程性质

本课程是职业院校城市轨道交通专业群必修的一门专业基础平台课程,课程以城市轨道交通运营管理各岗位所需的岗位技能与应具备的职业化素养为主,结合现场运营管理实际与教学规律,对城市轨道交通员工职业道德、职业意识、职业心态进行了详细的叙述,主要阐述了城市轨道交通员工职业行为标准与职业习惯、城市轨道交通员工职业化技能以及城市轨道交通员工应具备的职业能力等内容;其任务是培养学生职业化素养和能力,为后续顶岗实习奠定基础。

1. 与前续课程的联系

通过城市轨道交通概论、城市轨道交通运营管理的学习,学生初步具备了轨道交通运营管理能力。

2. 与后续课程的关系

为学生后续职业资格考证、顶岗实习、毕业设计(或毕业论文)等实习打下理论基础,以及对学生今后从事专业工作中培养良好的职业素质。

三、课程的基本理念

本课程通过阐述城市轨道交通员工所具备的职业素养,研究如何提高服务质量和服务艺术的一门学科。通过本课程学习,使学生具备城市轨道交通员工职业化行为规范、职业化技能以及城市轨道交通员工应具备的职业能力,从而使得学生能够在以后的工作中表现出较高的职业素养。

四、课程的设计思路

本课程的总体设计思路是:紧扣城市轨道交通专业群人才培养方案,以城市轨道交通员工所必备的职业素养为指导,校企合作,共同进行课程建设和课程教学。

在课程内容设计上,分析城市轨道交通运营管理专业群的专业背景、专业群所涵盖岗位群的典型工作任务,并以此为依据确定本课程的课程目标及基本内容。

在课程教学方法和教学手段设计上,根据高职学生的认知规律和知识基础,采用启发式、互动式、讨论式教学方法,并在若干教学单元使用角色扮演、模拟案例、模拟流程、模拟情景等方式实施情景化教学,并以此锻炼学生自主探索、合作学习的能力。

在教学效果考核上,采取过程评价与结果评价相结合的方式,重点考核学生的职业能力。

五、课程的目标

1. 能力目标

(1)能正确理解职业的意义,形成良好的职业品质;
(2)能遵守城市轨道交通职业化员工职业道德的基本规范;
(3)能培育城市轨道交通企业员工应有职业意识;
(4)能修炼城市轨道交通职业化员工应具有的职业心态;
(5)能遵守城市轨道交通员工职业行为标准;
(6)能执行城市轨道交通客运服务原则与规范;
(7)会运用时间管理的基本原则;
(8)能合理处理各种人际关系;
(9)能掌握城市轨道交通员工岗位技能与职责;
(10)会探索如何提高执行力;
(11)会提高沟通效率;
(12)能分析团队合作的基础、原则与方法及其重要性;
(13)能运用所学知识,来塑造城市轨道交通职业化员工。

2. 知识目标

(1)了解工作、职业、事业之间的关系;
(2)掌握职业的概念;
(3)掌握职业化概念与内涵;
(4)了解职业化的作用与职业化观点;
(5)掌握职业化素养的概念;
(6)了解职业化素养的重要作用及核心要素;
(7)了解职业道德概念及特点;
(8)了解职业化员工的商务礼仪要求;
(9)了解城市轨道交通员工着装规定;
(10)了解城市轨道交通员工职业习惯;
(11)了解职业生涯规划的概念及意义;
(12)掌握职业生涯规划的原则及要素;
(13)了解职业生涯规划的基本步骤与职业生涯管理;
(14)掌握时间管理的方法和技巧;

(15)了解什么是学习力以及学习力三要素;
(16)了解什么是思想力以及如何提升城市轨道交通职工思想力;
(17)了解执行力的内涵;
(18)了解沟通的含义以及三大要素;
(19)了解城市轨道交通员工职业化观念;
(20)理解职业化员工转变理论;
(21) 掌握职业化员工转变关键;

3. 素质目标

(1)爱岗敬业、吃苦耐劳、知理守信;
(2)团队精神、沟通协调;
(3)认真细致、精益求精;
(4)安全意识。

六、课程的内容标准

本课程专题教学内容与学时分配见附表1。

课程内容与学时分配表

附表1-1

模块编号	模块名称	内容	学时
模块1	职业与职业化	1. 职业 2. 职业化	4
模块2	城市轨道交通员工职业化素养	1. 职业化素养概述 2. 职业道德 3. 职业意识 4. 职业心态	8
模块3	城市轨道交通员工职业化行为规范	1. 职业化员工的商务礼仪 2. 城市轨道交通员工职业行为标准与职业习惯 3. 城市轨道交通客运服务原则与规范	12
模块4	城市轨道交通员工职业化技能	1. 职业生涯规划与管理 2. 高效时间管理 3. 人际关系处理技巧 4. 城市轨道交通员工岗位技能与职责	12
模块5	城市轨道交通员工职业化能力	1. 学习力 2. 思想力 3. 执行力 4. 沟通力 5. 团队合作力	12
模块6	城市轨道交通职业化员工培养	1. 城市轨道交通员工职业化观念 2. 城市轨道交通员工职业化理论 3. 城市轨道交通员工职业化理念	6

七、课程实施的建议

建议本课程重视学生理论学习与实践活动相联系，采取理论课与学生实践活动课程相结合的教学模式，具体模块学习内容如附表2：

学习情境表　　附表2

<table>
<tr><td colspan="3">模块1：职业与职业化</td><td>4学时</td></tr>
<tr><td rowspan="2">模块目标</td><td colspan="2">能力目标：
1. 能正确理解职业的意义，形成良好的职业品质</td><td rowspan="2"></td></tr>
<tr><td colspan="2">知识目标：
1. 了解工作、职业、事业之间的关系
2. 掌握职业的概念
3. 掌握职业化概念与内涵
4. 了解职业化的作用与职业化观点</td></tr>
<tr><td>模块任务</td><td colspan="3">掌握职业化概念与内涵</td></tr>
<tr><td>学生知识
与能力准备</td><td colspan="3">对城市轨道交通职业有较少了解，尚不熟悉职业、工作、职业之间的关系</td></tr>
<tr><td>教学材料准备</td><td colspan="3">教学视频、PPT</td></tr>
<tr><td>序号</td><td>主要知识点</td><td>教学方法建议</td><td>学时</td></tr>
<tr><td>1</td><td>职业的概念</td><td rowspan="3">学生讨论、教师讲解</td><td rowspan="3">2</td></tr>
<tr><td>2</td><td>工作、职业、事业之间的关系</td></tr>
<tr><td>3</td><td>职业的意义</td></tr>
<tr><td>4</td><td>职业化概念与内涵</td><td rowspan="4">教师讲解、案例分析</td><td rowspan="4">2</td></tr>
<tr><td>5</td><td>职业化的内容</td></tr>
<tr><td>6</td><td>职业化的作用</td></tr>
<tr><td>7</td><td>职业化的基本观点</td></tr>
<tr><td colspan="3">模块2：城市轨道交通员工职业化素养</td><td>8学时</td></tr>
<tr><td rowspan="2">模块目标</td><td colspan="3">能力目标：
1. 能遵守城市轨道交通职业化员工职业道德的基本规范
2. 能培育城市轨道交通企业员工应有职业意识
3. 能修炼城市轨道交通职业化员工应具有的职业心态</td></tr>
<tr><td colspan="3">知识目标：
1. 掌握职业化素养的概念
2. 了解职业化素养的重要作用及核心要素
3. 了解职业道德概念及特点</td></tr>
<tr><td>模块任务</td><td colspan="3">培育城市轨道交通员工职业化素养</td></tr>
<tr><td>学生知识
与能力准备</td><td colspan="3">对城市轨道交通职业有较少了解，尚不熟悉其职业素养的范畴</td></tr>
</table>

续上表

<table>
<tr><td colspan="3">模块2:城市轨道交通员工职业化素养</td><td>8学时</td></tr>
<tr><td colspan="3">教学材料准备</td><td>PPT、教学视频</td></tr>
<tr><td>序号</td><td>主要知识点</td><td>教学方法建议</td><td>学时</td></tr>
<tr><td>1</td><td>职业化素养的概念</td><td rowspan="4">学生讨论、教师讲解</td><td rowspan="4">2</td></tr>
<tr><td>2</td><td>职业化素养的重要作用</td></tr>
<tr><td>3</td><td>职业化基本素养的核心要素</td></tr>
<tr><td>4</td><td>学生职业素养的构成</td></tr>
<tr><td>5</td><td>职业道德概念</td><td rowspan="3">教师讲解、案例分析</td><td rowspan="3">2</td></tr>
<tr><td>6</td><td>职业道德的特点</td></tr>
<tr><td>7</td><td>城市轨道交通职业化员工
职业道德的基本规范</td></tr>
<tr><td>8</td><td>职业意识的含义</td><td rowspan="3">教师讲解、案例分析</td><td rowspan="3">2</td></tr>
<tr><td>9</td><td>当代学生职业意识存在的主要问题</td></tr>
<tr><td>10</td><td>城市轨道交通企业员工应培育的职业意识</td></tr>
<tr><td>11</td><td>职业心态</td><td>学生讨论、教师讲解</td><td>2</td></tr>
<tr><td colspan="3">模块3:城市轨道交通员工职业化行为规范</td><td>12学时</td></tr>
<tr><td rowspan="2">模块目标</td><td colspan="3">能力目标:
1. 能遵守城市轨道交通员工职业行为标准
2. 能执行城市轨道交通客运服务原则与规范</td></tr>
<tr><td colspan="3">知识目标:
1. 了解职业化员工的商务礼仪要求
2. 了解城市轨道交通员工着装规定
3. 了解城市轨道交通员工职业习惯</td></tr>
<tr><td>模块任务</td><td colspan="3">城市轨道交通交通员工职业化行为规范养成教育</td></tr>
<tr><td>学生知识与能力准备</td><td colspan="3">对员工职业化的行为规范尚不熟悉</td></tr>
<tr><td>教学材料准备</td><td colspan="3">PPT 、礼仪实训室</td></tr>
<tr><td>序号</td><td>主要知识点</td><td>教学方法建议</td><td>学时</td></tr>
<tr><td>1</td><td>商务礼仪的概念</td><td rowspan="4">情境教学、现场演示</td><td rowspan="4">4</td></tr>
<tr><td>2</td><td>商务礼仪的职业表现</td></tr>
<tr><td>3</td><td>商务礼仪之仪容仪表</td></tr>
<tr><td>4</td><td>城市轨道交通员工着装标准</td></tr>
<tr><td>5</td><td>职业行为标准</td><td rowspan="2">教师讲解、案例分析</td><td rowspan="2">3</td></tr>
<tr><td>6</td><td>职业习惯</td></tr>
<tr><td>7</td><td>服务工作的原则</td><td rowspan="4">情境教学、现场演示</td><td rowspan="4">5</td></tr>
<tr><td>8</td><td>车站客运服务工作</td></tr>
<tr><td>9</td><td>客运服务具体要求</td></tr>
<tr><td>10</td><td>客运服务人员服务承诺与服务五规范</td></tr>
</table>

续上表

<table>
<tr><td colspan="3">模块4:城市轨道交通员工职业化技能</td><td>12学时</td></tr>
<tr><td rowspan="2">模块目标</td><td colspan="3">能力目标:
1. 会运用时间管理的基本原则
2. 能合理处理各种人际关系
3. 能掌握城市轨道交通员工岗位技能与职责</td></tr>
<tr><td colspan="3">知识目标:
1. 了解职业生涯规划的概念及意义
2. 掌握职业生涯规划的原则及要素
3. 了解职业生涯规划的基本步骤与职业生涯管理
4. 掌握时间管理的方法和技巧</td></tr>
<tr><td>模块任务</td><td colspan="3">职业生涯规划与职业化技能培育</td></tr>
<tr><td>学生知识与能力准备</td><td colspan="3">未接触过职业生涯规划</td></tr>
<tr><td>教学材料准备</td><td colspan="3">PPT、案例</td></tr>
<tr><td>序号</td><td>主要知识点</td><td>教学方法建议</td><td>学时</td></tr>
<tr><td>1</td><td>职业生涯规划的概念</td><td rowspan="8">学生讨论、教师讲解</td><td rowspan="8">2</td></tr>
<tr><td>2</td><td>进行职业生涯规划的原因</td></tr>
<tr><td>3</td><td>职业生涯规划应遵循的原则</td></tr>
<tr><td>4</td><td>职业生涯规划应考虑的因素</td></tr>
<tr><td>5</td><td>职业生涯规划的要素</td></tr>
<tr><td>6</td><td>职业生涯规划的基本步骤</td></tr>
<tr><td>7</td><td>职业生涯设计</td></tr>
<tr><td>8</td><td>职业生涯管理</td></tr>
<tr><td>9</td><td>时间的概念</td><td rowspan="5">教师讲解、案例分析</td><td rowspan="5">4</td></tr>
<tr><td>10</td><td>时间管理的概念</td></tr>
<tr><td>11</td><td>时间管理误区</td></tr>
<tr><td>12</td><td>时间管理的基本原则</td></tr>
<tr><td>13</td><td>时间管理的方法和技巧</td></tr>
<tr><td>14</td><td>人际关系概述</td><td rowspan="4">情境教学、现场模拟</td><td rowspan="4">2</td></tr>
<tr><td>15</td><td>人际关系的分类</td></tr>
<tr><td>16</td><td>处理组织外部的人际关系的方法</td></tr>
<tr><td>17</td><td>处理组织内部的人际关系方法</td></tr>
<tr><td>18</td><td>行车调度员</td><td rowspan="6">情境教学、现场模拟</td><td rowspan="6">4</td></tr>
<tr><td>19</td><td>电力调度员</td></tr>
<tr><td>20</td><td>环控调度员</td></tr>
<tr><td>21</td><td>设备维修调度员</td></tr>
<tr><td>22</td><td>电动列车司机</td></tr>
<tr><td>23</td><td>车站各工种岗位技能与职责</td></tr>
</table>

续上表

<table>
<tr><td colspan="3">模块5:城市轨道交通员工职业化能力</td><td>12学时</td></tr>
<tr><td rowspan="2">模块目标</td><td colspan="3">能力目标:
1.会探索如何提高执行力
2.会提高沟通效率
3.能分析团队合作的基础、原则与方法及其重要性</td></tr>
<tr><td colspan="3">知识目标:
1.了解什么是学习力以及学习力三要素
2.了解什么是思想力以及如何提升城市轨道交通职工思想力
3.了解执行力的内涵
4.了解沟通的含义以及三大要素</td></tr>
<tr><td>模块任务</td><td colspan="3">城市轨道交通员工职业化能力培育</td></tr>
<tr><td>学生知识与能力准备</td><td colspan="3">尚不具备城市轨道交通职业化能力</td></tr>
<tr><td>教学材料准备</td><td colspan="3">PPT、案例</td></tr>
<tr><td>序号</td><td>主要知识点</td><td>教学方法建议</td><td>学时</td></tr>
<tr><td>1</td><td>学习的概念</td><td rowspan="4">学生讨论、教师讲解</td><td rowspan="4">4</td></tr>
<tr><td>2</td><td>学习力的三个要素</td></tr>
<tr><td>3</td><td>学习力的三大内容</td></tr>
<tr><td>4</td><td>个人的学习与发展</td></tr>
<tr><td>5</td><td>思想力的概念</td><td rowspan="4">学生讨论、教师讲解</td><td rowspan="4">2</td></tr>
<tr><td>6</td><td>思想力的作用</td></tr>
<tr><td>7</td><td>大力宣传提升员工思想力和
执行力的目的和重要意义</td></tr>
<tr><td>8</td><td>提升员工思想力的方法</td></tr>
<tr><td>9</td><td>执行力的内涵</td><td rowspan="3">教师讲解、案例分析</td><td rowspan="3">2</td></tr>
<tr><td>10</td><td>企业执行力的五大关键</td></tr>
<tr><td>11</td><td>提高执行力的方法</td></tr>
<tr><td>12</td><td>高效沟通概述</td><td rowspan="5">教师讲解、案例分析</td><td rowspan="5">2</td></tr>
<tr><td>13</td><td>高效沟通的三个原则</td></tr>
<tr><td>14</td><td>沟通失败的原因</td></tr>
<tr><td>15</td><td>完整的沟通过程</td></tr>
<tr><td>16</td><td>沟通技巧</td></tr>
<tr><td>17</td><td>团队的内涵及主要构成要素</td><td rowspan="4">教师讲解、案例分析</td><td rowspan="4">2</td></tr>
<tr><td>18</td><td>团队精神</td></tr>
<tr><td>19</td><td>团队合作</td></tr>
<tr><td>20</td><td>个人在团队中生存</td></tr>
</table>

续上表

模块6:城市轨道交通职业化员工培养			6学时
模块目标	能力目标: 1.能运用所学知识,来塑造城市轨道交通职业化员工		
	知识目标: 1.了解城市轨道交通员工职业化观念 2.理解职业化员工转变理论 3.掌握职业化员工转变关键		
模块任务	城市轨道交通员工职业化理念培养		
学生知识与能力准备	未接触过职业生涯规划		
教学材料准备	PPT、案例		
序号	主要知识点	教学方法建议	学时
1	城市轨道交通员工职业化观	教师讲解、案例分析	1
2	PDCA循环	学生讨论、教师讲解	4
3	5W2H分析法		
4	鱼刺图		
5	AAR行动后反思		
6	WBS工作分解结构		
7	城市轨道交通职业化员工理念	教师讲解、案例分析	1

八、教学资源开发与利用

教材以项目或任务为载体,将知识、技能、态度三者融入教材内容,强调心理学理论与现实生活应用要求结合的教材,建议使用高校心理健康教育类教材作为参考书。与城市轨道交通运输企业合作,按照"市场需求调研→工作任务分析→职业能力分析→课程结构分析→专业教学基本要求开发→课程标准开发→教学设计→教材开发→其他教学资源开发"的流程,以国家有关法律法规、作业标准为依据,注重现行城市轨道交通发展,符合职业教育"以能力培养为主导,以技能训练为主线"的要求,共同进行课程开发。形成学校教学、职工培训以及自学使用的课程资源。

九、教师能力要求

(1)教师应根据学生的认知水平、年龄、当地经济和社会发展情况,并结合专业特点,选择适当的教学方法,广泛使用启发式、直观式、讨论式及案例教学等教学方法,调动学生主动学习的积极性。鼓励教学方法创新,提高课堂教学实效。

(2)教师要组织学生进行团体训练、情景模拟等活动,提高教学效果。

(3)教师应充分利用课本和教学参考书、多媒体光盘所提供的资料开展教学活动,并恰当使用录音、录像、幻灯、照片、挂图及计算机等教具和校园网等设备辅助教学,要重视现代教学手段的使用。

十、考核方式与标准

本课程的形成性考核包括:平时学习考核、平时作业考核,平时实践活动考核3种类型进行,3种类型的分数比例为:

形成性考核成绩(100%)=平时学习考核成绩(30%)+平时作业考核成绩(50%)+平时实践活动考核成绩(20%)

1. 平时学习考核(30分)

以课堂表现为主:每人的基础分为20分,具体加减分规定如下:

(1)课堂上违反课堂纪律如:睡觉、交头接耳,看与课堂无关的书籍,玩手机等等,一次扣2分;

(2)迟到或早退一次扣2分。

(3)无故旷课者每次扣5分。

(4)对课堂上认真参与教学,积极讨论,发表自己的观点的同学酌情加分。

(5)课堂表现最高得分30分。

2. 平时作业考核(50分)

要求教师全学期布置作业不可以少于3次,每次批改完成后及时登记,以等级形式(优良中及差五等)或以分数形式体现。

3. 平时实践活动考核(20分)

实践活动课不少于3次,教师根据学生对活动准备的认真态度、准备的充分程度、活动中参与表现的积极性、团队合作精神等的表现情况酌定给分。

参 考 文 献

[1] 刘兰明等.职业基本素养[M].北京:高等教育出版社,2009.

[2] 李昊轩.思想力[M].北京:中国华侨出版社,2008.

[3] 徐新玉.城市轨道交通运营管理规章(第3版)[M].北京:人民交通出版社股份有限公司,2020.

[4] 人力资源和社会保障部,交通运输部.城市轨道交通列车司机国家职业技能标准[M].北京:中国劳动社会保障出版社,2020.

[5] 人力资源和社会保障部,交通运输部.城市轨道交通服务员国家职业技能标准[M].北京:人民交通出版社股份有限公司,2020.

[6] 南京地铁运营分公司.地铁运营职业化员工读本[M].南京:南京地下铁道有限责任公司运营分公司,2009.

[7] 李霞.大学生礼仪指导与训练[M].北京:首都经济贸易大学出版社,2009.

[8] 丁晓昌.职业素养职业能力考试指南[M].南京:南京大学出版社,2017.